旺文社　小学総合的研究

わかる社会

歴史人物できごと

旺文社

本書の特長と使い方

本書は，小学校で学習する歴史上の人物はもちろん，日本や世界の有名な歴史上の人物・できごとを紹介した本です。イラストや図，写真をたくさん使った解説で，楽しみながら歴史を学ぶことができます。

人物紹介ページ

総勢
256人!!

すべての人物紹介ページに
**カッコいい・ステキな
人物イラストを掲載！**

教科書だけではわからない，
**歴史人物の魅力が
たっぷり！**

資料などに残された人物の顔を元にした似顔絵です。顔写真の場合もあります。

その人物が何をしたのかを，一言でまとめています。

出身地…その人物が生まれた場所，または子供のころ育った場所を示しています。

…紹介している人物に関連する興味深いエピソードを載せています。

本書では，歴史の流れを「古代（11世紀ごろまで）」「中世（10〜16世紀ごろ）」「近世（16〜19世紀ごろ）」「近現代（19世紀ごろ〜現在）」の4つに区切っています。

2

できごと紹介ページ

イラストや図、写真をたくさんつかって，重要なできごとの流れや，各時代の文化などのテーマ史をわかりやすく紹介しています。

楽しいイラストで、歴史が学べる！

歴史の流れや重要なところがよくわかる！

本書に書かれている内容の中には，複数の説がありどれが事実なのかはっきりしていないものがあります。本書では，主に教科書で取り上げられている説を紹介しています。また，本書に載せているイラストは，楽しさやわかりやすさを重視するように描かれています。

小学総合的研究
歴史人物 できごと

もくじ

◆がついているページはできごと紹介ページです。

資料編 ················· 373

さくいん ················· 406

●写真提供

飛鳥園／安土城城郭資料館／アフロ／大阪城天守閣蔵／©沖縄観光コンベンションビューロー／神奈川県立歴史博物館所蔵／岸和田市／奈良国立博物館／京都市歴史資料館／京都大学附属図書館所蔵／宮内庁三の丸尚蔵館／慶應義塾図書館／建仁寺／©公益社団法人能楽協会／能「杜若 恋之舞」大西智久／撮影：牛窓雅之／興福寺／公益財団法人 日本近代文学館／高野山金剛峯寺／高野山霊宝館／国宝 北野天神縁起絵巻承久本 北野天満宮蔵／国立国会図書館蔵／国立歴史民俗博物館／時事／慈照寺（銀閣）／下関市観光政策課／写真：月岡陽一／アフロ／酬恩庵一休寺／正倉院宝物／所有：文化庁、写真提供：埼玉県立さきたま史跡の博物館／神護寺／真正極楽寺／関ヶ原町歴史民俗資料館 所蔵／仙台市観光交流課／高梁市教育委員会提供／千葉県香取市 伊能忠敬記念館所蔵／中宮寺／津田塾大学津田梅子資料室蔵／津山郷土博物館所蔵／天龍寺／東京文化財研究所／唐招提寺所蔵／徳川美術館所蔵 ©徳川美術館イメージアーカイブ／DNPartcom／内藤 昌復元 近江八幡市蔵／内藤 昌復元©／長崎大学附属図書館所蔵／奈良文化財研究所／日光東照宮／日本銀行貨幣博物館／日本写真著作権協会／白山文化博物館／比叡山延暦寺／姫路市／©平等院／フォート・キシモト／時事通信フォト／福島県会津美里町教育委員会所蔵／法隆寺／毎日新聞社提供／明治神宮外苑聖徳記念絵画館／名城大学／AP／アフロ／山口県文書館所蔵／ユニフォトプレス／米沢市（上杉博物館）／立石寺／ロイター／アフロ／鹿苑寺 蔵／渡辺木版美術画鋪／AP／アフロ／Image: TNM Image Archives ／MOA美術館／OPO／Photo ©RMN-Grand Palais (musée du Louvre) / Michel Urtado / distributed by AMF-DNPartcom

●スタッフ

編集：廣瀬由衣，林聖将，次原舞，永江愛子
編集協力：有限会社マイプラン 青木結衣，塚本理佐子
株式会社かみゆ
校正：吉原あけみ，中山みどり
装丁デザイン：株式会社ウエイド 稲村穣
本文デザイン：株式会社ウエイド 木下春圭，菅野祥恵
イラスト：川上潤，高村あゆみ，駿高泰子，岩元辰郎，添田一平，土基軽太，安里，カジミヤ，ホマ蔵，竹村ケイ，nilmo，jumbo，panther，長内佑介，白藤与一，永井秀樹，藤科遥市，裏海マユ，白い鴉，瀬藤シンヤ，大久保ヤマト，明加，駒田ハチ，室長サオリ，そらあすか，株式会社ウエイド
組版：株式会社ウエイド

社会情勢の変化により，掲載内容に違いが生じる事柄があります。
弊社ホームページ『知っておきたい時事ニュース』をご確認ください。
https://www.obunsha.co.jp/pdf/support/jiji_news.pdf

1 古代

神の声が聞こえる
邪馬台国のなぞ多き女王

卑弥呼 （女王）

生没	?年～247年?
出身地	?

邪馬台国の女王となり，まじないで国を治め，魏（現在の中国）へ使いを送った。

 ## 邪馬台国の女王誕生

　卑弥呼は神の声を聞くことができる巫女であったといわれる。このころの日本は，100以上の小さな国々に分かれ，争いが続いていた。しかし，争いにつかれた国もいくつかあった。そこで，平和な世の中をつくるために，小さな国々がまとまって邪馬台国という一つの国になることにした。そして，まじないで人々を引きつける力をもっていた卑弥呼に女王になってもらうことにした。

 ## まじないで政治を行う

　王となった卑弥呼は，あたえられた屋敷にこもり，ただひたすら神の声を聞くことに集中した。自分の使命は神の声を人々に届け，少しでも平和な世の中をつくることだと考えたからだ。
　卑弥呼の住む屋敷は，大勢の召使いに守られており，だれも近づくことができなかった。神の声は卑弥呼の弟だけに伝えられ，邪馬台国の政治は，卑弥呼が聞いたお告げに従って，弟が進めていた。

魏に使いを送る

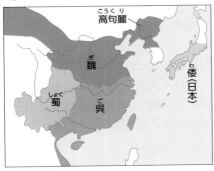

▲卑弥呼が魏に使いを送ったころの
東アジアの様子

邪馬台国は大きな国となったが，南にある狗奴国という国とは対立が続いていた。卑弥呼は，「この国と戦いになるので，魏の助けを借りなさい」という神の声を聞き，魏へ使いを送るように人々に命令を伝えた。魏は卑弥呼に対し「親魏倭王」という称号をあたえ，使者に金印や銅鏡を持ち帰らせた。卑弥呼は大変喜び，狗奴国と戦うことになっても，これで勝利できると安心した。

戦いの途中で亡くなる

できれば狗奴国と戦いたくないと卑弥呼は思っていたが，ついに戦いが始まってしまう。急いで魏へ報告を送ると，魏は邪馬台国を支援した。しかし，この戦いのさなか，卑弥呼は邪馬台国の勝利をいのりながらも亡くなってしまった。

こぼれ話 邪馬台国はどこ？

卑弥呼が魏に使いを送ったことは，中国の歴史書『魏志倭人伝』に書かれている。この本には邪馬台国への行き方についても書かれているが，その通りに進むと，邪馬台国は海の中に位置してしまう。では，邪馬台国は本当はどこにあったのか。九州北部，大和（現在の奈良県）のどちらかという説が有力であるが，正確な答えは今でもわかっていない。

●邪馬台国があったとされる場所

11

日本神話の世界

奈良時代にまとめられた『古事記』と『日本書紀』という歴史書には，伊邪那岐と伊邪那美の夫婦の神から始まる，日本の神話の世界がえがかれているぞ。

高天原
神々が住む世界

天照大神

太陽の神で，すべての神々の頂点に君臨する。高天原を治めている。

われら三貴神

天の岩戸

天照大神が，部下が死んだ悲しみから岩穴に引きこもってしまい，太陽が出なくなってしまった。困った神々は，岩戸の前で楽しそうな宴を開き，天照大神を外にさそいだした。

黄泉の国から帰った伊邪那岐が，水で体を清めたときに生まれた神々。伊邪那岐が生み出した神々のなかで，もっとも地位が高いとされる。

月読（の命）

月の神で，夜の国を治めている。

スサノオ（の命）

嵐の神といわれる一番最後に生まれた神。

八岐大蛇退治

出雲は，８つの頭と尾をもった怪物・八岐大蛇に荒らされていた。そこへ，スサノオ（の命）がやって来て，酒を飲ませることで，八岐大蛇を退治した。

大国主（の命）（おおくにぬし・みこと）

スサノオの子孫。多くの女神と結婚し，たくさんの子孫を残したとされる。

因幡の白兎（いなばのしろうさぎ）

ヒメに会うため，因幡に向かう大国主は，途中で傷だらけのウサギを助けた。助けられたウサギは，「あなたとヒメが結ばれる」と予言を残した。

伊邪那岐（いざなぎ）

多くの神を生み出した。日本の国土も生み出す。

黄泉の国（よみ）
死者が住む世界

伊邪那美（いざなみ）

伊邪那岐の妻。夫とともに日本の国土を生み出すが，先に亡くなり，黄泉の国へ。

夫婦

黄泉比良坂（よもつひらさか）

現世と黄泉の国との境目にある坂。伊邪那岐は，伊邪那美を探して黄泉の国へ行った。しかし，みにくく変わり果てた伊佐那美を見て，こわくなり，追ってくる死者を振り切って，黄泉の国から逃げ帰ってしまう。

世界の三大宗教

サン・ピエトロ大聖堂
（バチカン市国）

人物 イエス・キリスト

紀元前後に生まれた人物で，「人は神の前でみな平等である」と説いた。この教えが，弟子によってまとめられ，キリスト教として世界中に広がった。

イスラム教

クルアーン（コーラン）を教典とする。信者は，聖地メッカに向かって1日5回いのりをささげる。

カーバ神殿
（サウジアラビア）

人物 ムハンマド（マホメット）

7世紀のアラビア・メッカの商人だったが，神であるアッラーの啓示を受けて，イスラム教を開いた。

> イスラム教では、偶像崇拝を禁じているため、ムハンマドの顔はえがかれないんだ。

No Image

▼世界の宗教人口の割合 (2013年)

キリスト教 23.5億人 (32.9%)	イスラム教 16.3億人 (22.9%)	仏教 5.1億人 (7.1%)	その他 (無宗教を含む)

（世界国勢図会　2015/16年版）

キリスト教

聖書を教典とする。聖書の教えを聞く礼拝が，日曜日に教会で行われる。

「西暦」と「世紀」

「世紀」とは，イエス・キリストが生まれたと考えられていた年を西暦1年とし，そこから100年ごとに区切る年代の数え方です。西暦1年 (元年) から100年までを「1世紀」，101年から200年までを「2世紀」というようにあらわします。西暦1年より前は紀元前といいます。

仏　教

経を教典とする。正しい行いをすれば，人生の苦しみからのがれられるという考えが基本。

ブッダガヤ
（インド）

人物 シャカ（釈迦）

紀元前5世紀ごろのインドの王族。悟りを開き，自らブッダ（仏）となり，弟子たちに教えを残した。

キリスト教
■ カトリック
■ 正教会
■ プロテスタント
□ その他のキリスト教

■ 仏教
□ イスラム教
□ その他の宗教

15

実録 三国志 中国の三国時代

劉備を助太刀いたす！！

関羽　張飛　諸葛孔明

これぞ
天下三分の計！

たのもしい
仲間だ！

赤壁の
戦い

魏

蜀

呉

劉備 武将

多くの仲間とともに 蜀の皇帝にのし上がった

　義兄弟の関羽と張飛，そして中国一の戦略家である諸葛孔明に助けられ，蜀という国をつくる。赤壁の戦いでは孫権と同盟して曹操を破り，中国南西部で勢力を広げた。

卑弥呼が使者を送ったころ，中国は魏，呉，蜀の三つに分かれて対立していた。その三国の対立が激しかったころの様子を見てみよう。

曹操 武将

武力にも政治力にも優れた魏の建国者

中国全土を支配していた後漢の役人だったが，後漢の皇帝から政権をうばい，中国北部を統一。その後，南に攻めるも，赤壁の戦いで孫権・劉備の連合軍に敗れる。その後，魏という国をつくり，王となった。

孫権 武将

父と兄の志をうけつぎ呉の皇帝に

父と兄のあとをつぎ，中国南東部で勢力を広げる。魏や蜀とよく戦争したが，戦うたびに協力する相手を変えるなどして乗り切り，呉の皇帝になった。三国の中で一番長く勢力を保った。

大和政権の勢力を全国に広げた
野心あふれる大王

雄略天皇
（ワカタケル大王）

生没 5世紀ごろ
出身地 奈良
大和政権の天皇として日本国内の広い地域を支配。
さらに中国にもその権力を認めてもらおうとした。

日本の支配者になる

　雄略天皇が天皇になったころ，当時の大和政権は大和（現在の奈良県）あたりを支配していた。しかし雄略天皇は，もっと広い世界を自分の手に入れたいと考え，自分が先頭に立って周辺の地域の支配者と戦った。
　最終的に，雄略天皇が支配したのは九州から関東地方。埼玉県と熊本県からそれぞれ雄略天皇を示す「ワカタケル大王」という文字を刻んだ剣と刀が見つかったことからそう考えられる。

「ワ□□□ル大王」

「ワカタケル大王」

中国

中国の書物にも名前がある

　雄略天皇は朝鮮半島にも勢力を広げて，強い王になることを望んだ。当時朝鮮半島にあった高句麗という国との戦いを有利に進めるため，中国に使いを送り，中国の王に日本周辺の支配者として認めてほしいとうったえた。
　雄略天皇が中国に使いを送った話は，中国の『宋書倭国伝』という書物にも取り上げられている。

古墳のひみつ

古墳とは！

大和政権が生まれたころ，王や豪族の権力を示すため，大きな墓がつくられた。これを古墳という。古墳をつくるのには，多くの人と時間が必要だった。

いろいろな形の古墳がつくられたよ。

前方後円墳

円墳

方墳

古墳は全国に広がった！

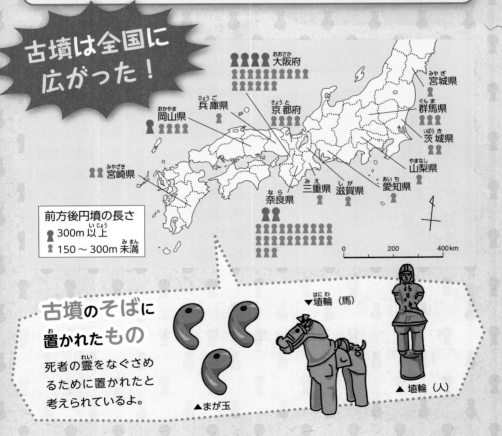

大阪府

宮城県

兵庫県

京都府

群馬県

岡山県

茨城県

宮崎県

山梨県

愛知県

三重県　滋賀県

奈良県

前方後円墳の長さ
- 300m 以上
- 150〜300m 未満

0　　200　　400km

古墳のそばに置かれたもの

死者の霊をなぐさめるために置かれたと考えられているよ。

▲まが玉

▼埴輪（馬）

▲埴輪（人）

仏教の思想を取り入れて，
天皇中心の国家をつくる

聖徳太子
（厩戸皇子）

生没	574年〜622年
出身地	奈良

推古天皇の摂政として政治を行い，天皇中心の政治のしくみづくりを進めた。

馬小屋のプリンス!?

天皇家の生まれで，生まれたところが馬小屋の前だったことから，厩戸皇子ともよばれる。太子が生まれたころ，日本には仏教という新しい宗教が伝わったばかりであった。ところが，仏教の受け入れを主張する蘇我氏と受け入れに反対する物部氏という二つの勢力が対立し，やがて戦となってしまう。太子は蘇我氏に加わって戦い，物部氏は最終的には滅亡した。

推古天皇の摂政となる

このころ，女性初の天皇となった推古天皇は，「蘇我氏と対立すると殺されるかもしれないが，言いなりになるのもいやだ」と考えた。そこで，頭がよいと評判の太子にどうしたらよいか相談した。太子は推古天皇に相談されたことをうれしく思い，推古天皇中心の政治になるよう協力しようと考えた。そして，天皇の手助けをする摂政という役職についたのである。

天皇中心の政治のしくみをつくる

　摂政となった太子は，朝廷に仕える役人に対して冠位十二階の制度を定める。これは，身分に関係なく能力に応じて位をあたえるものであった。また，役人は天皇に従うことなどを示した「十七条の憲法」も制定。さらに，仏教の考え方をよいものだと考え，奈良に法隆寺を建てたり，仏教の教えを説明した本をつくったりして，人々に仏教を広めた。

遣隋使を派遣する

　このころ朝廷は，朝鮮半島も支配下におこうとしていたが，うまくいっていなかった。そこで太子は，まず近くでもっとも強い国の隋（現在の中国）と対等の外交関係を結ぶのが一番良いと考え，小野妹子らを遣隋使として派遣した。遣隋使は隋の進んだ制度や文化をもち帰り，日本の文化などに大きな影響をあたえた。

1	大徳	
2	小徳	
3	大仁	
4	小仁	
5	大礼	
6	小礼	
7	大信	
8	小信	
9	大義	
10	小義	
11	大智	
12	小智	

▲冠位十二階の制度。数字が小さいほど位が高い。

こぼれ話　聖徳太子は一度に 10 人の話を全部聞けた !?

　あるとき，聖徳太子が人々からの相談を聞く機会があった。そのとき，一度に 10 人もの人がいっせいに太子に話しかけ，声がごちゃ混ぜになってしまった。ところが太子は，すべての人が言った言葉をすべて理解し，それぞれの人に対して的確な答えを返したという。この話は奈良時代の人が残した『日本書紀』という書物に書かれており，本当かどうかは分からない。だが，太子はそんなウワサが立つほど天才的な頭脳の持ち主だったようだ。

21

仏教を取り入れ，聖徳太子と
ともに日本の国づくりを行った

蘇我馬子

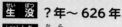

生没 ?年〜626年
出身地 奈良

聖徳太子と協力し政治を行った朝廷最大の
実力者。仏教を日本に受け入れた。

ライバルの物部氏をたおす

馬子が政治を行っていたころ，人々の間で
は病気が流行っていた。そこで馬子は，この
とき朝鮮から伝わった仏教を信じることで病
気の流行が治まり，平和な世の中になると考
えた。しかし，馬子のライバルだった物部氏
は仏教の受け入れに反対。仏像を捨て，仏教
に関係ある建物を燃やしてしまう。これをきっ

かけに物部氏との対立を深めた馬子は，物部氏と戦うことを決意。馬子はこの戦
いに勝ち，物部氏をほろぼすことに成功した。

聖徳太子とともに政治を行う

対立する勢力がなくなった馬子は，やがて自分勝
手な政治を行うようになる。自分に都合の悪い人間
を次々とたおし，さらに自分の言いなりになると思っ
た推古天皇を天皇にした。ところが，推古天皇の摂政
に，かしこいと評判の聖徳太子が就任する。馬子は
太子と手を結んだものの，太子がいるとなかなか自
分勝手な政治ができず，いらいらする毎日だった。

聖徳太子が国の中心におこうと
考えた，日本初の女性の天皇

推古天皇 天皇

生没 554年〜628年
出身地 奈良

女性で初めての天皇となり，聖徳太子と
ともに政治を行った。

気がついたら天皇に

6世紀の終わりごろの朝廷では，蘇我氏が自分勝手な政治を行っていた。当時の天皇だった崇峻天皇は蘇我氏にきらわれて殺されてしまったので，次に天皇になる人がなかなかいない。そのすきをついて，蘇我馬子は自分のめいを推古天皇として即位させた。蘇我氏の言うことを聞くだろうと馬子が考えたからだ。推古天皇は，自分が天皇になるとは思っていなかったので，びっくりした。

初の女性天皇

政治は聖徳太子に任せよう！

推古天皇は，天皇になったからには自分の考えで政治を行うべきだと考えた。そこで，おいの聖徳太子を「摂政」という政治を手伝う役職にして，政治を任せることにした。

「蘇我氏とはっきり対立すると殺されてしまうかもしれない…」と思った推古天皇。表向きは蘇我氏とも協力する体制をとったが，「蘇我氏の言いなりにはならない！」と決意を固め，太子とともに天皇中心の政治をめざした。

聖徳太子のため，
荒れる海をこえて中国へ!!

小野妹子 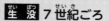 役人

生没 7世紀ごろ
出身地 ？

聖徳太子に命じられ，中国の制度や文化を学ぶために，
遣隋使として中国へ渡った。

最初の遣隋使

聖徳太子が摂政として政治を行っていたころ，妹子は国の仕事をする役人であった。中国の進んだ制度や文化を取り入れたいと考えた太子から，隋（現在の中国）へ使いとして行くように言われる。妹子はその危険な旅に恐怖を覚えながらも行くことを決意。荒れる海をほかの遣隋使たちとはげまし合いながら進み，無事に中国へとたどりつく。そこで，太子が中国の皇帝と対等に接しようと準備した手紙を皇帝に渡した。皇帝からも手紙を預かった小野妹子は，日本へもどることにした。

中国皇帝の手紙をなくして一大事に

ところが，妹子は日本への帰り道の途中で，中国の皇帝から預かった手紙をなくしてしまう。ショックで落ちこんだまま帰国した妹子はやはり太子にとてもおこられ，都から追放されてしまう。しかし，結局は許され，ふたたび遣隋使に任命されることとなった。

蘇我蝦夷 <small>そがのえみし</small> （政治家）

聖徳太子の死後，勢力をふるった豪族

　力をもった豪族・蘇我馬子の子で，そのあとをついで大臣（最高の役職）となり，聖徳太子と協力して政治を動かす。

　622年に聖徳太子が死ぬと，天皇の許可を得ずに，自分の子供を高い位に就けたり，子供たちを「王子」とよばせたりした。役職を子供の入鹿にゆずってからも，自分の大きな墓を建てさせるなど，天皇をしのぐ力を人々に示した。

　しかし，入鹿が中大兄皇子らにより殺されると，みずから命を絶った。

生 没	586年？〜645年
出身地	奈良

飛鳥時代の中央豪族で，蘇我馬子の子。大臣として大きな権力をもつ。

蘇我入鹿 <small>そがのいるか</small> （政治家）

クーデターで暗殺された豪族

　父・蘇我蝦夷から大臣の役職をゆずられ，大きな力をもった入鹿。それからは，まるで自分が天皇であるかのように，思うがままに政治を行った。その力をもって，次の天皇の候補であった山背大兄王（聖徳太子の子）を攻め，自殺に追いこむ。この事件に天皇家の人々やほかの豪族らは激怒。

　蘇我氏の力が大きくなりすぎることをおそれた中大兄皇子らは，入鹿の暗殺を計画。645年，乙巳の変とよばれるクーデターによって，入鹿は暗殺された。

生 没	610年？〜645年
出身地	奈良

飛鳥時代の中央豪族で，蘇我蝦夷の子。大きな力をふるったが，中大兄皇子らに暗殺される。

飛鳥文化

建築 法隆寺 （奈良県斑鳩町）

7世紀初めに，聖徳太子によって建てられた寺院。現存する世界最古の木造建築である。

世界文化遺産にも登録されているぞ。

法隆寺 徹底分析！

金堂と塔が横に並んでいる。

塔は五重の屋根をもつ。

金堂には仏像が収められている。

日本ではじめて仏教の影響を受けた文化
▶▶▶ 飛鳥時代（7世紀ごろ）

彫刻 釈迦三尊像
（奈良県斑鳩町・法隆寺）

彫刻 半跏思惟像
（奈良県斑鳩町・中宮寺）

仏像づくりの技術は朝鮮半島などから日本にきた渡来人によって伝えられた。釈迦三尊像は，その渡来人の孫である鞍作鳥がつくったとされる。

同じような仏像でも，顔がちょっとちがうんだ。

鞍作鳥

工芸品 玉虫厨子
（奈良県斑鳩町・法隆寺）

装飾には玉虫の羽が使われていた！

中国から，紙や墨の製法，彩色の技術が伝えられ，多くの工芸品がうまれた。

27

天皇中心の政治のために，蘇我氏をほろぼし政治改革を進めた

中大兄皇子 天皇
（天智天皇）

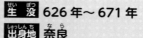

生没 626 年〜 671 年
出身地 奈良

蘇我氏をたおして大化の改新を行い，政治を天皇中心に変えようとした。

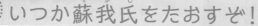

いつか蘇我氏をたおすぞ！

悪人め！

7世紀中ごろ，蘇我氏という一族が天皇よりもはるかに大きな権力をもっていた。天皇の子供の中大兄皇子は，天皇を軽くみる蘇我氏をにくみ，いつかたおそうと決心する。そんなとき，同じ考えをもつ中臣鎌足と出会い，ともに蘇我氏をたおした。

大化の改新を行う

皇子はたとえ今までの協力者であっても，少しでも裏切りそうな相手はすべてたおした。その冷たい行動の裏には，天皇中心の政治をめざすためにはしかたがないという思いがあった。皇子はすぐには天皇にならず，中臣鎌足の協力を得て，大化の改新とよばれる政治改革を進めた。皇子が即位して天皇となったのは，亡くなるわずか 3 年前だった。

こぼれ話 外国からの侵略に備えた巨大な防衛施設

663 年，日本は以前より日本と仲がよかった朝鮮半島の百済に協力して，唐（現在の中国）やほかの朝鮮半島の国と戦ったが負けた。日本への侵略をおそれた中大兄皇子は，水城とよばれる，全長 1.2km，幅が約 75m もの大きな堤防を築いて，戦いに備えた。

天皇中心の国家をつくるため，
大化の改新で中大兄皇子につくす

中臣鎌足 政治家
（藤原鎌足）

生没	614年〜669年
出身地	奈良

大化の改新の功労者。平安時代に政治の世界
で活躍した一族・藤原氏の始まりとなった。

蘇我氏の独裁政治を許さない！

聖徳太子が亡くなったあと，蘇我蝦夷・入鹿親子が
天皇を無視して自分勝手な政治を行っていた。鎌足は
そんな様子を見て「蘇我氏には政治を任せられない！」
と感じていた。そこで同じように思っていた中大兄皇
子たちと手を組み，蘇我氏をたおすための作戦をひそ
かに計画し，実行する。

中大兄皇子との深いきずな

「天皇中心の国家をつくろう！」とちかい合っ
た鎌足と中大兄皇子は，大化の改新とよばれる政
治改革を進めた。鎌足は中大兄皇子を長い間全力
でサポートしたが，ついに病にたおれてしまう。
天皇となっていた皇子は鎌足を見舞うと，鎌足が
まもなく死んでしまうことをさとった。
　そこで皇子は，それまで改革を支えてくれたこ
とに感謝して，鎌足に最高の位と「藤原」の姓を授けた。鎌足は皇子とすごした
日々を思い返しながら，その翌日に息を引き取った。

古代朝廷の仁義なき戦い

中大兄皇子による大化の改新

聖徳太子の政治

推古天皇の摂政だった聖徳太子は，天皇中心の国づくりをめざして，さまざまな制度を定めた。

十七条の憲法

冠位十二階の制度

蘇我氏による政治

蘇我蝦夷

蘇我入鹿

聖徳太子の死後，実権をにぎった豪族・蘇我氏は，天皇をしのぐほどの権力をもった。

協力

中臣鎌足

中大兄皇子

天皇中心の強い国家をめざすのじゃ！

大化の改新

中大兄皇子と中臣鎌足は，ふたたび天皇中心の国づくりをめざし，改革を進めていった。

改新の詔 (646年)

●すべての土地と人々を天皇のものとする。

●全国を国，郡に分け，軍事・交通制度を整備する。

●全国の人民の戸籍をつくり，一定の土地を口分田としてあたえる。

公地・公民

豪族がそれぞれ支配していた土地や人民を，すべて天皇のものとした。

朝廷のしくみ

天皇が全国を支配するしくみをつくった。

蘇我氏をほろぼす！

班田収授法

全国で初めて戸籍をつくった。また，田の面積を調査し，口分田の面積に応じて税をとった。

大海人皇子
(天武天皇)

天皇

あとつぎ争いに勝利して天皇に！

　大海人皇子は，兄である天智天皇の政治を手伝い，次の天皇は自分だと思っていた。しかし天智天皇はだんだん愛する息子である大友皇子に自分のあとをついでほしいと思うようになり，兄弟は対立した。

　いったんは争いをさけるために吉野（現在の奈良県）に移った大海人皇子。しかし，天智天皇の死後，「私こそあとつぎにふさわしい！」と言って大友皇子と争い，壬申の乱を起こす。この乱に勝利した大海人皇子は，即位して天武天皇となった。

生没	631年？〜686年
出身地	奈良

天智天皇の死後，壬申の乱で勝利し，天皇中心の政治のしくみづくりを進めた。

大友皇子

皇子

悲しい運命を背負った天智天皇の子

　天智天皇の子として生まれた大友皇子は，成長すると政府の最高の位である太政大臣になり，優れた歌をつくるなど，豊かな才能を示した。そんな大友皇子に，天智天皇は自分のあとをつがせたいと思っていた。

　しかし，天智天皇が亡くなった後，天智天皇に不満をもっていた人々が，大海人皇子を天皇にしようと言い出すようになった。大友皇子はおじである大海人皇子と戦いたくなかったが，しかたなく壬申の乱で戦うことに。結局敗れて，自ら命を絶った。

生没	648年〜672年
出身地	奈良

天智天皇の子。天智天皇の死後に政治の実権をにぎったが，壬申の乱で敗北した。

壬申の乱 672年

皇位をめぐるゆずれない戦い

わしが死んだあと，わしのあとつぎをめぐって，息子と弟が対立したのじゃ…。

天智天皇（中大兄皇子）

あとつぎに指名

天智天皇の息子

父のつくった都はぼくが守る！正統なあとつぎはこのぼくだ！

大友皇子

天智天皇の弟

兄のために、1番働いたのはおれだ！おれこそが次の天皇にふさわしい！

大海人皇子

ゆずれない戦い

結果 **大海人皇子**の勝利

即位して天武天皇に！

天皇

律＝刑法

令＝政治のしくみ

国

律令国家の土台をつくる。

33

夫である天武天皇のためにつくし，
最後は天皇になった女性

持統天皇 天皇

生没 645年〜 702年
出身地 大和（現在の奈良県）
天智天皇の娘で，天武天皇の妻。持統天皇として
即位したあと，律令国家の建設に力をつくす。

父と夫が天皇に

中大兄皇子の娘として生まれ，実名は鸕野讃良という。父は，大化の改新とよばれる政治改革を進め，668年に天智天皇となる。鸕野讃良は，おじの大海人皇子と結婚（このころは，親戚と結婚することはめずらしくなかった）。その後，病気になった天智天皇が，自分の子である大友皇子をあとつぎにしようとした。このため，大海人皇子は都にいても意味がないと思い，いったん吉野（現在の奈良県）に移る。鸕野讃良は貧しい暮らしを覚悟の上でついていき，いつか夫が天皇になる日を夢見ていた。天智天皇の死後，大海人皇子は大友皇子と戦って勝利し，即位して天武天皇となった。

そして自分も天皇に！

鸕野讃良は，天武天皇になった夫の政治を補佐していた。夫の次は，子の草壁皇子が天皇になる予定だったが，草壁皇子は若くして死んでしまう。そこで，鸕野讃良は，「自分が天皇になって政治を行う！」と決意して持統天皇となった。持統天皇は，天武天皇がめざした「天皇中心の国づくり」を引きつぎ，最後まで夫のことを思って政治を行った。

仏教で日本を正しい道へ！

聖武天皇 天皇
（しょうむてんのう）

生没 701年〜756年
出身地 大和（現在の奈良県）

仏教により国を治めようとし，奈良に東大寺を建て，その中に大仏をつくった。

多くの不幸が聖武天皇をおそう

聖武天皇が天皇になったころ，日本では不幸なできごとがたくさん起きていた。政治の世界では，激しい権力争いの末に自殺したり，反乱を起こしたりする者が現れた。地震や火山の噴火，雨がほとんど降らないなど天災も起こった。さらには病気も流行した。

聖武天皇は，「自分が天皇になったせいで，悪いことが次々と起こっているのでは…」と思いなやんだ。

そこで，都を移せばこの不安定な世の中が治まるかもしれないと考え，5年間で3度も都を移した。しかし効果はなく，結局平城京にもどってきてしまった。

▶奈良の大仏（盧舎那大仏像）
© 00605AA

もう，仏教にたよるしかない！

聖武天皇が最後にたよったのは，彼が深く信仰していた仏教だった。聖武天皇は妻とともに国ごとに国分寺・国分尼寺を建て，それらをまとめる寺として都に東大寺を建てた。さらに，東大寺に国家を安定させるための仕上げとして大仏をつくった。

大仏が完成したころ，天災も病気も少しずつ減ってきたので，聖武天皇はようやく安心することができた。

貧しい人々とともに生き,
大仏づくりを手伝った

行基 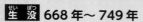 僧

生没	668年〜749年
出身地	河内（現在の大阪府）

仏教を学び，貧しい人々を救うための活動に一生をささげ，東大寺の大仏づくりに協力した。

貧しい人々を救う教えこそ仏教

　行基は，いつも貧しい農民の暮らしを見ていた。あるとき，「ここに橋をつくれば遠まわりせずに田んぼに行ける。川から水を引けばお米がもっととれる」と考えた行基は，人々のために橋をつくり，水路を引いて，ため池をつくった。同時に仏教も広めた。しかし，この活動が当時の僧を取りしまる法律に反しているとして，朝廷から活動をやめるよう命じられた。

▲行基がつくったため池

それでも，仏教は人々のためのもの

　しかし，行基は仏教を広めることが一番重要であると考え，朝廷の言うことを聞かなかった。最終的には，仏教の力で国を治めようとした聖武天皇が行基の功績を認め，大仏をつくるためのお金や人集めを行基にたのんだ。行基は各地をめぐってお金を集めるなど，大仏づくりにおおいに貢献する。しかし，大仏の完成を見ることなくこの世を去った。

聖武天皇の 大仏建造計画

● 準備するもの
銅：499 トン　　水銀：2.5 トン
金：440kg　　　すず：8.5 トン

● 作業する人
260万人

全国から人や材料が集められた！

銅　銅　銅
水銀
銅　水銀
すず　平城京
水銀

東大寺の大仏ができるまで

❶ 木材を組み立てて骨組みをつくり，ねん土を厚くぬって大仏の原型となる像をつくる。

❷ 原型の像にさらにねん土をかぶせて外わくをつくり，これを切って外す。

❸ 原型の表面をけずって，中型をつくる。

❹ 外わくを組み直して中型と外わくの間に，下から順に8回銅を流しこむ。

(荒木宏「技術者のみた奈良と鎌倉の大仏」より)

そして建造開始から 9 年後…

ドーン！

うむ うむ
ジーン

完成

現在の費用でおよそ 4600億円！

37

天平文化

東大寺　正倉院

建築

（奈良県奈良市）

東大寺にある倉。倉は南・中・北の３つに分かれ，そのうち，南と北の倉は，当時最先端の木造建築の技術だった校倉造でつくられている。

校倉造

校倉造の特徴

柱を使わず，三角形の木材を組み上げている。

聖武天皇

わしの宝物も納められておるぞ。

正倉院の宝物

シルクロードを通って，西アジアや南アジアから運ばれたものもあるぞ。

ガラスのさかずき

八角鏡

トルコ石などがはりつけられている。

五絃の琵琶

弦が５本ある，世界に残る唯一の琵琶。

彫刻
阿修羅像
（奈良県奈良市・興福寺）

3つの顔に
6本の腕！

仏教の影響を受けて，優れた仏像がたくさんつくられた。

『万葉集』
文学 （770年ごろ）

日本最古の和歌集。天皇や貴族から，農民や防人までさまざまな位の人の歌が収められている。

『日本書紀』
文学 （720年）

日本の神話の時代から7世紀末ごろまでのできごとをまとめた歴史書。

『古事記』
文学 （712年）

日本の神話から7世紀はじめごろまでのできごとをまとめた歴史書。

孝謙上皇の信頼を勝ち取り
天皇になろうとした僧

道鏡 僧

生没	？年〜 772 年
出身地	河内（現在の大阪府）

奈良時代の僧。女帝の孝謙上皇（のちの称徳天皇）に重んじられ，法皇の座につく。

孝謙上皇の病を治し，異例の出世

　奈良時代の僧・道鏡は山にこもって修行し，呪術で病を治したり，人を呪ったりしていたという。

　ある日，病気でねこんでいた孝謙上皇（聖武天皇の娘）に呪術を行ったところ，何と上皇は病から回復。上皇は「呪術の力で治った!!」と感激し，それから道鏡は上皇のお気に入りの僧となる。

　一方で，以前から上皇に気に入られていた藤原仲麻呂は，上皇の信頼が道鏡に向けられて面白くない。そこで仲麻呂は道鏡をたおすために反乱を起こしたが，失敗した。孝謙上皇はふたたび即位して称徳天皇となり，そのもとでますます力を大きくした道鏡は，最終的には，政治と宗教の両方で高い地位についたのだった。

天皇の地位をねらったが失敗

　道鏡は，「道鏡を天皇につければ天下は平和になる!!」と宇佐八幡宮の神のお告げがあったと主張して，天皇の地位をねらった。しかし，道鏡の行動に反対する人々のはたらきによって失敗する。称徳天皇が亡くなると，道鏡は都から遠くはなれたお寺に追放された。

阿倍仲麻呂 （政治家）
あべのなかまろ

生没 698年〜770年
出身地 大和（現在の奈良県）
中国に渡り，政治の場で活躍したが，日本に帰国できないまま中国で亡くなった。

悲運，帰国の夢はかなわなかった！

　仲麻呂は，国の命令で唐（現在の中国）に渡り，唐の進んだ政治や文化を学んだ。また，中国の難しい試験に合格し，唐の役人となった。さらに皇帝に認められ，政治の場で活躍した。数十年後，日本へ帰ろうとするが，嵐にあい失敗。帰国をあきらめる。日本に帰りたい気持ちを歌った次の歌は，百人一首にも収められている。

天の原 ふりさけ見れば 春日なる 三笠の山に 出でし月かも

吉備真備 （政治家）
きびのまきび

生没 693年？〜775年
出身地 吉備（現在の岡山県）
奈良時代，中国に渡り，進んだ学問を学んだ。帰国後，朝廷の重要な役についた。

中国で学び，日本で大活躍！

　阿倍仲麻呂といっしょに唐（現在の中国）に渡り，唐の進んだ政治や文化を学ぶ。日本へ帰国するとき，船が流されて種子島（現在の鹿児島県）に流れ着いたが，そこから何年もかけて奈良へもどってきた。奈良では，政府の重要な役職について活躍したが，政府内での争いに敗れて九州に追放される。その後ふたたび唐に渡り，僧・鑑真を連れて帰国。また奈良の都にもどると，天皇への反乱を収めるなどの功績をあげて，天皇の信頼を受けた。有力な家柄ではなかったが，最終的には右大臣という高い地位にまで登りつめた。

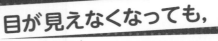

目が見えなくなっても，
仏教を伝えに日本にやってきた

鑑真 僧

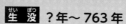

生没	？年～ 763 年
出身地	唐（現在の中国）

正しい仏教を伝えるために日本へ渡り，
日本の仏教の発展に力をつくした。

多くの僧に愛された名僧

唐で生まれ育った鑑真は，14歳のとき，父に連れられて行った寺の仏像を見て感動し，僧となることを決意する。20歳になると，都である長安に出て修行を積んだ。

もともとの才能に加え，たいへんな努力家だったことから，優れた僧として人々から尊敬されるようになり，有名になる。中国の各地から，鑑真の教えを受けようと僧たちが集まってくるほどであった。

うーん

日本に誰かを派遣してください

日本に正しい仏教を伝えるために

鑑真が54歳のとき，彼のもとに日本から二人の僧がやってきた。当時の日本には，正式に僧の資格をあたえることができる優れた人物がいなかったので，勝手なふるまいをする僧がたくさんいた。そこで聖武天皇は，僧の指導者にふさわしい人物を中国から日本に招くよう，二人の僧に命じたのである。二人の僧は鑑真に，日本に来てくれる弟子を紹介してくれるようお願いした。鑑真は彼らの熱意に心を動かされ，力になりたいと考えた。

6度目の正直！

　そのころは，中国から日本へ渡る船はまだ小さく，漂流したり，沈んだりすることが多かった。そのため，鑑真によびかけられても，日本へ行くという弟子はいなかった。鑑真は，正しい仏教を広めることは，人ひとりの命より重たいと考え，自分が日本に行く決意をした。鑑真が行くならば，と弟子たちもいっしょに日本へ行くことにした。

▲鑑真が通った日本への行路

鑑真の航路
―― 第2回
―― 第5回
―― 第6回

▲当時の遣唐使船はとてももろく，嵐にあうと簡単に沈んだ。

　ところが鑑真は，日本への渡航に5回連続で失敗。2回目は暴風のため中国から出られず，5回目は日本とは真逆の海南島に流れ着くなどつらい目にあうばかりだった。そんな苦労のせいか，ついに鑑真の目は見えなくなってしまう。

　それでも鑑真はあきらめなかった。日本に正しい仏教を伝えたい一心で6度目の渡航にチャレンジし，ついに日本到着を果たしたときにはすでに65歳になっていた。

日本の仏教の発展に貢献

　念願の日本に着いた鑑真は，奈良の都にいる聖武天皇に会い，さっそく仏教を広め始めた。鑑真は奈良の大仏がある東大寺に正式な僧の資格をあたえる建物をつくり，5年間，多くの人々に僧の正式な資格をあたえた。また，唐からもってきた仏像などの品物を日本にプレゼントした。

▲唐招提寺

　その後，新しく建てた唐招提寺でさらに仏教を広め，死ぬまで日本の貧しい人々のために活動した。

弟のたたりをおそれ，
平安京に都を移した

桓武天皇

天皇

生没 737年～806年
出身地 大和（現在の奈良県）

京都の平安京に都を移し，政治のたてなおしを進めた。

暗殺とたたりの時代

父親が病気になったため，あとをついで天皇になった桓武天皇。都を奈良から京都に移そうとし，まずは長岡京をつくったが，都を建てる責任者が殺されてしまう。この事件にかかわったとされた桓武天皇の弟を追放したが，その弟は無実をうったえながら死んでしまった。その後病気がはやり，多くの人々が亡くなったことから，「弟のたたりでは…」とおそれた桓武天皇は，長岡京からさらに都を移すことを決意する。

京の都・平安京を開く

長岡京をつくってから10年後の794年，桓武天皇は京都の平安京に都を移す。このとき，政治に口を出していた仏教の僧たちを平安京に入れないことで，政治から仏教を切りはなそうとした。その上で，桓武天皇はみずからリーダーシップを発揮。役人の不正を防ぐしくみをつくったり，東北地方まで朝廷の支配地域を広げたりするなど，積極的に政治改革を進めた。

▲平安京の復元模型

強さと優しさをあわせもった征夷大将軍

坂上田村麻呂 （武将）

生没 758年～811年

出身地 山城（現在の京都府）

征夷大将軍に任命され，蝦夷を制圧した。以後，朝廷の力が東北地方におよぶようになった。

蝦夷を討つ

平安時代の初め，東北地方には朝廷に従わない蝦夷とよばれる人々が支配している地域があった。田村麻呂は，朝廷から征夷大将軍に任命され，蝦夷を討ちに行く。田村麻呂は戦うだけではなく，どうしたら蝦夷が朝廷に従うか考えをめぐらせた。その結果，朝廷の力で蝦夷の生活レベルが上がれば朝廷に従うと思い，蝦夷に逆らわないようよびかけた。そして，よびかけに応じた者は平和で豊かな生活を送れるようにし，大変感謝された。

蝦夷のリーダーだった，アテルイの命乞い

しかし，蝦夷のリーダーだったアテルイは最後まで戦い，朝廷軍につかまった。「蝦夷の人々を守るために戦ったアテルイが殺されるのはかわいそうだ」と考えた田村麻呂は，朝廷にアテルイを殺さないようにたのんだ。しかし，その願いは聞き入れられなかった。田村麻呂は，アテルイを救えなかったことに落ちこみながらも，征夷大将軍である自分の任務を果たし，朝廷の勢力を東北地方までのばした。

山上憶良 歌人

貧しい人へのあたたかい
まなざしをもった詩人

やまのうえのおくら

生没 660 年～ 733 年？
出身地 ？

人々の暮らしを表現した歌を多くよんだ,
奈良時代の代表的な歌人。

役人をしながら, 歌に目覚める

憶良は 42 歳のとき, 遣唐使に選ばれて中国に
渡る。帰国後, 朝廷の役人などをつとめた。
筑前（現在の福岡県）の国司（地方の役人）の
仕事をしていたとき, 歌人の大伴旅人と知り合い,
仲のよい友人になる。この出会いをきっかけに歌
をよむことに目覚めた憶良は, その後多くの作品
を生み出すことになる。その中でも, 『万葉集』
に収められた『貧窮問答歌』は, 当時の貧しい人々
の状況を表現した歌として有名になった。

税や負担	内　容
租	収穫量の約 3 ％の稲
調	布・絹・特産物など
庸	都で働くかわりに布を納める
雑徭	土木工事など
衛士・防人	兵役

▲奈良時代の農民（成年男子）の負担

人間の苦しみや子供たちへの愛をよむ

憶良はもともと財産のある家柄でもなく, 年をとって
から世に出て活躍するようになったため, 貧しい暮らし
をわかっていた。そのため, 貧しさや人生の悲しさをよ
んだ歌が多く, 人々の心に強くうったえるものがあった。
また, 子供を題材にした歌も多く, 短い表現のなかに
深い愛情がこめられていた。憶良のあたたかい心が感じ
られる歌に, 人々は救われたという。

仏を信じれば，人は救われる！
ひたすらに仏教の修行を重ねた

最澄 僧

生没	766年～822年
出身地	近江（現在の滋賀県）

唐（現在の中国）で天台宗を学び，帰国後，日本各地で天台宗を広めた。

本当の仏教とは？

奈良の都では，僧が政治に口を出し，政治が乱れていた。最澄は，「これは本当の仏教のあり方ではない。本当の仏教を学びたい！」と強く思うようになった。そして，比叡山で苦しい修行を何年も続けた。

 本当の仏教を求めて中国へ

仏教とは……

最澄の修行はさらに続き，仏教の教えを求めて中国へ渡った。そこで天台宗の勉強を重ねたあと，日本に帰り天台宗を広めた。天台宗は，「仏を信じる者はだれでも救われる」という教えである。

本当の仏教は必ず広まる

しかし，天台宗の教えは，「仏教は一部の人々だけが信仰できる特別なもの」と考えるほかの宗派の人々とはげしく対立する。それでも最澄は，比叡山の

▲滋賀県にある比叡山延暦寺

寺で修行を重ねた。最澄の死後，比叡山の寺は延暦寺となり，そこで修行した僧は，新しい仏教の宗派を開き，苦しむ人々を救っていった。

仏教のすばらしさに目覚め，人々にそのすばらしさを伝えた

空海 僧

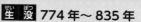

生没 774年～835年
出身地 讃岐（現在の香川県）
中国で仏教を学び帰国して，人々に真言宗を広める。また，学問も広めた。

仏教の道へと進む

　小さなころから勉強が好きでかしこかったが，儒教の勉強のため大学に入ったあと，勉強をやめてしまう。その後，自分にぴったりな考え方として見つけたのが仏教だった。家族の反対を押し切って僧になり，仏教の修行に取り組んだ空海は，24歳のとき，仏教のすばらしさを書いて一冊の本にまとめた。そして31歳のとき，最澄たちとともに留学生として中国の仏教を学びに出かけた。

日本にもどって仏教を広める

▲高野山金剛峯寺

　唐（現在の中国）から日本に帰ってきた空海は，天皇にも信頼され，紀伊（現在の和歌山県）にある高野山に金剛峯寺を開く許可をもらう。非常に喜んだ空海は，金剛峯寺で厳しい修行を行うことを決意。そこで真言宗とよばれる仏教の教えを説いた。それだけでなく，京都に学校をつくったり，讃岐（現在の香川県）に池をつくったりするなど，実際に人々を救うために行動した。

遣唐使の取りやめを
申し出た「学問の神さま」

菅原道真 政治家

生没 845年〜903年
出身地 ？
平安時代初期の学者・政治家。右大臣まで出世
したが，藤原氏によって大宰府に追放された。

幼いころから学問にすぐれる

子供のころからかしこく，秀才とい
われた道真は，大人になると難しい試
験に合格して役人となる。当時，朝廷
では藤原氏の勢いが強かった。そこで

天皇は，藤原氏ではない道真を天皇の
政治を助ける重要な職につけるなどし
て，藤原氏の勢力をおさえようとした。

高い地位につくも，大宰府に追放される

894年，道真は遣唐使の大使に任命され
る。しかし，唐（現在の中国）の政治の混乱
と，航海の危険を理由に遣唐使の停止を朝廷
に申し出て，受け入れられた。

その後，右大臣という高い地位についたが，
左大臣の藤原時平のたくらみで，突然，九州
の大宰府に追放される。2年後，道真は都に
帰ることなく，この世を去った。

▲道真の怨霊が雷神となって藤原時平
をおそっている場面

その後，朝廷や時平のまわりで不吉な事件があいついで起こると，人々は無実
で都を追放された道真のたたりだとうわさした。たたりをおそれた朝廷は，京都
に北野天満宮を建て，道真を「天神さま」としてまつった。道真は現在も，「学
問の神さま」として人々の信仰を集めている。

ぼくのように唐に着いて，そのまま日本に帰れなかった人もいる。

阿倍仲麻呂（あべのなかまろ）

唐への航海（こうかい）は危険（きけん）が多く，たくさんの人が命を落とした。

GAME OVER
遭難（そうなん）

唐に到着（とうちゃく）

唐

和同開珎（わどうかいちん）をもっていく
1マス進む

新しい制度を学びに行く
2マス進む

GAME OVER
遭難（そうなん）

鑑真が遭難する
唐にもどる

嵐（あらし）にあう

何度も渡航（とこう）に失敗（しっぱい）。日本に着いたときには，失明（しつめい）していました。

鑑真（がんじん）

唐からの使者

その他多くの僧（そう）

行く

遣唐使

遣唐使船に同乗し，唐で学びました。

あべのなかまろ
阿倍仲麻呂

きびのまきび
吉備真備

やまのうえのおくら
山上憶良

さいちょう
最澄

くうかい
空海

新しい仏教を
学びに行く
1マス進む

ほうもつ
宝物をGET！

日本

鑑真が
また遭難する
唐にもどる

鑑真
ようやく日本
に到着！

ばんがいへん
番外編
けんずいし
遣隋使が行く

けんこく
唐が建国される前は，隋が中国を治めてい
しょうとくたいし
た。聖徳太子は，遣隋使を派遣し，進んだ
文化を取り入れようとした。

たいとう　こっこう　ていあん
対等な国交を提案し
こうてい　げき
たら，隋の皇帝は激
ど
怒したんだ！

おののいもこ
小野妹子

日の出る処の天子が，日が没する処の天子に手紙を差し上げます。

聖徳太子

51

天皇のおじいさんとして
政治の実権をにぎった

藤原道長 政治家

生没 966年〜1027年
出身地 ？

娘を天皇のきさきとし，生まれた子を次の天皇
にして長く権力を得た，平安時代の貴族。

兄たちには負けないぞ！

貴族でトップの地位にいた，藤原兼家の息子
として生まれた。ただ，兄が何人もいたので，
周りの人は道長はあまり出世できないだろう，
と思っていた。だが，道長は兄弟で一番強い勇
気のもち主だった。ある日，兄たちと一緒にき
もだめしをしたところ，兄たちは怖くなって途
中で逃げ帰るなか，道長だけは平気な顔で，最
後までやりとげたという。そんな彼を見た道長
の姉は，道長の将来を期待し，出世を応援する
ようになった。

負けるものか…！

運を味方に大出世

道長の父である兼家が亡くなると，その地位を長男の道隆が引きついだ。しかし，道隆は5年後に病気で亡くなってしまう。次に次男の道兼があとをつぐが，病気で急死。そこで，道長か，道隆の息子である伊周のどちらかがあとをつぐことになった。伊周が事件を起こして九州に追放されてしまったこともあり，道長はついに，貴族でトップの地位を手に入れた。

天皇の祖父として政治のトップに立つ

　大出世を果たした道長は，自分の娘を次々と天皇のきさきにした。もし自分の娘と天皇の間に生まれた子が天皇になれば，自分は天皇の祖父になれるからだ。

　道長の娘たちが天皇の子を生むと，道長はその子が幼いうちに天皇に即位させる。そして，「幼い天皇の代わりに政治をするぞ！」と言って摂政の位につき，政治の実権をにぎった。

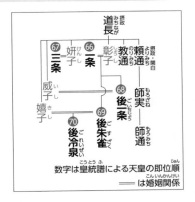

数字は皇統譜による天皇の即位順
　＝＝＝は婚姻関係

『望月の歌』で幸せをかみしめる

　3人目の娘が天皇のきさきになり，自分の権力がゆるぎないものになったと確信した道長は，貴族たちが集まる祝いの席でこんな歌をよんだ。

> この世をば　わが世とぞ思ふ　望月の
> かけたることも　なしと思へば
> （この世は私の世界のようで，満月が欠けていないように，自分にないものはない）

　この世で思い通りにならないことはないと自信満々に言ってしまえるほど，道長は自分の人生に満足していたのだろう。

こぼれ話　道長は光源氏のモデル!?

　藤原道長が活躍したころ，『源氏物語』を書いた紫式部は朝廷で道長の娘の教育係をしていた。紫式部は教育係をしながら，朝廷の人々の様子を観察していたといわれている。このことから，源氏物語の主人公の光源氏は，道長がモデルではないかという説もある。

53

思いのままに権力をふるい
この世に極楽浄土の実現を求めた

藤原頼通 （政治家）

生没 992年〜1074年
出身地 ？

藤原道長の子で藤原氏がもっとも力の強い時代をつくり上げた。また，平等院鳳凰堂を建てた。

父・藤原道長のあとをつぎ，権力をふるう

藤原道長・頼通が生きたころは藤原氏の全盛時代。頼通のもとには毎日のように全国からたくさんの産物が送られてきた。頼通は父の道長のあとをついで，天皇に代わって50年あまり思うままに政治を行った。頼通は，道長に続き，「天下は自分のものだ」と考えていた。

極楽浄土を求め，平等院鳳凰堂を建てる

▲頼通が建てた平等院鳳凰堂

しかし，こんな頼通でも思いどおりにならないことが二つあった。一つは天皇のきさきになった娘に，男の子が生まれなかったこと。もう一つは，父が亡くなったときと同じ病気で苦しんだことだ。

頼通は，今生きているこの世に阿弥陀仏が住む極楽浄土をつくりたいと願い，宇治（現在の京都府）に阿弥陀仏をまつる平等院鳳凰堂をつくった。頼通は死ぬまでこの寺に通った。

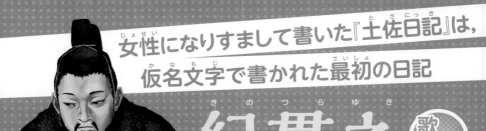

紀貫之 歌人

生没 ？年～ 945 年
出身地 ？

『土佐日記』の作者。平安時代に『古今和歌集』をまとめた歌人でもある。

旅の帰りに日記を書こう！

貫之は土佐（現在の高知県）の役人として働いていた。その仕事が終わり，京都に帰ってくる途中で，今回の旅の記録を日記として書こうと考えた。しかし，このころの日記というのは，漢字を使って仕事の記録をとるもので，旅の記録を書くものではなかった。

女性のふりをして仮名文字を使う

このころ，女性の間で仮名文字を使って文章を書くことが流行していた。貫之は「仮名文字は旅の記録を書くのにふさわしい文字だ」と考える。しかし当時，男性で仮名文字を使う人はまったくいなかった。もし使ったのが分かったら，はずかしいやつだと思われるかもしれない。そう考えた貫之は，日記の一文目に「男の人が書く日記というものを，女の私も書いてみよう……」と記し，女性のふりをして日記を書いた。これが『土佐日記』である。

男もすなる日記といふものを，女もしてみむとてするなり。それの年の十二月の二十日あまり一日の，戌の時に門出す。そのよしいささかにものに書きつく。…

▲ 『土佐日記』の最初の部分

三大随筆のひとつ,『枕草子』を
書いた平安時代の女流作家

清少納言

作家

生没 10世紀後半〜11世紀前半
出身地 ?

平安時代の文学を代表する『枕草子』
を書いた女性作家。

宮廷に仕える

　歌人だった父親の影響により,幼い
ころから文学に目覚めた清少納言は,
和歌や漢文などを学び,まわりからは
天才として知られていた。
　15歳ごろ,役人と結婚したが,家

庭生活がうまくいかず,のちに離婚。
　28歳ぐらいのとき,一条天皇のき
さきである定子に仕えることになる。
そして宮廷の人々からも天才的な文章
を書くと評判になった。

『枕草子』を書く

　清少納言は,定子に対してとても熱心に仕えた
ため,定子からの信頼があつかった。また,宮廷
では,身分が高い教養豊かな人たちと交流する機
会も多く,もち前の才能を生かし,充実した生活
を送っていた。同時代の紫式部とは,ライバル
関係にあったといわれている。
　清少納言が『枕草子』を書き出したのは,宮廷
での生活を始めたころ。日々の暮らしぶりを中心
に,豊かな感性やするどい観察力をもとにしたそ
の美しい文章は,まわりの人々をおどろかせた。

　春はあけぼの。やうやう
白くなりゆく山ぎは,すこ
しあかりて,むらさきだち
たる雲のほそくたなびき
たる。
　夏は夜。月のころはさら
なり。やみもなほ,ほたる
の多く飛びちがひたる。…

▲『枕草子』の一部

天皇やそのまわりの人々の暮らしや
心の移り変わりを著した

紫式部 作家

生没 10世紀後半〜11世紀前半
出身地 ？
仮名文字を用いて，『源氏物語』を書いた女性作家。

父をくやしがらせた才能

紫式部は小さいころから，漢字で書かれた難しい本をすらすら読んだ。ある日父は，紫式部が兄よりも本を理解していることに気づく。父は，「この子が男だったらどんなに出世するだろう，残念だ」と，くやしそうにしたという。

『源氏物語』誕生

▲ 「源氏物語絵巻」

紫式部は結婚したあと女の子を産んだが，その直後に夫を亡くした。その悲しみをのりこえようと書き始めたのが『源氏物語』である。かがやくような美しさと才能をもつ主人公・光源氏の恋愛をえがいた物語は，たちまち人々の心をとらえた。

天皇家にも仕えた

当時，政治の実権をにぎっていた藤原道長は，天皇のきさきとなった自分の娘の教育係を紫式部にたのんだ。紫式部は，教育係をしながら貴族の暮らしをよく観察し，『源氏物語』にその内容を反映したといわれている。

国風文化

文学
竹取物語
（作者不詳）

竹から生まれた女の子・かぐや姫の人生をえがいた作品。

仮名文字の発達

文学では，漢字を変形させた日本独自の文字・仮名文字が使われるようになった。仮名文字は，現在のひらがなやカタカナの元になっている。

安 ➡ あ ➡ あ

現在でも読まれている作品も多いのよ。

文学
古今和歌集
（紀貫之らが編集）

さまざまな人の和歌をまとめた和歌集。天皇の命令によってつくられた。

文学
源氏物語
（紫式部）

光源氏などの，朝廷での生活をえがいた恋愛物語。

服装
束帯

服装
十二単

貴族たちは，朝廷での正装として，はなやかな服を着るようになった。

中国の文化をふまえながら，
日本の風土や日本人の感情に合った文化
▶▶▶ 平安時代中期（9世紀末～11世紀）

建築 **平等院鳳凰堂**
（京都府宇治市）

浄土信仰が人々に広がるなか，藤原頼通は鳳凰堂を1053年につくった。現在使われている10円硬貨の絵柄にもなっている。

貴族は寝殿造の屋敷に住むようになったぞ。

世界文化遺産にも登録！

寝殿造

彫刻 **阿弥陀如来像**
（京都府・平等院鳳凰堂）

平等院鳳凰堂の中に収められている仏像。このころ，災害や伝染病の流行により，社会が乱れたため，人々はこの仏像に向かって，極楽浄土に生まれ変わることを願った。

古代 和歌 特集

平安時代までのおしゃれな和歌を選んでみたのじゃ。
これでそなたも，時代の最先端を先取りじゃな！

紫式部

平安時代には，在原業平など，六歌仙という和歌の名手が6人もおったのじゃ。

現代語訳

あなたを待って、家のすだれが動きます。「やっと来たわ」と喜んだけれど、ただ秋風がふいているだけでした。

君待つと 我が恋ひ居れば
すだれ動かし 秋の風吹く

額田王

現代語訳

久しぶりに会えたと思ったら、それがあなただと見分けがつかないうちにあなたはもういない。まるで雲に隠れた夜の月のようだわ。

めぐり逢ひて 見しやそれとも
分かぬ間に 雲隠れにし 夜半の月かな

紫式部

現代語訳

不思議なことが起こっていたという神が治めていた昔でさえ、こんなことは起きなかっただろう。竜田川の水が紅葉で真っ赤に染まっているとは。

ちはやぶる 神代もきかず 竜田川
からくれなゐに 水くくるとは

在原業平

わらわの歌じゃ！
この歌は百人一首にも収められておるので，チェックするのじゃぞ。

額田王は，天智天皇と天武天皇の2人から求婚されておった。2人の帝から求愛されるとはなんともうらやましい！

2 中世
（ちゅう）（せい）

平将門 （武将）
たいらのまさかど

私が新しい天皇だ！

　朝廷の役人となったが，出世できなかった将門は地元へと帰った。その後，父が遺した領地の配分などをめぐって一族と争い，おじを殺す。さらに周囲の領地をうばうなど勢力を広げ，その強さが関東地方で有名になった。将門は，新しい天皇という意味でみずから「新皇」と名乗り，関東地方に独立国をつくろうとした。しかし朝廷の命令を受けた武将に攻められ，戦死した。

生没 ？〜 940 年
出身地 下総（現在の千葉県）？
関東地方で朝廷に対して反乱を起こした。

藤原純友 （武将）
ふじわらのすみとも

瀬戸内海の偉大なる反逆者

　平将門が関東地方で「新皇」を名乗っていたころ，瀬戸内海では純友が朝廷に反乱を起こしていた。

　純友はもともと朝廷の役人として伊予（現在の愛媛県）に来て，海賊を取りしまっていた。しかし，みずからの功績を朝廷に認めてもらえなかったことに不満をもち，朝廷と戦うことに決めたのである。

　純友は，中国・四国地方や大宰府（現在の福岡県）に勢力を広げ，反乱を約2年続けたが，最後は朝廷の軍に討たれて死んだ。

生没 ？〜 941 年
出身地 ？
平安時代に，瀬戸内海で朝廷に反乱を起こした。

藤原氏から政権を取り返し，
天皇の政治を追い求めた

後三条天皇 天皇

生没 1034 年 〜 1073 年
出身地 京都

藤原氏が行っていた政治を終わらせ，天皇による政治を再開した，平安時代の天皇。

藤原氏の政治のころに生まれて

藤原氏による政治が盛んだったころに生まれた後三条天皇は，何とかして政治を天皇である自分中心に行いたいと思っていた。後三条天皇は，近い親戚に藤原氏の人がいなかった。そのため，藤原氏の言いなりになる必要がなかったのである。

土地の持ち主をはっきりさせる

後三条天皇は，藤原氏などがもつ荘園（土地）が，正しい手続きでつくられたものかどうかを調べ，正しい手続きでない荘園の所有を禁止した。この政策により，藤原氏の荘園は減らされ，藤原氏の権力が弱まった。その結果，政治の中心が藤原氏から天皇にもどってきたのである。思い通りの結果になったことを，後三条天皇は非常に喜んだ。

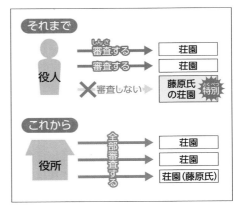

天皇をやめても，
上皇となって，私が政治を行う！

白河上皇 天皇

| 生没 | 1053年〜1129年 |
| 出身地 | 京都 |

平安時代後期の天皇。天皇をやめてからも
院政とよばれる政治を行い，権力を保った。

若くして天皇をやめた複雑な理由

じょうこう
上皇

○○
しろ！！

むすこ　てんのう
息子（天皇）

　　20歳のときに天皇となる。かつて政治の中心
だった藤原氏は，ずいぶんとその勢いがなくなっ
てきていたが，朝廷では次にだれが政治権力をに
ぎるかで対立が続いていた。白河天皇は，自分の
あとつぎをめぐって対立している様子をみて，ど
うしたらよいかなやんだ。そこで34歳のとき，
自分から天皇をやめて上皇となり，まだ8歳だっ
た自分の息子を天皇とした。これによりあとつぎ
争いは収まったが，みずからの権力を引き続き保
つために，白河上皇が政治を行った。このように，
天皇をやめて上皇となった者が天皇の代わりに政
治を行うことを，院政という。

権力を大きくした上皇

　　白河上皇のもとには，多くの荘園（土
地）が集まり，自由に使える財産がた
くさんあった。すると白河上皇は，力
のある武士に自分の警備をさせたり，

自分に都合のよい役人を出世させたり
するようになっていった。こうして白
河上皇は，その権力をさらに大きくし
ていった。

東北地方の争いを収めたが，
朝廷からの評価が低く苦労した

源義家 武将

生没 **1039年〜1106年**
出身地 **？**

前九年合戦，後三年合戦で活躍し，鎌倉時代
へと続く，源氏のもつ力を世の中へ示した。

東北地方の反乱をおさえる

平安時代の終わりごろ，朝廷の役人だった義家
の父は，反乱を起こした安倍氏をたおすため，東
北地方に向かった。義家は，最初は父親について
東北地方に出向いただけであった。しかし，現地
の人たちに協力してもらって反乱を収めるうち
に，いつしか東北地方のことが好きになってい
た。やがて父とともに戦い，安倍氏をたおすこと
に成功した（前九年合戦）。

地図:
- 秋田城
- 厨川柵
- 金沢柵
- 黒沢尻柵
- 沼柵
- 鳥海柵
- 雄勝城
- 平泉
- 鬼切部
- 胆沢城（鎮守府）
- 衣川柵
- 黄海
- 多賀城国府

← 源頼義（義家の父）の動き（前九年合戦）
← 源義家の動き（後三年合戦）

源義家
↓
止めに入る!!
↓
清原氏の内紛

▲後三年合戦の対立

武士からあつく信頼される

その後，東北地方で清原氏が争いを起こし，義家とその
部下がこれを収めた（後三年合戦）。しかし朝廷は，義家
が勝手にやったことと判断して，ほうびなどを一切あたえ
なかった。義家は非常にくやしく思い，代わりに自分の財
産を部下たちにほうびとして分けあたえる。義家のほうび
に感激した武士たちは，義家のすばらしさを語り合うよう
になった。これをきっかけに，源氏が関東地方で強い力をもつようになった。

院政を行い，藤原氏，平氏，源氏を
あやつった「日本一の大天狗」

後白河上皇 天皇

生没 1127年〜1192年
出身地 京都

平安時代後期の天皇。天皇の位をゆずった後も34年にわたって政治の実権をにぎる。

自分が天皇に？ ヤッター！

天皇の息子として生まれたが，兄があとをついだので自分が天皇になることはないだろうと思っていた。ところが，思いがけず天皇の順番がめぐってくる。家族との複雑な人間関係がいやで遊びほうけていたが，天皇になって

からは人が変わったかのように政治に取り組んだ。天皇の位をゆずって上皇とよばれるようになったあとも，天皇に代わり政治の実権をにぎる（院政）。後白河上皇の院政は，5人の天皇の時代34年も続いた。

人の心をあやつる「大天狗」

後白河上皇は，力をもつ貴族に対しては，武士を利用して力をそぎ，平氏がしだいに力をもってくると，ライバルの源氏に「平氏を討て」と命じた。

源氏が力をもち始めると，兄・頼朝に冷たく，弟・義経にあまい言葉をかけ，仲たがいをさせた。人の心の弱さにつけこみ，政治をあやつったのである。

ほれ話 流行歌が大好きだった天皇

あそびをせんとや生まれけむー♪

「10歳くらいから今様（当時の流行歌）にハマった。昼も夜も歌い，のどが痛くて水も飲めないくらいだったが，それでも歌い続けた」と書き残されている。

平清盛のよきライバルだったが，
勢力争いに負ける

源義朝 武将

みなもとのよしとも

生没 1123 年〜 1160 年
出身地 ？

保元の乱に平清盛とともに勝利するも，
平治の乱で対立して敗北。源頼朝の父。

保元の乱で活躍

1156 年，朝廷で起きた保元の乱に，平清盛とともに参加して活躍する。敵に父の源為義がおり，乱のあと父を助けたいとうったえたが許されず，自分で為義をたおした。

清盛とはたがいにライバル関係にあったが，戦いに勝ったことに対する朝廷からのほうびは清盛のほうが多かった。そのため，だんだんと清盛に対してうらみをいだくようになる。

平治の乱で負ける

保元の乱
✦WIN✦ 後白河天皇
源義朝 平清盛 VS 崇徳上皇 LOSE

平治の乱
✦WIN✦ 平氏 VS 源氏 LOSE

1159 年に起きた平治の乱では，清盛と戦ったが，敗北。逃げる途中で仲間に裏切られて殺された。さらに，長男の義平は処刑され，次男の朝長も死ぬ。

しかし，三男の頼朝は伊豆に追放，九男の義経は寺に預けられ，命拾いする。のちに成長した息子たちが源氏をふたたび盛り上げ，最終的には平氏をたおした。

平氏が栄えたのは
この人のおかげ！

平清盛

（たいらのきよもり）

生没 1118年〜1181年
出身地 伊勢（現在の三重県）？
武士として初めて太政大臣につき，政権をにぎった人物。

実は白河上皇の息子！？

保元・平治の乱を制し
武士と貴族の頂点に！

清盛は平氏の総大将・平忠盛の長男として誕生したが，当時政治の実権をにぎっていた白河上皇の息子だったのでは？ といううわさもある。だからなのか，たった12歳で天皇の住む御所を守る役に命じられた。父の死後，36歳で平氏の総大将になった。

保元・平治の乱で勝利

1156年，後白河天皇と崇徳上皇の争いがおき，天皇側についた清盛は，源義朝とともに勝利を収める（保元の乱）。これによって清盛はさらに力をのばすが，同じように戦ったのに手柄をあまり認められなかった義朝は戦いを起こした（平治の乱）。これを収めた清盛は，政治の実権をにぎることになった。

平氏にあらずんば人にあらず

　清盛は武士で初めて太政大臣（朝廷での最高の位）にまでのぼりつめると，娘を天皇家にとつがせるなど，栄華を極めた。そんな清盛や平家一族の様子は「平氏でないものは人ではない」と言われるほどだったようだ。えらそうにいばる平氏に対しては，じょじょに反感をもつものも出てきた。

清盛が遺した文化と財産

　清盛は仏教を深く信仰しており，51歳でお坊さんになった。また，後白河上皇に命じられ，京都に蓮華王院（三十三間堂）を建てたり，広島県にある海の神様をまつる厳島神社を建て直したりした。

▲厳島神社

　さらに，清盛は，平氏の財産をつくるために，宋（現在の中国）との貿易を発展させようと考え，大輪田泊（現在の神戸港の一部）を，宋の船が来やすいようにつくり直した。日本からは，金や木材などを輸出し，宋からは陶磁器や薬品などを輸入した。とくに宋銭とよばれる銅銭の流通により，貨幣を通して商品の交換を行うしくみをつくり，平氏にも大きな利益をもたらした。神戸港では，現在も多くの外国船が行き交っている。

▲宋銭

こぼれ話　清盛の情けがのちに…

　平治の乱で討たれた源義朝の子供のうち，生き残ったのは頼朝，今若丸，乙若丸，牛若丸たち。清盛は彼らをつかまえたものの殺さなかった。頼朝を伊豆（現在の静岡県）へ追放し，のちの源義経となる牛若丸たちを京都の寺へ預けた。情けをかけ，命を救った清盛。義経たちによって将来平氏がほろぼされることになるとは，想像していなかったのだろう…。

平氏をほろぼした天才戦略家！
しかし，兄頼朝に追われた悲劇の武将

源義経 武将

生没 1159年〜1189年
出身地 山城（現在の京都府）

源義朝の九男で，源頼朝の弟。平氏を壇ノ浦でほろぼすが，頼朝に追いつめられて自殺。

鞍馬の牛若丸

　義経は，幼いころは牛若丸とよばれた。生まれたばかりのころ，父である源義朝を平清盛に殺される。その後，母親とはなればなれにされ，京都にある鞍馬寺で僧になるように育てられた。やがて，父を殺したのが平清盛と知ると，義経は「僧にはならない！強くなって，必ず父のかたきの平氏を討ちとってやる！」と心にかたくちかった。昼間は学問にうちこみ，夜は鞍馬山にすむ天狗に兵法を習い，強くなるための修業をひたすら積んだといわれている。そしてある日，平氏を討つために，ひそかに鞍馬山を脱走した。

武蔵坊弁慶との出会い

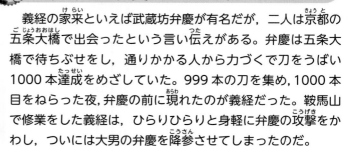

　義経の家来といえば武蔵坊弁慶が有名だが，二人は京都の五条大橋で出会ったという言い伝えがある。弁慶は五条大橋で待ちぶせをし，通りかかる人から力づくで刀をうばい1000本達成をめざしていた。999本の刀を集め，1000本目をねらった夜，弁慶の前に現れたのが義経だった。鞍馬山で修業をした義経は，ひらりひらりと身軽に弁慶の攻撃をかわし，ついには大男の弁慶を降参させてしまったのだ。

兄と協力し，平氏をたおす！

　義経は，奥州（現在の東北地方）の実力者であった藤原秀衡をたよって平泉（現在の岩手県）に向かう。そこで力をたくわえていたところ，平氏を討つチャンスがめぐってきた。赤ん坊のときに生き別れになった兄の頼朝が，平氏を討つために動き出したのだ。義経は，頼朝のもとにかけつけると「会いたかった！兄さん」と，なみだを流して再会を喜んだ。

奥州藤原氏

　その後義経は，兄に協力して軍を率い，次々と平氏の軍と戦っていった。義経は人が思いつかないような天才的な戦略で，平氏の軍を次々と追いつめていく。そして数々の戦いで勝利を収め，壇ノ浦で平氏をほろぼした。「ついにやったぞ！父さんのかたき，平氏をほろぼしたぞ！」子どものころからのちかいを果たした義経に，幸せが訪れた。

兄に追いつめられる義経

　しかし，幸せは長くは続かなかった。平氏をほろぼし，人々にヒーローのようにむかえられる弟を，兄・頼朝はねたましく感じていたのだ。頼朝は義経が自分から何もかもうばおうとしているのではないかと疑うようになり，義経につらくあたった。ついには，義経に暗殺者を送りこみ，「義経を討て！」との命令を出す。

　義経は子供のころ世話になった奥州藤原氏をたよって奥州へ命からがら逃げのびた。しかし，奥州藤原氏は義経を裏切り，義経をおそった。義経は「もうここまでだ」と自殺するために仏堂に入っていった。弁慶は義経がだれにもじゃまをされずに自殺できるよう，とびらの前に立ちはだかった。そして全身で敵からの無数の弓矢を受け止め，最後まで主君を守り，立ったまま息絶えた。

源平の戦い

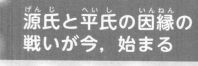

平清盛

一ノ谷の戦い

(1184 年 2 月)

源 義経は，鵯越にある急な坂道から奇襲をしかけ，平氏に勝利。敗北した平氏は瀬戸内海に逃げこむ。

京都

壇ノ浦の戦い

(1185 年 3 月)

途中で瀬戸内海の潮の流れが変わり，源氏が有利に。敗北を悟った平氏の一族は，安徳天皇とともに海に飛びこむ。これにより，平氏はほろんだ。

屋島の戦い

(1185 年 2 月)

源 義経が，嵐の中で奇襲をしかける。また，源氏軍の弓の名手・那須与一が，平氏軍の船の上の扇を一矢で射落としたとされる。

力をもった平氏を討つのです！

後白河上皇の息子・以仁王は，平氏にうばわれた権力を取りもどすため源氏によびかけた！

以仁王

源義家

源義朝

源頼朝

源義経

倶利伽羅峠の戦い
(1183年5月)

源 義仲は，牛の角に火をつけて放し，平氏は敗走する。

平泉

石橋山の戦い
(1180年8月)

源 頼朝が初めて挙兵するが，平氏の大軍に敗北する。

鎌倉

富士川の戦い
(1180年10月)

平 維盛は，水鳥が飛び立つ音を源氏が襲ってきたと勘違いし，戦わずに逃げ帰る。

73

平氏を滅亡に追いこみ鎌倉幕府で
武士の世のしくみをつくった

源頼朝 武将

生没 1147年～1199年
出身地 尾張（現在の愛知県）
武士による初めての政権である
鎌倉幕府を開いた武将。

追放された伊豆で運命の出会い

父に率いられ，13歳にして初めて出陣し，平
治の乱で平清盛と戦う。しかし敗れてつかまり，
伊豆（現在の静岡県）に追放された。その地で，
北条時政の娘・政子と結婚する。そのころ，清盛は
朝廷の役人の中で一番えらい太政大臣となり，平氏
一族による横暴な政治が行われていた。

平氏をたおすために挙兵

頼朝は，いつか源氏の時代がやって来る
ことを願い，伊豆で待ち続けた。そしてつ
いに，1180年，皇族の以仁王が平氏をた
おせという命令を出す。頼朝は，これをチャ
ンスと考えた。さっそく北条時政の協力を
得て鎌倉（現在の神奈川県）を拠点に兵を
あげ，西へ向かって攻めていく。奥州（現
在の岩手県）にいた弟・源義経も戦いに合
流し，戦いをくり広げた。

源平の戦いに勝利

▲壇ノ浦古戦場跡（山口県）
源氏はこの地で平氏をほろぼした。

頼朝にはさらに，いとこの源義仲も味方についた。義仲は北陸で平氏との戦いに勝ったものの，京都にやってくると乱暴なふるまいをするようになる。しかたなく，頼朝は義仲をたおしてしまった。

頼朝はさらに勢いを増し，義経の軍を送りこんで平氏を西へ西へと追いつめた。そして1185年，ついに壇ノ浦（現在の山口県）で平氏を滅亡させた。

武士の時代を切り開く

頼朝は，一緒に戦った義経が勝手なふるまいをしたとして，義経をたおそうとする。平泉（現在の岩手県）に逃げた義経は，追いつめられて自殺した。その後，1192年，頼朝は武士のトップとして征夷大将軍に任命された。

頼朝が開いた鎌倉幕府では，将軍に仕えた武士は「御家人」とよばれ，将軍のために命をかけて戦った（奉公）。そして，幕府は活躍した御家人に土地をあたえるなどした（御恩）。

頼朝は，武士と幕府の新しい関係をつくった人物となった。

そなたが征夷大将軍じゃ。

こぼれ話　戦わずして勝ってしまった富士川の戦い

頼朝が1180年，富士川（現在の静岡県）まで軍を進めたときのこと。平氏軍の大将・平維盛は，夜に水鳥が飛び立つ羽の音におどろいて，源氏軍が突然攻撃してきたとかんちがいし，戦わずに逃げ出してしまった。京にもどった維盛は，祖父・清盛にひどくおこられたという。音だけで勝ってしまうとは，当時の頼朝軍の勢いがいかに強かったかを感じることができる。

75

いいくに づくりを！ 鎌倉

源頼朝

武士による政治のしくみを整えたのじゃ。その秘密を，今回特別にわしがみずから紹介するぞい。

地形のひみつ

鶴岡八幡宮

山

山

切通し

鎌倉街道

海

山

鎌倉街道は，山をけずって切り開いた「切通し」とよばれるせまい道とつながっていた。

高崎
栃木県
安中
碓氷
深谷
群馬県
児玉
嵐山
埼玉県
毛呂山
入間
所沢
日高
国分寺
東京都
山梨県
町田
府中
大和
神奈川県
藤沢
鎌倉
静岡県
0 10km

東西北が山で，南が海。敵が攻めにくく，守りやすい地形なのじゃ。敵にばれるといかんから秘密じゃぞ！

幕府のひみつ

役職のひみつ

```
          ┌── 侍所（御家人の統率）
    ┌ 中央 ┼── 政所（財政，一般政務）
将軍─執権│    └── 問注所（裁判，訴訟）
    │    ┌── 六波羅探題（京都の警護，朝廷の監視）
    └ 地方 ┼── 守護（国内への軍事，警察，御家人の統率）
         └── 地頭（荘園などの管理，年貢の取り立て）
```

将軍の補佐として執権を置いたのじゃ。執権にはわしの妻・政子の実家である北条家のみなさんが就いて，政治を助けてくれたのじゃ。

妻・政子

時宗　泰時　時政

北条家のみなさん

主従関係のひみつ

将軍と部下である御家人の関係を強く結びつけたのじゃ。これぞ，究極のギブアンドテイク！戦が起こっても安心じゃ！

領地を認め，手柄によって新しい領地をあたえる

```
将軍 ──── 御恩 ────→ 御家人
   ←──── 奉公 ────
```

将軍のために命をかけて戦う

77

源実朝 将軍

暗殺された源氏最後の将軍

源頼朝の子である実朝は，12 歳の若さで鎌倉幕府の将軍となった。これは，幕府の政治の中心にいた北条氏に「子供だから言うことを聞くだろう」と考えられたからである。

実朝は政治の実権を北条氏ににぎられたまま，28 歳のとき，おいの公暁に暗殺されてしまう。公暁は北条氏から「実朝は公暁の父・頼家を殺した」と信じこまされ，実朝にうらみをもっていたのだ。実朝が殺された直後に公暁も殺され，将軍となれる源氏の子孫はとだえてしまった。

生没 1192 年～ 1219 年
出身地 相模（現在の神奈川県）
鎌倉幕府３代将軍。和歌を愛し，のんびり暮らしたが暗殺される。

北条時政 武将

娘の政子とともに，頼朝を支える

北条時政は迷っていた。大切に育てた娘の政子が 源 頼朝と結婚したいというのだ。頼朝は平氏にたおされた源義朝の息子。当時は平氏が力をふるっていた時代だったので，もし頼朝との結婚を認めたら，平氏と敵対することになる。それでも結局，時政は娘の願いを受け入れ，結婚を認めた。その後は頼朝を盛りたて，頼朝が平氏打倒の兵をあげると戦いに加わり，武士による新しい政権・鎌倉幕府をつくることに協力した。幕府では将軍を助ける執権という役職に初めてついた。

生没 1138 年～ 1215 年
出身地 伊豆（現在の静岡県）
源 頼朝の妻・北条政子の父。鎌倉幕府の初代執権。

源頼朝の妻として，
鎌倉幕府を守り通した尼将軍

北条政子 政治家

生没 1157年〜1225年
出身地 伊豆（現在の静岡県）

鎌倉幕府の初代将軍・源頼朝の妻。頼朝が亡くなった後，幕府の実権をにぎった。

頼朝の妻となる

北条政子は，平清盛によって伊豆に住まわされていた源頼朝と結婚し，四人の子を産んだ。しかしその後，頼朝が落馬がもとで亡くなる。ショックを受けた政子は，幕府の政治を子供たちに任せ，自分は尼（僧となった女性）となり，政治からはなれた。

ほろびそうな鎌倉幕府を救った名演説

> みな，心を一つにして聞きなさい。これは私の最後の言葉です。頼朝殿が幕府を開いてから，官位や俸禄をあたえたご恩は山よりも高く，海よりも深い。このご恩にむくいるのは，いまをおいてほかにありません。
>
> 北条政子 〜『吾妻鏡』より

ところが，頼朝の子供たちはあまり政治がうまくなく，幕府はその勢力を失いつつあった。頼朝の子孫がいなくなったので，遠い親戚の子を将軍としたところ，朝廷に政治を取り返そうと後鳥羽上皇が幕府に攻めてきた。幕府はもうだめだろうと多くの武士が上皇に味方をしようとしたそのとき，政子は武士たちに演説を行った。「お前たちを守護や地頭といった役職につけた頼朝様の御恩を忘れたのか!?」と。その内容と迫力に多くの武士たちは感激し，朝廷ではなく幕府の味方となり，その結果幕府が勝利した。この戦いは，承久の乱とよばれている。

鎌倉幕府から政治権力を取りもどしたい!

後鳥羽上皇 天皇

生没 1180 年〜 1239 年
出身地 京都

平安時代末期〜鎌倉時代の天皇。のちに上皇になり承久の乱を起こすが失敗。

政治権力を自分の手に収めたい

小さなころから頭がよかったが，少々攻撃的な性格だった。源氏と平氏の争いに巻きこまれた結果，4歳で天皇になる。その後，天皇の位をゆずって上皇となっても政治を行っていた

が，源頼朝が鎌倉幕府を開いて武士の政治を始めたことをよく思っていなかった。「いつか政治権力を幕府から取り返すぞ」とその時をねらっていたのだ。

幕府と戦うも敗れる

源氏の将軍が3代でいなくなり，源氏の遠い親戚の子供が4代目の将軍になると，後鳥羽上皇は「今だ！」とばかりに幕府に対して戦い（承久の乱）を始める。ところが，頼朝の妻であった北条政子が武士の多くを幕府の味方につけてしまい，後鳥羽上皇は敗れてしまう。その後，隠岐（現在の島根県）の島に追放され，一生をそこで過ごした。

▶承久の乱の様子

← 幕府軍の進路

隠岐　京都　鎌倉

われこそは　新島守よ
隠岐の海の　荒き波風
心して吹け

◀後鳥羽上皇が隠岐でよんだ歌。上皇がよんだ歌でありながらさびしい雰囲気を表している。

承久の乱

A.D. 1221

幕府　　　　　　　　　　　　　　　　　朝廷

HOJO MASAKO　　　　　　　　　　　　GOTOBA JOKO

VS

たたかう	たたかう
尼将軍へ進化	上皇の命令
必殺！政子の演説	朝廷の権力
隠岐へ流す	部下にたよる
幕府を助ける	和歌をうたう

必殺！政子の演説

御家人のやる気が
大きく上がった！
朝廷に大ダメージ！

WIN

HOJO MASAKO!!

■	承久の乱以前から北条氏の一族が守護であった国
■	承久の乱以後から北条氏の一族が守護となった国
▨	承久の乱以後に守護の交代があった国

幕府の勢力が拡大！！

六波羅探題

京都

鎌倉幕府

81

曲がったことが大きらい！
鎌倉幕府の学級委員

北条泰時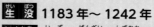

生没 1183 年〜 1242 年
出身地 伊豆（現在の静岡県）？

鎌倉幕府 3 代執権。泰時が定めた御成敗式目（貞永式目）は，武家政治の基礎となった。

人としてルールは守れ！

　北条政子のおいである泰時は，曲がったことが大きらいな，まじめな性格のもち主だった。1221 年，朝廷が鎌倉幕府をたおそうと戦いを始める（承久の乱）。泰時は，朝廷が力ずくで政権をうばいとろうとするのはまちがっていると思い，幕府軍に参加して大活躍した。乱のあとは，京都に新たに置かれた六波羅探題という役所で，朝廷が二度と反乱を起こさないよう監視した。

「御成敗式目」が武士のルールだ！

　幕府の有力者であった父や，おばの政子が亡くなり，幕府の将軍を助ける執権という役職についた。泰時は，これからどうやって幕府をきちんと運営していくかなやんだ。そこで，会議で御家人たちと相談をして，1232 年に御成敗式目という，土地の相続の方法や，裁判について定めた武士たちのきまりを出した。ルールをきちんと定めて，みんながそれに従えば，争いの少ない正しい武士の社会になると考えたのである。

法然 （僧）

念仏を唱えればだれもが極楽に行ける！

　9歳で父を亡くし地元の寺に入る。15歳で比叡山に入り，本格的に仏教の修行を始めた。43歳のときに比叡山を出て，武士や農民に「南無阿弥陀仏」という念仏を唱えるだけで救われると説いた。これが浄土宗の始まりである。しかし，このあまりにも簡単な教えは，厳しい修行を重んじる昔からの仏教の僧からはよく思われなかった。そのため法然は京都から追放されてしまう。やがて許されて京都にもどり，浄土宗の教えは人々の間に広まっていった。

生没	1133年〜1212年
出身地	美作（現在の岡山県）

平安〜鎌倉時代に仏教の一派である浄土宗を広めた人物。

親鸞 （僧）

悪人こそが救われる！

　9歳のとき比叡山に入り，仏教の僧となる。厳しい修行にたえながらも，本当の信仰とは何なのかを考えていた。

　29歳のとき比叡山を出て，京都で法然の弟子となる。法然は念仏を唱えることが大事だという浄土宗を開いたが，親鸞はその念仏に加え，「なやみ，苦しむ人（悪人）こそが救われる」と説く浄土真宗を開いた。さらに，僧でありながら結婚したり肉を食べたりするなど，庶民が親しみをもてるような僧になる努力をした。

生没	1173年〜1262年
出身地	山城（現在の京都府）

鎌倉時代に仏教の一派である浄土真宗を広めた人物。

日蓮 （僧）

ぼくもあなたも南無妙法蓮華経！

　日蓮は漁師の家に生まれたが，12歳のときにお寺に入る。そこで天台宗や真言宗などを学んだが，やがて法華経こそが真の仏教の教えだと確信するようになる。「南無妙法蓮華経」という題目さえ唱えれば，人も国も救われると説き，日蓮宗（法華宗）を開いた。

　さらにほかの宗派や鎌倉幕府を激しく批判した。そのため，何度もおそわれたり，幕府にとらえられて遠くの島に追放されたりした。それでもめげずに「南無妙法蓮華経」を唱え続けるのだった。

生没 1222年〜1282年
出身地 安房（現在の千葉県）
鎌倉時代に日蓮宗（法華宗）を開いた人物。

一遍 （僧）

ダンス！ダンス!!ダンス!!!

　武士の家に生まれたが，10歳でお坊さんになり，浄土宗で修行した。後に全国を歩き回りながら「南無阿弥陀仏」の念仏を唱え，仏教の教えを説いた。信州（現在の長野県）で踊念仏を始めると，地方の武士や農民に人気が出た。一遍の教えは時宗とよばれ，人々に受け入れられていった。

生没 1239年〜1289年
出身地 伊予（現在の愛媛県）
鎌倉時代に時宗を開いた人物。

栄西 ⑪

仏教の新しい風！臨済宗を伝える

　神社の家に生まれた栄西は，14歳のときに比叡山の僧となり，天台宗を学んだ。28歳と47歳のときには，仏教の教えをさらに学ぶため，宋（現在の中国）へ留学する。そこで，日本では知られていない仏教の宗派の一つである禅宗の一派・臨済宗と出会い，これを学ぶようになった。

　帰国してからは，日本にも臨済宗を広めるべく，京都に建仁寺を建てた。その後，臨済宗は鎌倉幕府や室町幕府の保護を受けて，大きく発展した。

生没 1141年〜1215年
出身地 備中（現在の岡山県）
鎌倉時代の僧。臨済宗を伝える。

道元 ⑪

ひたすら座禅を組んで悟りをめざす！

　鎌倉時代，京都で生まれた道元は，14歳のときに比叡山の僧となった。さらなる仏教の境地を目指して，24歳のときに宋（現在の中国）に留学する。宋では，座禅を組む修行をする禅宗の一派である曹洞宗の教えを学ぶ。目的も意味も求めずに，ただひたすら座禅を組もうという「只管打座」の考えを身につけた。

　日本に帰国した道元は，越前（現在の福井県）に永平寺を建てた。そして，宋で学んだ曹洞宗を広めて多くの人々から親しまれた。

生没 1200年〜1253年
出身地 山城（現在の京都府）
鎌倉時代の僧。曹洞宗を開く。

平安時代の仏教

貴族が
中心

平安時代 794年～1185年ごろ

天台宗

総本山 比叡山延暦寺（滋賀県）

最澄が開く。山にこもり，厳しい修行にはげむことを重んじた。

最澄

浄土信仰
も広がる

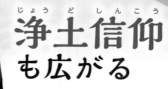

真言宗

総本山 高野山金剛峯寺（和歌山県）

空海が開く。秘密の呪法を学ぶことで悟りが開けると説いた。

空海

鎌倉時代の仏教

浄土宗
総本山 知恩院（京都府）

法然

「南無阿弥陀仏」と念仏を唱えれば，だれでも救われると説いた。法然が開いた。

時宗
総本山 清浄光寺（神奈川県）

一遍

念仏を唱えるだけで救われると説いた。一遍の踊念仏で民衆に広められた。

浄土真宗
総本山 本願寺（京都府）

親鸞

一向宗ともよばれる。親鸞が開く。悪人こそが救われるという教えを説いた。

日蓮宗
総本山 久遠寺（山梨県）

法華宗ともよばれる。日蓮が開いた。「南無妙法蓮華経」と題目を唱えれば，国家も人も救われると説いた。

日蓮

禅宗

座禅による修行によって，悟りを開こうとする教え。宋から伝わった。栄西は臨済宗，道元は曹洞宗を伝えた。

道元

栄西

1185年ごろ〜1333年鎌倉時代

民衆や武士が中心

鴨長明 （作家）

名作『方丈記』を書いた随筆家！

　京都にある神社の家の子として誕生した。和歌をつくる才能があり，後鳥羽上皇が和歌集をつくるときの編集メンバーに選ばれる。父と同じ神社の仕事につくことを希望していたがかなわず，がっかりして京都をはなれ，山に小さな家を建て一人で暮らす。そこで，若いころ体験した地震や火事などを通して世の中のはかなさを『方丈記』というエッセイに書いた。『方丈記』は現在でも読み続けられている名作だ。

| 生没 | 1155年？〜1216年 |
| 出身地 | 山城（現在の京都府） |

鎌倉時代初めの歌人・随筆家。『方丈記』で世のはかなさを著した。

兼好法師 （作家）
（吉田兼好）

ベストセラー『徒然草』を書いた！

　神社の家に生まれ，朝廷に仕えた後，お坊さんになった。京都の町中をはなれ，日々考えたことや観察したことなどを『徒然草』という本に思いのままに書きとめた。

　『徒然草』は兼好が生きているあいだには，あまり注目されなかったが，江戸時代になると大ヒット。現代でも読み続けられている。たとえば，「結婚なんてするもんじゃないよ」「長生きしすぎるのは考えものだ」「旅に出るのはいいことだ」「恋愛しない男はつまらないやつ」など，現代にも通じる内容が書かれている。

| 生没 | 1283年？〜1352年？ |
| 出身地 | 山城（現在の京都府） |

鎌倉時代の歌人・随筆家。代表作『徒然草』は，現代でも共感できる随筆集。

西行 さいぎょう 歌人

政治より和歌を愛した

　朝廷に仕える武士だったが，政治には興味がなかった。ある時，仲のよかった友人が突然亡くなってしまい，ショックを受けたことをきっかけにして，お坊さんになったと言われている。西行はお坊さんとして旅に出た先で，自然に感動して歌をよむようになった。西行の師匠である仏教のえらいお坊さんがその様子を見て，最初はおこっていたが，あまりにも歌に一生懸命なため，最後には許したという。

生没 1118年〜1190年
出身地 山城（現在の京都府）

死後に，『新古今和歌集』に多くの和歌が選ばれた，平安時代終わりごろの歌人。

藤原定家 ふじわらのさだいえ 歌人

後鳥羽上皇も認めた和歌の天才

　和歌のプロとなるために，定家は幼いころから歌の教育を受けていた。よい歌をよむことで有名になった定家だったが，仕えていた主人が権力争いに敗れ，定家は歌の会での出番も少なくなってしまう。

　しかし，定家の才能を認めていた後鳥羽上皇は，和歌集をつくるメンバーに定家を指名した。定家は，朝廷に認められたことを非常に喜び，このころの優れた和歌を約1900首収めた『新古今和歌集』をつくった。

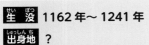

生没 1162年〜1241年
出身地 ?

『新古今和歌集』の和歌を選んだ鎌倉時代の歌人。

金剛力士像をつくった
仏像彫刻家

運慶 彫刻家 快慶

運慶
生没 ？～ 1223 年
出身地 大和（現在の奈良県）？

快慶
生没 ？～？
出身地 ？

鎌倉時代に活躍した彫刻家。

運慶と快慶は親子じゃない

運慶と快慶と聞くと，名前も似ているので親子じゃないか？と思うかもしれないが，実はちがう！二人は同じ師匠をもつ弟子同士なのだ。その師匠の弟子の名前には，「慶」という文字が使われていた。

▶運慶の作品

実は作風がちがう二人

運慶は見たままの様子をいきいきと表現する作品をつくった。一方快慶は，上品で美しく，親しみやすい雰囲気の作品を多くつくった。

◀快慶の作品

こぼれ話 運慶がつくった仏像が 14 億円で落札

2008 年，運慶の作品とみられる大日如来像が，ニューヨークで開かれたオークションで約 14 億円で落札された。海外で落札された日本の美術品としては，当時の最高額。最後は，お客に落札をたのまれた百貨店の三越とアメリカの収集家との一騎打ちになったが，三越が制し，海外流出の危機はまぬがれた。

金剛力士像！

～東大寺南大門の仏像はこのようにつくられた～

おこった顔で，侵入者もふるえあがる。

高さ約8m，重さ約7tもある巨体に圧倒される。

「仁王立ち」という言葉の由来ともなった仁王像のりりしい立ち姿。

約3000個のパーツで，たくましい肉体を表現。

つくった人に聞きました

金剛力士像のここがすごい！

接着剤は使っていません。彫った木をつなぎ合わせる寄木造とよばれる技術を使っています。

仲間の汗と涙の合作です。ぼくたち以外にも，多くの仏師たちが協力して作業を行いました。

時代を超える力強いフォルムは，鎌倉文化の象徴ともいえるでしょう。ぜひ見に来てください。

制作者の
運慶さん　快慶さん

鎌倉文化(かまくら)

『平家物語』(へいけものがたり)

文学 (琵琶法師)(びわほうし)

平氏と源氏の戦いや，栄華を極めた平氏が(へいし げんじ たたか えいが きわ)
ほろんでゆく様子がえがかれている。琵琶(ようす びわ)
をひきながら物語を語る方法で，人々に広(かた ほうほう)
がった。

祇園精舎の鐘の声(ぎおんしょうじゃ かね こえ)
諸行無常の響きあり(しょぎょうむじょう ひび)

軍記物の流行(ぐんきもの)

実在した武士や戦いを題材とした，さまざま(じつざい ぶし だいざい)
な物語がつくられた。

『徒然草』(つれづれぐさ)

文学 (兼好法師)(けんこうほうし)

日々のできごとの感想や自
分の考えをまとめた随筆集。(ずいひつしゅう)

『新古今和歌集』(しんこきんわかしゅう)

文学 (藤原定家ら)(ふじわらのさだいえ)(ていか)

後鳥羽上皇の命に(ごとばじょうこう)
より，編纂された(へんさん)
和歌集。

西行(さいぎょう)

わたしの歌も収めら(おさ)
れています。

『徒然草』と『方丈記』は，(ほうじょうき)
『枕草子』と合わせて三大(まくらのそうし)
随筆とよばれております。

『方丈記』(ほうじょうき)

文学 (鴨長明)(かものちょうめい)

戦乱やききんを通してこ(せんらん)
の世の無常さ・はかなさを(むじょう)
表した随筆集。

##

建築 **東大寺南大門**
（奈良県）

© 00606AA

宋（現在の中国）から伝えられた力強い建築様式！

力強く
たくましい！

彫刻 **金剛力士像**
（奈良県・東大寺）

絵画 **似絵**

源頼朝と
伝えられている似絵

実在の人物そっくりにえがく，
似絵がかかれるようになった。

絵画 **絵巻物**

僧の伝記や，合戦の様子を
絵入りの巻物にして，物語
風にえがいたもの。

ユーラシア大陸に広がる
史上最大の帝国をつくる

チンギス・ハン 武将

生没	1167年ごろ〜1227年
出身地	モンゴル

モンゴル民族を統一し，大帝国を築いた伝説の人物。

悲しみを乗りこえて…

モンゴル族の名門の家に生まれ，テムジンと名付けられたが，子供のころに父を殺され苦しい生活を送る。しかし，母と弟をはげましながらたくましい青年に成長していった。

大帝国を建国

やがて，モンゴル高原に暮らす遊牧民の部族たちを統一して王（ハン）となり，「チンギス・ハン」と名乗るようになる。金（現在の中国北部）の占領をはじめとして，やがて，広大なユーラシア大陸の大部分を征服するようになり，ついに巨大なモンゴル帝国を築いた。

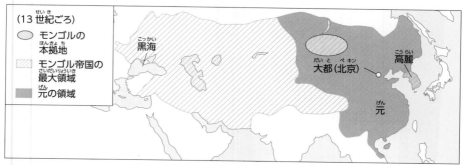

（13世紀ごろ）
◯ モンゴルの本拠地
▨ モンゴル帝国の最大領域
▩ 元の領域

黒海
大都（北京）
高麗
元

中国を征服し，
日本にも2度大軍を送った

フビライ・ハン （武将）

生没 1215年〜1294年
出身地 モンゴル
モンゴル帝国を築いたチンギス・ハンの孫。元の初代皇帝。

おじいさんはすごかった！

祖父のチンギス・ハンの勢いはすさまじかった。中国の北部にあるモンゴルの小さな遊牧民の一人であったが，知恵と勇気で戦いぬき，モンゴル民族を一つにし，大帝国・モンゴル帝国を築き上げたのだ。孫であるフビライは，「いつか私は，おじいさんをこえる大帝国を築いてやる！」と心にちかった。

周りの国々を征服するぞ！

日本にも
軍隊を送るぞ！

祖父の死後，フビライはあとつぎ争いを戦いぬき，やがてモンゴル帝国第5代皇帝となった。国名を元と改め，都を大都（現在の中国の首都・北京）に定めた。その後，子供のころからのちかいであった，「祖父をこえる大帝国を築く」という野望を実行に移し始めた。中国を統一したあとは，ベトナムやビルマ（ミャンマー），インドネシアへと次々と軍隊を送ったのだ。日本にも2度の攻撃をしかけた（元寇）。さらに，国内のお金を紙幣に統一したり，貿易のための道を整備したりして，祖父に負けない国づくりを目指し続けた。

日本という国を初めて
ヨーロッパに紹介した人物

マルコ・ポーロ （旅行家）

生没 1254年〜1324年
出身地 イタリア

『東方見聞録』という本で，ヨーロッパにアジアのことを紹介した。

アジアへの大旅行

マルコ・ポーロは，貿易の商人であった父のもと，イタリアにある水の都ベネチアに生まれた。17歳のとき，父とおじに連れられてアジアに向けて旅立ち，途中で砂漠をこえるルートを通って中国までたどり着いた。

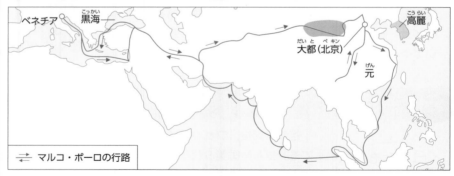

ベネチア　黒海　高麗　大都（北京）　元

⇄ マルコ・ポーロの行路

『東方見聞録』の誕生

長い旅でモンゴル語やトルコ語などをマスターしていたマルコは元（中国）の皇帝フビライに気に入られ，17年間，元の役人として中国で暮らした。やがて故郷にもどり『東方見聞録』を

まとめ，日本を紹介した。しかし，実はマルコは日本に来ていない。そのためか，「日本は黄金の国であり，建物は金でできている」など，とんでもない内容も書かれている。

元の侵略から日本を守った
鎌倉幕府の8代執権
北条時宗

生没 1251年〜1284年
出身地 相模（現在の神奈川県）

元（現在の中国）から2回しかけられた戦い（元寇）をどちらも切りぬけた鎌倉幕府の執権。

かしこく強い執権

時宗が若いころ, 元の皇帝フビライ・ハンから元に服従するよう求める手紙が何度も日本に届く。鎌倉幕府はなやんだ末にこの要求を断ることにした。その後幕府は元への対策を強めるために, 頭がよく戦いもうまいと評判だった時宗に18歳の若さで執権（将軍の補佐役）になってもらうことにした。

執権となった時宗は, どうすれば日本を元の侵略から守ることができるか毎日なやんでいた。そこに, また元から「従わないと日本を攻める」という手紙が届いた。これを読んだ時宗は, 元と徹底的に戦うことを決意する。

元との壮絶な戦い

時宗は元の攻撃に備え, 御家人に北九州沿岸を守らせた。1回目の元の攻撃（文永の役）では, 火薬を使い, 集団で攻めてきた元に対し, 一騎ずつ馬に乗って戦う日本軍は苦戦した。

時宗は次の戦いに備えて石の壁（石塁）を海岸に沿ってつくった。7年後, 元がもっと兵を増やし攻めてきたとき（弘安の役）は, この石塁が元軍の攻撃をはばんだ。武士たちも海に出て元の船をおそうなど活躍する。暴風雨で元の船がしずんだこともあり, 元軍は撤退し, 日本は守られたのである。

▲博多湾に今も残る石塁

竹崎季長は見た！
実録！ モンゴルの

鎌倉幕府の御家人の竹崎季長です。13世紀に起きた，すさまじい2度の元の襲来について解説します‼

執権・北条時宗様
ぼくの主君です。

すべての元凶！
フビライ・ハン

モンゴル帝国

鎌倉幕府

モンゴル帝国は，中国を統一し，大陸の広い領地を支配。日本にも服従を求めてきたのです。

執権・北条時宗様は，服従を拒否！そこで元が攻めてきたのです。

服従しろ！

神聖ローマ帝国
ベネチア
コンスタンティノープル
ビザンツ帝国
カラコルム
大都（北京）
高麗
京都
元
博多
鎌倉
日本

拒否する！

（13世紀ごろ）
🔴 モンゴルの本拠地
□ モンゴル帝国の最大領域
　（服属地域をふくむ）
■ 元の領域

襲来 元寇

文永の役

(1274年)

元軍の，当時見慣れなかった集団戦法や，火器「てつはう」を使う攻撃にとても苦しめられました…。

馬に乗って，戦つているのが私です。

元軍

文永の役のあとに，博多湾を守るためにつくられた石塁。

高麗

合浦

対馬

壱岐

下関

博多

大宰府

ココ！

平戸

鷹島

石塁
土塁

弘安の役 (1281年)

２度目の襲来に備えて博多湾の岸に石塁がつくられました。結局，暴風雨によって，元軍は撤退しました。

手柄をあげたにもかかわらず，土地やほうびをもらえなかった御家人たちは，幕府に不満をもつようになりました。私のように直接幕府にほうびを求める者もいました。

武士から政治の実権を
取りもどそうとした96代天皇

後醍醐天皇 天皇

生没 1288年～1339年
出身地 京都

鎌倉幕府をほろぼし，天皇中心の建武の新政を実現したが失敗。その後，奈良に朝廷を移す（南朝）。

建武の新政を始める

　鎌倉幕府が朝廷に口を出すことが気に入らなかった後醍醐天皇は，1333年に足利尊氏や新田義貞の協力で幕府をほろぼした。その後，建武の新政とよばれる天皇中心の新しい政治を始めた。しかし，この政治に武士たちは不満をいだくようになる。

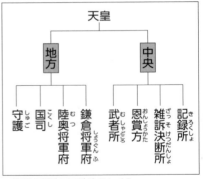

▲建武の新政での政治のしくみ

南北朝時代の始まり

　やがて，ともに鎌倉幕府をほろぼした尊氏も後醍醐天皇に反抗し，京都に別の天皇を立ててしまう。これに対し，後醍醐天皇は吉野（現在の奈良県）に朝廷を移した。北に位置する京都の朝廷（北朝）と南に位置する奈良の朝廷（南朝）ができあがり，2人の天皇が存在する南北朝時代が約60年続いた。後醍醐天皇は京都に帰ることなく吉野で病死した。

北の朝廷＝北朝

京都

N

吉野

南の朝廷＝南朝

▲南北朝の位置

楠木正成 武将

後醍醐天皇に最期まで忠誠をつくした武将

　後醍醐天皇が鎌倉幕府をたおす戦いを起こすと，正成はすぐに参加した。やぐらの上から岩や丸太を投げ落としたり，熱湯をかけたりするなど，人々がおどろくような戦術で，次々と幕府軍を破った。

　後醍醐天皇が新しい政治を始めると，政治が混乱し，多くの武士が天皇に反発する。一方，天皇に信頼されていた正成は最後まで天皇を守り戦うことをちかい，勝ち目のない戦いに死をかくごしてのぞんでいった。

生没 ？〜1336年
出身地 河内（現在の大阪府）
建武の新政の功労者。後醍醐天皇に最後まで味方したが，足利尊氏にほろぼされた。

新田義貞 武将

足利尊氏のライバル，源氏の血を引く御家人

　義貞は足利尊氏と同じ源氏の流れをくむ御家人であった。だが，足利氏のほうが位も職も高く，義貞はいつもくやしい思いをしていた。

　後醍醐天皇が鎌倉幕府をたおす戦いを起こすと，尊氏とともに参加。この戦いで，義貞はすばらしい勢いで鎌倉に攻めこみ，鎌倉幕府をほろぼした。しかし，天皇から授けられた位は義貞より尊氏のほうが高く，またもや義貞はくやしい思いをした。その後，尊氏と対立を続けながらもなかなか勝利できず，北陸で最期をむかえた。

生没 ？〜1338年
出身地 上野（現在の群馬県）
鎌倉幕府の御家人であったが，後醍醐天皇に味方し，鎌倉幕府をほろぼした武将。建武の新政の功労者。

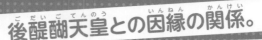

後醍醐天皇との因縁の関係。

鎌倉幕府をたおし，室町幕府をつくった

足利尊氏 武将

生没 1305 年 〜 1358 年
出身地 ？
もとは源氏の一族だった足利氏の
リーダー。室町幕府の初代将軍。

ナゾの多い生いたち

鎌倉幕府の有力な御家人である足利貞氏
の息子として生まれ，「高氏」と名付けら
れた。若いころについての記録がほとんど
なく，出身地も，丹波（現在の京都府）とする
説のほかに，鎌倉（現在の神奈川県）とする
説や足利（現在の栃木県）とする説がある。

幕府の御家人として天皇と戦うが…？

高氏が生まれるより少し前，日本に元（現在の
中国）が攻めてきたことがあった。そのとき戦っ
た御家人への恩賞が不十分だったため，御家人は
しだいに鎌倉幕府に不満をもつようになった。

それでもしばらくの間，高氏は御家人として幕
府に味方していた。後醍醐天皇が「今こそ天皇中
心の政治を実現しよう！」と幕府に 2 回戦いをい
どんだが，高氏は幕府軍に加わり，これを収める
ことに成功した。

天皇側に寝返り，鎌倉幕府をほろぼす

敗北した後醍醐天皇は，隠岐（現在の島根県）に追放される。しかし後醍醐天皇は隠岐を脱出し，3回目の戦いにいどんだ。

このときに高氏は，天皇に味方にならないかとさそわれる。鎌倉幕府に対する恩もあったが，不満ももっていた高氏は最後には天皇軍に加わった。そして，京都や鎌倉で戦いをくり広げ，1333年に幕府をほろぼした。

幕府をほろぼした後醍醐天皇は，京都で幕府に代わって政治を行うようになる（建武の新政）。高氏も戦いの功績が認められ，後醍醐天皇の名「尊治」の一字をあたえられ「尊氏」となった。しかし天皇は，武士を高い位の役職につけず，天皇中心の政治を行ったため，武士の不満はどんどん高まっていった。尊氏も，天皇に不満をもつようになった。

後醍醐天皇との対立

尊氏は武士の政治を取りもどそうと，1336年に京都で光明天皇を即位させ，北朝とよばれる朝廷をつくり，後醍醐天皇を吉野（現在の奈良県）に追いやった。1338年には光明天皇から征夷大将軍に任命され，室町幕府を開いた。尊氏が北朝をつくったのに対し，後醍醐天皇が吉野に移した朝廷を南朝とよび，以後60年近く続く南北朝の対立が始まった。

こぼれ話　尊氏の人柄と天龍寺

最後は後醍醐天皇と対立した尊氏だったが，慈悲深い人柄だったといわれる。天皇が亡くなったときは大変悲しみ，その死をとむらうために天龍寺を建てた。

▲京都府にある天龍寺

室町幕府の最盛期を築き，
金閣を建てた3代将軍

足利義満

生没 1358年〜1408年
出身地 山城（現在の京都府）
室町幕府3代将軍。南北朝の争いを収めたり，日明貿易を行ったりして，幕府の最盛期を築いた。

南北朝の争いを収める

　義満は，室町幕府2代将軍・足利義詮の息子として生まれた。義満が生まれたころは，朝廷が南朝と北朝に分かれて争っている最中で，各地で激しい戦が巻き起こっていた。北朝の中心人物であった父は，南朝をたおすため，何度も戦いに向かった。その後，義満が10歳のときに父が亡くなり，義満は悲しむひまもなく次の将軍に就任した。

　将軍となった義満は，家臣である細川氏の力を借りながら，まずは室町幕府の基礎固めを進めていった。やがて，自分の手で，南北朝の争いを終わらせ，平和な世の中をつくりたいと思うようになった。そこで義満は，南朝の天皇を説得し，1392年に2つに分かれていた朝廷を1つにまとめることに成功した。これにより，義満が生まれる前から約60年続いていた，南北朝の争いが終結した。また，幕府の権威は高まり，義満の支配力が強まったのだった。

「花の御所」と金閣の造営！

　義満は，室町幕府の基礎固めをする中で，京都の室町に公家（貴族）の屋敷に見立てた武家屋敷をつくった。ここに幕府を移して政治を行うためだ。

　この屋敷は，広い庭には四季おりおりの花がさき乱れていたことから，人々はこの屋敷を「花の御所」とよぶようになった。

▲洛中洛外図屏風にえがかれた花の御所

▲金閣

　南北朝の統一を成功させた義満は，息子・義持に将軍の職をゆずることを決めた。将軍を引退した後は，京都の北山に別荘を建ててはなやかな余生を過ごした。この別荘の中にある，外側に金をはりめぐらせた建物は，金閣とよばれている。義満は金閣に外国からの客人や天皇を招待した。武家・公家社会において，自分が最高の権力者であることを示そうとしたのだ。

明との貿易で大もうけ！

　室町時代，倭寇とよばれる海賊が，明（現在の中国）で勝手に貿易をしたり，力づくで品物をうばったりしていた。そこで明は，倭寇を取りしまるよう幕府にたのんできた。将軍を引退しても，幕府の実権をにぎっていた義満はこれに応じ，倭寇の取りしまりを明と約束する。さらにこのとき，日本と明の間で正式に国交を結び，貿易を始めることにした。この貿易は，勘合を用いたことから勘合貿易（日明貿易）ともよばれ，明から銅銭や生糸が輸入された。

▲勘合貿易で使われた合い札

　勘合貿易の勘合とは，正式な貿易船と倭寇との区別をつけるための合い札（証明書）のこと。日本船が持つ文字が半分だけの札と，明にある残り半分の札を合わせて一致すれば，正式な貿易船であることを確認できたのである。

応仁の乱の中，銀閣を建てた
室町幕府8代将軍

足利義政 将軍

生没 1436年〜1490年
出身地 山城（現在の京都府）

室町幕府の8代将軍。応仁の乱の一因をつくった。

弱気な将軍

足利義政は，とても気が弱く，人からたのみごとをされると断ることができない性格。妻である日野富子は大変気が強かったことから，義政は，将軍でありながらいつも尻にしかれていた。

政治も実際には義政はほとんど何もせず，妻の富子や，管領という将軍を助ける役職についた山名氏や細川氏が，実際の政治を行っていた。

ギャー　ギャー

あとつぎ争いから逃げ出す

政治が面倒になってきた義政は，子供もいないことから，お坊さんになっていた弟を無理矢理よびだして，次の将軍になってもらう約束をした。ところが，その翌年に，富子との間に男の子が生まれる。世間的にはあとつぎは弟だと発表していたため，「せっかく生まれた子が将軍になれないとはどう

いうことだ！」と富子は義政を責めた。ここに山名氏と細川氏の権力争いが加わり，応仁の乱が起きる。

義政は争いから逃げようと，子に将軍の職をゆずって京都の山にこもり，趣味に没頭し，銀閣を建てた。こもった山が東山だったため，このころの文化を東山文化という。

金閣 ✦ 銀閣 徹底比較！

金閣

わしのつくった金閣のほうがかっこいいじゃろう！

3層目…禅宗の様式

2層目…武家の様式

1層目…寝殿造

足利義満

公家と武家の文化を融合させた豪華できらびやかな建築！

銀閣

銀閣も負けていませんよ。最先端の建築様式・書院造を取り入れていますから。

上層…禅宗の様式

下層…書院造

簡素で落ち着いた，深みのある建築！

足利義政

足利義満の支援を受け，能を大成した父と子

観阿弥
生没 1333年〜1384年
出身地 伊賀（現在の三重県）

世阿弥
生没 1363年〜1443年？
出身地 大和（現在の奈良県）？
室町時代に活躍した芸人親子。猿楽を発展させ，能とよばれる芸術を完成させた。

観阿弥 芸人 世阿弥

大和猿楽をおこした観阿弥

観阿弥は，物まねや歌やおどり，手品などの芸が得意な芸人で，その芸は猿楽とよばれた。あちこちの寺や神社のイベントによばれては，猿楽を披露した。なかでも歌と舞の実力はすばらしかった。自分で台本も書き，レパートリーも豊富で，大きな体ながら，女性を演じれば女性に見え，少年の役を演じれば少年に見えたという。そんな観阿弥の舞台に，大勢の人々が夢中になった。

ある日，観阿弥は京都の神社のイベントによばれて，「翁」という舞を披露した。舞台を見に来ていた将軍足利義満はこの舞台のすばらしさに感激。この日から，義満は観阿弥と息子の世阿弥をひいきにし，たくさんの援助をした。

能を完成させた世阿弥

世阿弥にはたくさんのライバルがおり，それぞれがくふうをこらした芸を披露し，競い合っていた。世阿弥も負けまいと，台本を何本も書き，研究とけいこに熱心にはげんだ。やがてその芸は，能とよばれる芸術に高められていった。世阿弥は，能の芸術論をまとめた『風姿花伝』や，『高砂』『羽衣』といった優れた作品を書いた。これらの作品は現在でも演じられており，時代をこえて人々の心に感動をあたえている。

仏教もいいけど絵もかきたい！
とくに水墨画はすばらしい‼

雪舟 画家

生没	1420年～1506年？
出身地	備中（現在の岡山県）

明（現在の中国）で仏教と水墨画を学び，日本に持ち帰って大成した。

 和尚さんもびっくり！

　幼いころから仕えていた寺で，雪舟はいたずらをして柱にしばられたことがある。そのとき自分のなみだを使って足でえがいたねずみが，雪舟の様子を見に来た和尚さんには本物に見えた，という話があるほど絵がうまかった。そのため，大人になってからも京都の有名な寺で，仏教の信仰を深めると同時に絵の修業も積んだ。

中国の水墨画を日本へ

　48歳のときから2年間明へ行き，仏教を学ぶとともに，中国の自然や芸術にふれる。とくに，黒一色のこさの使い分けだけでえがく水墨画に興味をもって研究した。日本に帰ってからは九州を中心に各地を歩き，さまざまな風景を水墨画でえがいた。明の水墨画をまねするだけでなく，日本独自の表現方法を取り入れ，発展させた。

▶雪舟がえがいた『秋冬山水図』

室町文化（むろまち）

芸能 能（のう）

能面をつけて歌や音楽に合わせて舞（ま）う。

> 能の合間に狂言（きょうげん）も演（えん）じられました。

> これが能面！

観阿弥（かんあみ）・世阿弥（ぜあみ）

絵画 水墨画（すいぼくが）

> 墨（すみ）の濃淡（のうたん）で自然（しぜん）の景色（けしき）をえがく技法（ぎほう）を，私（わたし）が中国（ちゅうごく）から伝（つた）えました。

雪舟（せっしゅう）

文学 御伽草子（おとぎぞうし）

『一寸法師（いっすんぼうし）』や『浦島太郎（うらしまたろう）』などの絵入りの物語が人々に読まれるようになった。

建築 金閣 鹿苑寺：京都府

豪華できらびやか！

京都の北山につくられた金閣を代表とする，足利義満のころの文化をとくに北山文化という。

建築 銀閣 慈照寺：京都府

簡素で深みがある

京都の東山につくられた銀閣を代表とする，足利義政のころの文化をとくに東山文化という。

現在につながる和風文化

室町時代に生まれた文化には，現在も続いているものが多い。

生け花

茶の湯は桃山文化で私が大成しました！

茶の湯

千利休

建築 書院造

銀閣の1階は書院造となっている。書院造は，現在の和風住宅のもととなった。

ちがいだな　障子

ふすま

畳

▲書院造の例（東求堂同仁斎）

立ち上がれ農民！ 一揆の広がり

一揆とは？

これまで，領主に重い年貢や負担などで苦しめられていた農民たち。室町時代になると，集団で領主に抵抗する一揆を起こすようになった！やがて農民だけでなく，僧や武士の間にも広がったぞ。

山城の国一揆
（1485 年）

地元の武士と農民が領主を追放し，8 年間自分たちで国を治めた。

石川県

京都府

滋賀県

正長の土一揆
（1428 年）

農民が，土倉・酒屋などの金貸しの店をおそい，幕府に借金の帳消しを求めて成功した。

加賀の一向一揆
（1488 年）

一向宗（浄土真宗）の信者が守護大名をたおして，約 100 年間国を支配した。

山名持豊 武将

応仁の乱の西軍総大将

　持豊は，武家の名門に生まれた超エリートである。1441年，室町幕府の将軍を殺害した赤松満祐をたおし，その後勢力を拡大させ，多くの領国をもつ守護大名となる。のちにお坊さんになり宗全と名乗った。赤みをおびた顔であったので「赤入道」ともよばれた。

　やがて将軍家のあとつぎ争いなどをめぐって，細川勝元と対立する。その後始まった応仁の乱では西軍の総大将として戦うが，その最中に病死した。

生没 1404年〜1473年
出身地 ？
室町時代に中国地方を中心に支配した有力な守護大名。

細川勝元 武将

応仁の乱の東軍総大将

　もとは足利氏であった華麗なる一族，三管領家の1つである細川家に生まれた。16歳の若さで室町幕府の管領（将軍を補佐する役）となり，8代将軍足利義政を助けた。

　山名持豊の娘を妻にし，持豊とはもともとよい関係を築いていた。しかし，将軍家のあとつぎ争いなどが起こり，持豊と対立するようになる。その後，応仁の乱とよばれる大きな戦いがはじまると，東軍の総大将として西軍の持豊と戦うことになった。結局，乱の勝敗が決まらないまま，持豊のあとを追うように病死した。

生没 1430年〜1473年
出身地 摂津（現在の大阪府）？
室町時代に近畿・四国地方の一部を支配した有力な守護大名。

応仁の乱

1467 〜 77 年
全国を揺るがす長い戦いが幕を開ける

―― 応仁の乱 開始時 ――

	西軍 (山名方)	東軍 (細川方)
将軍の あとつぎ 問題	日野富子 ― 足利義政 ― 弟 義視 子 義尚	
守護大名 の対立	山名持豊	細川勝元

有力御家人の
バックアップ！

西軍 山名方

山名持豊

足利義尚

日野富子

経過

足軽が放火や略奪などの乱暴をはたらき，敵を混乱させる活躍をみせる。

応仁の乱とは？

8代将軍・足利義政のあとつぎをめぐる争い。義政の弟・義視と義政の妻子・日野富子，足利義尚が対立。そこに，守護大名の細川氏，山名氏の権力争いなどもからんで，多くの大名が東軍と西軍に分かれて戦う大きな戦いになった。

足利義政

細川勝元

足利義視

東軍
細川方

結果

戦乱は約11年続き，多くの寺院や屋敷が消失。京都は焼け野原となった。長い戦いで守護大名の力が弱まり，下の身分の者が上の身分の者に打ち勝つ下剋上が見られるようになった。

金閣
花の御所
銀閣
上京
内裏
鴨川
下京
二条
清水寺
東寺
九条

当時の市街地(推定範囲)
被災地域
被災した主な寺社

0 1 2 3km

とんち小僧として有名な，仏教界のアウトロー

一休宗純  僧

生没 1394年～1481年
出身地 山城（現在の京都府）

室町時代の臨済宗の僧。みずから禅宗の
ありかたを批判した人物。

自由に生きた一休宗純

宗純は，後小松天皇の息子だと言われている。幼少のころから頭の回転が速く，とんち小僧として有名だった。やがて，大人になり僧になるが，仏教のしきたりにとらわれず，自由な生き方をめざした。一休は，普通の僧とはちがう考え方をもっていた。僧は，お酒を飲んだり，肉を食べたり，異性と交際したりしてはいけないとされていたが，そのようなきまりを破ってしまったのだ。

一休の遺言状

一休は亡くなる直前に弟子たちに遺言状を渡した。その遺言状には「なるようになる。心配するな」とだけ書かれてあったという。自由気ままを好んだ一休の人柄をよく表している。また，一休が亡くなる前に弟子につくらせた木像には，自分のかみの毛やひげが植えこまれている。

▶一休禅師木像
一休本人のかみの毛やひげが植えこまれている。

朝鮮の王の座をうばった
勇敢な武将

李成桂 武将

生没 1335年〜1408年
出身地 高麗（現在の朝鮮半島）
日本では室町時代だったころ，朝鮮を建国し，朝鮮半島を支配した武将。

 ## 倭寇を破った弓の名人

　李成桂は，朝鮮半島の国，高麗の役人となって，沿岸で暴れていた海賊（倭寇）をたくさんたおしていた。弓がうまく，ねらった標的に連続して当てられるほどだった。

　このころ，高麗と陸続きである中国では元がおとろえてきて，新しい国，明が勢いを増してきていた。当時，高麗は元に従っており，明とは敵対関係にあった。李成桂は，国からの命令で大軍を率いて明との戦いに向かうこととなった。

高麗をたおし朝鮮を建国

　李成桂が率いる軍は，明と戦うために高麗を北へ向かっていた。しかし，このまま元に従っているような高麗に未来はないと考え，途中で突然引き返し，高麗の政府に攻撃をしかける。高麗はこの戦いでたおれ，高麗国王も王を辞めさせられた。

　李成桂は新しく国王となり，国名を「朝鮮」とした。儒教を重んじ，学校を各地につくるなど国の制度を整えた。しかし，60歳を過ぎると，子供たちが後継者争いをするようになり，政治がいやになってしまう。李成桂は仏教の教えを心の支えとして，静かに残りの人生を過ごした。

高麗倒すぞー！

117

レオナルド・ダ・ビンチ 芸術家

芸術・音楽・科学，すべてが一流!!

　小さなころからたくさん本を読み，さまざまな動物や植物を調べるなど勉強熱心なところがあった。動物や植物のスケッチがあまりに上手だったため，大人たちを大変おどろかせた。

　大人になっても興味の対象は大変広く，『最後の晩さん』のような名画をかく一方で，音楽をつくり，彫刻を彫った。さらには，ヘリコプターのような機械の動かし方を考えたり，数学の難しい計算を行ったりと，広い分野を研究した。

生没	1452年〜1519年
出身地	イタリア

『最後の晩さん』『モナ・リザ』で有名な画家。音楽や科学の分野でも活躍。

ジャンヌ・ダルク 革命家

神のお告げを聞いた少女

　1339年から約100年にわたり，イングランド（現在のイギリスの一部）とフランスは領土をめぐって争いを続けていた（百年戦争）。フランス軍がピンチにおちいる中，ジャンヌは「フランスを救え」という神のお告げを聞いた。

　ジャンヌは鉄のよろいを身につけてフランス軍の先頭に立った。そんなジャンヌの姿をみた兵士たちははげまされ，みなで力を合わせてイングランド軍を破った。ジャンヌは一躍，国民的ヒロインになったのである。

生没	1412年〜1431年
出身地	フランス

百年戦争でフランスを勝利に導いた国民的ヒロイン。

アジア行きを夢見て 命がけの航海に旅立った

コロンブス

生没 1451年？〜1506年
出身地 イタリア

船で大西洋横断を行い，ヨーロッパからアメリカへたどりついた。

黄金の国ジパング

「ヨーロッパから東にあるアジアの，さらに東に黄金の国ジパング（つまり，日本のこと）がある」。そんな話を聞いたコロンブスは，何とかしてジパングへ行きたいと思っていた。

地球が丸いと聞いたコロンブスは，船に乗って海（大西洋）を西に行けば，ジパングやインドに早くたどり着くと考えて，船を出した。

▲コロンブスの考え

到着したのはアジアではなく…

コロンブスの乗った船は，ヨーロッパから大西洋を西に2か月進んだ。船員たちはずっと海が続くことに不安を覚え，引き返すかなやみながらも，やっと陸地にたどり着いた。コロンブスはインドにたどり着いたと思い，そこに元々住んでいた人々をインディアンとよんだ。しかし，そこは実際には北アメリカ大陸近くの島だった。

コロンブス自身はそのことに気付かず，死ぬまで自分はアジアに行ったと思っていた。

北アメリカ大陸　大西洋　ヨーロッパ　インド　ジパング（日本）

← コロンブスの実際の航路（1492〜93年）

インドからコショウを
持ち帰ってぼろもうけ!?

バスコ・ダ・ガマ

探検家

生没	1469年?～1524年
出身地	ポルトガル

船でアフリカ南端を回ってインドにたどり着いた，新しい航路の開拓者。

スペインに負けるな！

コロンブス

ガマはコロンブスの
反対方向へ！

　ポルトガルの国王はあせっていた。ライバルのスペインがコロンブスをやとってアメリカへの航海に成功したからである。そこで，船でポルトガルから南へ向かい，さらに東へインドを目指す計画を立てた。この計画のリーダーに指名されたのが，港町で育ったガマである。

インドをめざせ!!

　ガマがポルトガルを出発してから数か月。海しか見えない日々が続き，食料と水が不足し，不安に思った船員は引き返すことを主張する。ガマは自分も先行きを不安に思っていることをかくし，とにかく進むよう，船員たちを説得。何とか船を進め，ついにはインドにたどり着いた。

　インドから持ち帰ったコショウなどの香辛料は，当時のヨーロッパでは大変貴重で，コショウひとつかみと金ひとつかみが同じ価値があるほどだった。帰国したガマは王に認められ，高い地位とお金を得た。

金　コショウ

史上初の世界一周航海を成しとげた
マゼラン船隊の船長

マゼラン 探検家

生没	1480 年ごろ〜 1521 年
出身地	**ポルトガル**

大航海時代の探検家。マゼランは航海中に亡くなるが，部下が世界一周に成功した。

世界一周航海のチャンスをつかむ

大航海時代のヨーロッパで生まれたマゼランは，ばく大な財宝を持ち帰る探検家にあこがれた。若いころにインドへの航海に参加し，航海の経験を積む。その実績をスペイン国王にかわれ，アジアへの航海の指揮官に任命された。

世界一周半ばで無念の死

1519 年，マゼランは船隊を率いてスペインを出発。2 年かけて大西洋と太平洋を横断した。だが，途中立ち寄ったフィリピンで戦いに巻きこまれてしまう。「私の夢ももはやこれまでか！」と無念のうちに殺された。残された部下たちは航海を続け，インド洋を経由し，1522 年にスペインに帰国した。出発時に約 270 人いた乗組員はわずか 18 人になっていたが，人類で初めて世界一周を達成した。

こぼれ話　大航海は，船の中でも命がけ

大航海時代のヨーロッパには冷蔵庫がなく，船に食料を積んでもすぐにくさってしまった。また，新鮮な野菜や果物にふくまれるビタミンＣがとれずに，壊血病という病気で多くの乗組員が亡くなった。

ルター ⓈⓊ宗教家

カトリック教会は金もうけをやめろ！

　ルターはキリスト教の一派であるカトリック教会を深く信仰していた。しかし，このころのカトリック教会は，信仰よりもお金もうけを重視し，「これを買えば神に救われますよ」と言って免罪符というお札を信者に売りつけていた。これは正しいキリスト教ではないとルターは思いなやむ。その後，聖書の教えを何よりも大事にするべきだと感じ，お金もうけを行うカトリック教会を批判。正しいキリスト教を広める宗教改革を始めた。ルターの教えに従った人々をプロテスタントという。

生没 1483年〜1546年
出身地 ドイツ
深くキリスト教を信仰し，正しい信仰を広める宗教改革を行った。

カルバン ⓈⓊ宗教家

自分の仕事を一生懸命がんばろう！

　物静かなカルバンは，カトリック教会を深く信仰していた。しかし，プロテスタントを厳しく禁止するカトリック教会の人々を見て，「実はカトリック教会はまちがっているのではないか」と考え，カトリック教会と敵対するようになった。カルバンは，「神の救いがだれにあたえられるかは最初から決まっており，努力したからといって得られるものではない」という教えを説いた。さらに，「人間は神の意志を実現するためにまじめに働くべきだ」とも説いた。

生没 1509年〜1564年
出身地 フランス
ルターの教えに共感し，スイスを中心にカトリック教会を批判する宗教改革を行った。

近代科学のもとを築いた天才科学者！

万有引力の法則を発見！

ニュートン ⓈⒶ科学者

生没 1642年？〜1727年

出身地 イギリス

数学・物理学・天文学で偉大な発見をし，近代科学の基礎を整えた。

研究熱心なニュートン

　ニュートンは一人で物事にじっくりと向き合うタイプの少年だった。一人で時計や風車などの模型をつくることが好きで，近所の子たちと外で走りまわって遊ぶことは少なかった。やがて，大学に進むと，さらに実験や観察に力を注ぎ，研究員となる。その後，20代の若さで大学教授になった。

ニュートンの３大発見

ピーン！

▲ニュートンはリンゴの木がある庭を散歩しながら，「万有引力の法則」を発見したといわれている。

　ニュートンは，現代の科学の基礎となる大きな３つの発見をした。１つ目は，地球や火星が太陽の周りをまわっているのは，すべての物体がたがいに引き合っているからだという万有引力の法則の発見。２つ目は，現代の数学の基礎となる微分・積分法という新しい数学の発見。３つ目は，太陽光線は７色に分けられるという光の性質の発見である。これらのかがやかしい発見によって，ニュートンはイギリスの科学者の集まりである王立協会会長に選ばれ，貴族の称号を授けられた。

123

ヨーロッパのあゆみ

ルネサンス （14 〜 16 世紀）

ギリシャやローマの優れた文化を学びなおそうという動きのこと。

レオナルド・ダ・ビンチ

活版印刷術

聖書が大量に印刷されるようになった。

羅針盤

大航海時代の必須アイテム！

宗教改革 （16 世紀ごろ）

カトリック教会の乱れを正し，個人の信仰を重視する運動が広がっていった。

キリスト教の宗派

キリスト教 → 宗教改革 2派に分かれる
- プロテスタント　ルター，カルバン
- カトリック教会　ザビエル（イエズス会）

免罪符を買えば罪がゆるされます

免罪符

キリスト教の乱れだ !!!

日本にヨーロッパ人が来航するまで

大航海時代(15世紀〜16世紀)

スペインやポルトガルでは，アジアの産物を得るため，多くの冒険者が海へくり出していった。

スペインの援助で航海を始めたイタリア人。アメリカ大陸の近くに到着。

アフリカ南端（喜望峰）まわりのインド航路を発見したポルトガル人。

コロンブス

バスコ・ダ・ガマ

ポルトガル

コロンブスの航路
(1492〜93年)

スペイン

ゴア　マカオ　マニラ

バスコ・ダ・ガマの航路
(1497〜99年)

マゼランの航路
(1519〜21年)

喜望峰

マゼラン船隊の航路(1521〜22年)

スペイン船団で航海したポルトガル人。マゼラン船隊は，初の世界一周に成功する。

マゼラン

スペインの領土
ポルトガルの領土
（16世紀ごろ）

毘沙門天の生まれ変わり
戦国最強，越後の虎

上杉謙信 （武将）

生没 1530 年〜 1578 年
出身地 越後（現在の新潟県）
20 代の若さで越後を統一した戦国武将。

兄に代わって，越後を支配

武士の一族，長尾家に生まれる。幼いころは景虎とよばれた。長尾家は，はじめは景虎の兄があとをついだ。しかし，兄をたよりないと感じていた景虎は，兄に代わって長尾家をつぐ。そして，長尾景虎として越後を支配した。

1552 年，関東管領（関東地方を支配する室町幕府の役人）だった上杉憲政が，北条氏に敗れて景虎に助けを求めてきた。憲政を助けて北条氏と戦った景虎に，関東管領の地位と上杉の姓がゆずられた。

毘沙門天の旗をかかげて戦う

その後家臣の反乱が起こり，いやになった景虎は高野山（現在の和歌山県）に行ってしまう。しかし，家臣の反対にあい越後へもどる。やがて景虎は「謙信」と名乗り，戦いの神様毘沙門天をあつく信仰し，武田信玄などと激しく戦った。

こぼれ話　上杉謙信はお金もうけもうまかった？

謙信は，「あおそ」とよばれる麻織物の原料のさいばいに力を入れた。越後の麻織物は上質で，全国に運ばれてたくさん売れ，謙信に多くの利益をもたらしたという。

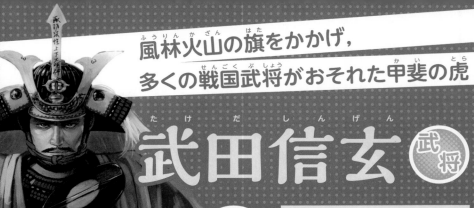

風林火山の旗をかかげ，
多くの戦国武将がおそれた甲斐の虎

武田信玄 武将

生没	1521 年〜 1573 年
出身地	甲斐（現在の山梨県）

甲斐を支配した戦国武将。

甲州法度之次第を定めて国を統治

　信玄は，甲斐を支配していた守護の家に生まれる。甲斐の人々は，父親・武田信虎の悪政によって苦しめられていた。それを見た信玄は，これを食い止めようと，21歳のとき父・信虎を国から追い出す。その後みずからが武田家のリーダーとして，甲斐を支配するようになった。はんらんする河川に堤防をつくったり，『甲州法度之次第』という法律を定めたりするなど，強い国をつくるための政治を行い，民衆から強い支持を受けた。

疾如風
徐如林
侵掠如火
不動如山

風林火山をかかげ，戦国乱世へ！

　信玄は「疾きこと風の如く，徐かなること林の如く，侵掠すること火の如く，動かざること山の如く」と書かれた軍旗をかかげ，乱世へくり出す戦国大名となった。

　信玄は，優れた戦略を用いて，周辺の戦国大名を次々とたおしていき，全国に名をとどろかせるようになる。そこに立ちはだかったのは，越後（現在の新潟県）を治める上杉謙信だった。川中島でぶつかった2人の力はほぼ互角。戦いは，5度にわたってくり広げられたが，決着はついにつかなかった。

謙信 VS 信玄
激闘！川中島の戦い

上杉謙信
越後（現在の新潟県）を治める武将。信玄に対抗し川中島へ進軍する！

武田信玄
甲斐（現在の山梨県）を治める武将。信濃（現在の長野県）全土を手に入れようと兵を進める！

1回戦
それぞれが相手の城を攻め落とし、にらみ合いが続く。

引き分け！

2回戦
小競り合いが続くが今川義元が仲介に入る。

和睦

3回戦
両軍一歩もゆずらず、将軍足利義輝が仲介に入る。

引き分け！

4回戦
多くの死者が出る。謙信と信玄が一騎打ち！

引き分け！

5回戦
60日近くのにらみ合いの末、両軍が撤退。

引き分け！

両者一歩もゆずらず、決着はつかず!!

川中島

武田　上杉

謙信の心を受けつぎ
真心で生きた武将

直江兼続 武将

生没 1560年〜1619年
出身地 越後（現在の新潟県）
上杉家の一家臣でありながら，豊臣秀吉に注目された戦国武将。

上杉景勝と豊臣秀吉に評価される

兼続は若いときから上杉謙信の養子の上杉景勝に仕え，越後の春日山城で景勝とともに謙信と暮らした。謙信が亡くなった後に起きた謙信のあとつぎ争いで手柄を立て，景勝から最大の信頼を得た。景勝が豊臣秀吉に従うようになると，兼続のかしこさは秀吉にも認められた。その後，主君の景勝は秀吉の命令で，会津藩（現在の福島県）という広い領地の支配をまかされた。

米沢藩を発展させる

関ヶ原の戦いで，兼続は景勝とともに豊臣側に味方して戦った。だが，豊臣側が敗北したため，景勝は米沢藩（現在の山形県）の大名にさせられ，会津藩のころより領地がせまくなった。そこで兼続は，景勝の家臣たちが，家臣をやめなくても生活できるように，土地を整備してまちづくりをすすめ，米沢藩の収入を増やした。

こぼれ話 「愛」のかぶとをかぶった兼続

直江兼続といえば，「愛」という字をかかげたかぶとが有名である。この「愛」は愛情という意味ではなく，戦いの神様である愛染明王，愛宕権現の「愛」ではないかといわれている。

荒れる戦国の世で
東北を支配した独眼竜

伊達政宗 武将

生没 1567年～1636年
出身地 出羽（現在の山形県）

戦国時代から江戸時代に，東北地方で活躍した武将。

戦いぶりは竜の如き!? 独眼竜の由来

出羽の戦国大名・伊達氏のあと取りとして生まれた政宗は，幼いころ病気にかかり，右目が見えなくなってしまった。しかし政宗の父・伊達輝宗は，政宗を幼いころから，厳しく育て上げた。政宗の戦いにおける才能を見ぬいていたのだ。父・輝宗の厳しい教育を受けながら，政宗は戦国屈指の武将へと成長する。

戦国乱世の中，奥州を支配

▶仙台市にある伊達政宗公騎馬像

18歳になった政宗は，父のあとをつぎ，伊達家のリーダーとなった。政宗は戦国大名として，奥州（現在の東北地方）のほかの大名を次々に打ち破り，領土を広げていった。24歳のときには，奥州南部の大部分を支配する大名となった。

仙台の繁栄をめざして

天下統一を成しとげた豊臣秀吉の死後，全国の大名を二分する関ヶ原の戦いが起ころうとしていた。徳川家康と親交のあった政宗は，家康が率いる東軍につき，西軍についた上杉景勝が率いる上杉家と戦った。

関ヶ原の戦いは東軍の勝利に終わり，政宗は家康が開いた江戸幕府からの信頼を得て，仙台藩（現在の宮城県）の支配を任された。政宗は，仙台城を本拠地として，仙台の町づくりに力を注ぐ。新田開発を積極的に行い，仙台藩を全国有数の米どころにした。

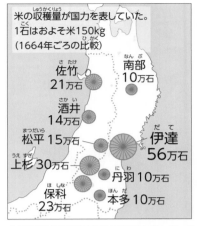

米の収穫量が国力を表していた。
1石はおよそ米150kg
（1664年ごろの比較）

佐竹 21万石	南部 10万石
酒井 14万石	
松平 15万石	伊達 56万石
上杉 30万石	丹羽 10万石
保科 23万石	本多 10万石

▲伊達家は東北地方でも有数の大名となった。

夢は大きく外国へ，慶長遣欧使節団の派遣

▲支倉常長

政宗は，外国と直接貿易を行おうと，ヨーロッパに慶長遣欧使節団として，家臣の支倉常長を派遣した。常長は，太平洋を渡ってスペインの国王やローマ法王に会う。そこで貿易を求める政宗の手紙を渡し，政宗の願いをかなえるために力をつくした。しかし日本へ帰国すると，江戸幕府が外国との貿易を厳しく制限するようになっており，政宗の計画は実現できなかった。

こぼれ話　戦国時代の伊達男，伊達政宗！

現在でも，かっこいい男性のことを「伊達男」とよぶことがある。これは，伊達政宗が豊臣秀吉の命令で朝鮮出兵をしたとき，衣装や甲冑などをとても派手に飾ったことから，「かっこいい男」＝「伊達の男」＝「伊達男」といわれたのが由来だとされている。他にも，伊達巻や伊達眼鏡にも「伊達」の言葉が使われている。

▶伊達政宗も大好物だったという伊達巻

徳川家康もたたえた，日本一のつわもの

真田幸村 武将

生没 1567年〜1615年
出身地 信濃（現在の長野県）
関ヶ原の戦いや大阪の陣で活躍し，徳川軍もおそれた名武将。

関ヶ原の戦いで活躍

1600年の関ヶ原の戦いでは父とともに石田三成が率いる西軍につく。戦いのセンスを生かし，東軍の武将のひとりで，その後徳川2代将軍となる秀忠の軍をおおいに苦しめた。

しかし最終的に西軍が敗れ，高野山の九度山（現在の和歌山県）に閉じこめられる。負けずぎらいな幸村はこの苦しい生活にたえて，「次こそは徳川氏をたおすぞ」と誓うのだった。

次こそは…

最後の戦い，大阪の陣

▲大阪の陣で真田幸村が率いた軍

1614年〜1615年，豊臣氏と徳川氏が大阪城で戦う。幸村はこれをチャンスと考え，九度山から戦場へかけつけて豊臣方につく。兵の数は徳川軍の方が圧倒的に多かったが，幸村は徳川軍の大将・家康だけをねらって突撃をくり返した。あと少しで家康をたおせるところまで追いつめたものの，最期は徳川軍に殺された。のちに家康は「このときばかりはほんとうに死ぬかと思った」とふり返ったそうだ。

132　**2** 中世

北条早雲 (ほうじょうそううん) 武将

孫の孫の代まで関東を支配!!

　室町幕府に仕えていた北条早雲は，将軍を守るために応仁の乱に参加する。その後，駿河（現在の静岡県中部）の有力な大名だった今川氏に入りこみ，今川氏があとつぎ騒動でもめている間に城を一つ手に入れた。さらに，となりの伊豆（現在の静岡県東部）に攻め入って勝利し，伊豆も手に入れる。勢いに乗ってさらに出兵し，相模も手に入れた。その後，早雲の子孫が約80年にわたり，関東地方で勢力を保った。

生没 1432年〜1519年
出身地 ？
相模（現在の神奈川県）を支配した戦国大名。

斎藤道三 (さいとうどうさん) 武将

貧乏な商人が城と領地をゲット！

　貧しかった道三は，美濃で油売りをしていたが，ある日思い切って武士になろうと決意。やがて土岐氏の家来になることに成功する。仕えていた土岐氏一族でもめごとが起こったときに，うまく取り入り，さらには土岐氏を追い出して，美濃を治める戦国大名となった。道三は身分が上の者をたおして領地を手に入れる，下剋上を行った人物といえる。しかし，後に自分の息子に下剋上され，領地をうばわれ，殺されてしまった。

生没 1494年？〜1556年
出身地 山城（現在の京都府）
下剋上で美濃（現在の岐阜県）を手に入れた戦国大名。

133

前田利家 武将

豊臣秀吉の重臣，徳川家康を監視

　若いころは織田信長に仕えていた利家だが，信長が本能寺の変で亡くなったあとは，同じ信長の家来であった秀吉に仕えるようになる。その後本拠地を加賀（現在の石川県）に移し，北陸を支配。秀吉の家来の中で最も位の高い五大老のひとりになった。

　秀吉の死後は，同じく五大老を務めていた家康の動きを監視していた。秀吉の死の翌年に利家が亡くなると，家康は一気に全国支配へと動き出した。もし，利家がもう少し生きていたら，歴史が変わっていたかもしれない。

生没 1538年〜1599年
出身地 尾張（現在の愛知県）
豊臣秀吉の政治を支えた戦国武将。

前田慶次 武将

戦国一のかぶき者

　慶次は，ふだんはふざけてばかりのお調子者。しかし，ひとたび戦いが始まると，先頭に立って敵陣に切りこみ，激しい勢いで敵をたおした。おじの前田利家に仕え，数多くの戦いに加わった。一方で主君である利家をだまして水風呂に入れ，そのすきに利家の愛馬で国を逃げ出すなど，自由奔放，常識とはかけ離れたふるまいで知られる。豊臣秀吉は，天下人の自分をおそれない慶次を「天下御免のかぶき者」とよんだという。

生没 ？〜1612年？
出身地 尾張（現在の愛知県）
戦国時代末期から江戸時代初期の武将。派手な身なりできばつな言動を好んだかぶき者。

戦国一の策略家

毛利元就 武将

生没 1497年〜1571年
出身地 安芸（現在の広島県）
中国地方を支配した戦国武将。

田舎の武士から下剋上！中国地方を支配した

　安芸の小さな国を治めていた毛利家の次男として生まれた元就は，27歳のときに毛利家をついだ。その後主君であった大内氏一族でもめごとが起こる。これをチャンスだと思った元就は，大内氏を滅亡に追いこんだ。大内氏の領地をほぼ手に入れた元就は，出雲（現在の島根県）の尼子氏とも戦う。尼子氏の軍が食料を手に入れることができないようにするなどして勝利し，中国地方の大部分を支配する大名となった。

▲ 毛利氏の家紋・一文字三星紋は，江戸時代末期の長州藩（現在の山口県）でも用いられている。

戦国随一の策略家，三本の矢の教え

　ある日元就は，息子である毛利隆元，吉川元春，小早川隆景を座らせ，それぞれ1人1本ずつ矢をあたえ，こんな話をしたといわれる。「1本の矢なら簡単に折れるだろう。だが，3本にまとめると簡単には折れないんだ」。元就は，3人の息子が力を合わせて戦うことの大切さを教え，毛利家の繁栄を強く願った。

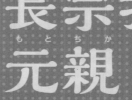

長宗我部元親

武将

生没 1538年ごろ〜 1599年
出身地 土佐（現在の高知県）
四国地方の大半を支配した戦国武将。

下剋上で土佐を支配

戦国時代，土佐を支配する一条氏の家臣だった長宗我部氏の跡取り息子として生まれた元親。色白でおとなしい子どもだったが，父親が死ぬと，父親のあとをついで戦国武将となる。

海上で力をもつ水軍を用いて，周辺の有力な武将を次々とたおしていった。そして主君である一条氏をほろぼし，やがて土佐国を支配するようになった。

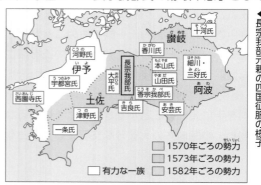

讃岐
十河氏
河野氏
香川氏
伊予
本山氏
細川・三好氏
宇都宮氏
長宗我部氏
大平氏
山田氏
阿波
西園寺氏
土佐
香宗我部氏
吉良氏
安芸氏
津野氏
一条氏

■ 1570年ごろの勢力
■ 1573年ごろの勢力
□ 1582年ごろの勢力
□ 有力な一族

▲長宗我部元親の四国征服の様子

四国の大半を制覇するも，秀吉に敗れる

力をつけ領土を広げていった元親は，ついに四国のほぼ全土を支配する。だが喜びもつかの間，天下統一をもくろむ豊臣秀吉が，四国にも攻めてきた。豊臣秀吉のもつ兵力や知力におよばず，元親は秀吉に敗れてしまう。その後元親は秀吉の家来となって，秀吉の天下統一の手助けをするようになった。

大友宗麟 武将

九州最大の勢力をほこったキリシタン大名

　宗麟はヨーロッパの国との貿易で富を築き，優秀な部下たちの活躍によって，九州では最大の勢力をほこるまでになった。

　宣教師のフランシスコ・ザビエルを招いて，キリスト教を認め，教会や病院，学校などを建てた。キリスト教信者となりキリシタン大名とよばれた宗麟は，その後，他のキリシタン大名とともに，天正遣欧少年使節をローマ法王のもとに派遣した。

生没 1530年〜1587年
出身地 豊後（現在の大分県）
九州北部を支配した戦国時代のキリシタン大名。

島津義弘 武将

関ヶ原の戦いで敵中突破した武将

　大友宗麟の領地のほとんどをうばい，九州地方で領地を広げた義弘だったが，豊臣秀吉には敗北。その後，秀吉の朝鮮出兵に参加し，成果をあげた。

　また，関ヶ原の戦いでは石田三成の率いる西軍に味方する。戦いには敗れたが，徳川家康の本陣前を通過して敵中突破を果たし，奇跡的に戦場から脱出することに成功した。

　義弘は，武将であると同時に文化人でもあった。朝鮮出兵の際に，朝鮮から陶工を連れて帰って，日本で陶器をつくらせたり，千利休から茶道を学んだりした。

生没 1535年〜1619年
出身地 薩摩（現在の鹿児島県）
九州で活躍した戦国大名。関ヶ原の戦いで西軍に参加。

幕府復活の夢がかなわなかった，室町幕府最後の将軍

足利義昭 将軍

生没 1537年〜1597年　**出身地** 山城（現在の京都府）

織田信長の力で室町幕府の将軍となったが，政治をめぐって対立し，幕府はほろびることとなった。

織田信長によって将軍に

　将軍だった兄が暗殺され，義昭にも室町幕府の将軍になるチャンスが回ってきた。同じころ，戦国武将の織田信長は，天下統一のために幕府の権威を利用したいと考えていた。義昭は信長に「将軍にしてやろう。その代わり一緒に京都へ行き，天皇に会おう」と声をかけられる。ほかにたよれる人がいなかった義昭は，信長の提案にのり，一緒に京都へ行き，天皇に将軍に任命してもらう。

たよった信長に見捨てられる

　義昭は将軍になったものの，戦国武将に比べて権力が弱まっていた幕府の言うことを聞く者はだれもいない。義昭はいらいらして信長にきつくあたったところ，信長のいかりを買い，京都を追い出されてしまった。室町幕府はこれによりほろびたのである。

　義昭は，幕府をもう一度復活させることを夢見て，協力者を探したが見つからず，無念のまま亡くなった。

3 近世

PLAYER 1

織田信長
(1534〜1582年)

長宗我部元親
(1538〜1599年)

島津義弘
(1535〜1619年)

今川義元
(1519〜1560年)

伊達政宗
(1567〜1636年)

武田信玄
(1521〜1573年)

豊臣秀吉
(1537〜1598年)

PLAYER 2

毛利元就
(1497〜1571年)

大友宗麟
(1530〜1587年)

徳川家康
(1542〜1616年)

北条早雲
(1432〜1519年)

上杉謙信
(1530〜1578年)

STAGE
中国地方

毛利

大友

長宗我部

島津

豊臣秀吉

毛利輝元

がんばれ
孫よ

毛利元就

STAGE
京都
(京都府)
1573年

織田信長

足利義

戦国時代

勢力図

STAGE
桶狭間
（愛知県）
1560 年

織田信長

VS

いまがわよしもと
今川義元

STAGE
川中島
（長野県）
1553 〜 1564 年

武田信玄

VS

うえすぎけんしん
上杉謙信

上杉

武田

北条

今川

織田

STAGE
長篠
（愛知県）
1575 年

織田信長

VS

武田勝頼

STAGE
関ヶ原
（岐阜県）
1600 年

徳川家康

VS

石田三成

141

戦国大名装備大解析

兜 頭につける兜には，武将の個性が出ていたぞ。

直江兼続
「愛」の字を形どっていた。

伊達政宗
「三日月」の形をしていた。

武田信玄
ふさふさの毛がついていた。

甲冑 甲冑の色にもこだわりあり！

真田幸村
朱色に染めた甲冑だった。

豊臣秀吉
漆黒の甲冑を着こなしていた。

軍旗

それぞれの武将の信念が書かれていた。

疾如風徐如林侵掠如火不動如山
武田信玄

毘
上杉謙信

厭離穢土欣求浄土
徳川家康

武器

さまざまな武器が使われていた。

弓　　刀　　槍

ヨーロッパから伝わった鉄砲も活躍！

馬

戦国武将の移動に使われた馬は，現在の馬よりも背丈が低くポニーのような馬だったといわれている。

143

数々の戦いに勝利し，天下統一まで
あと一歩とせまった戦国時代の革命児

織田信長 武将

生没	1534年〜1582年
出身地	尾張（現在の愛知県）

戦国時代から安土桃山時代にかけての武将。
豊臣秀吉・徳川家康と並ぶ三英傑の一人。

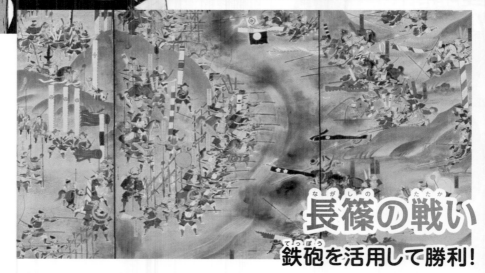

長篠の戦い
鉄砲を活用して勝利!

 戦いの才能を発揮し，天下統一へ向かう

　信長は，あまり人がしないことを進んで行う性格だった。1560年，2万5000人の大軍を率いて尾張に攻めてきた今川義元を，桶狭間（現在の愛知県）で休んでいたすきをつき，たった3000人の兵でたおしてしまった。さらに1575年の長篠の戦いでは，当時ポルトガルから日本に伝わったばかりの鉄砲を使って武田勝頼の騎馬隊に勝利する。これらの戦いで自信をつけた信長は，自分なら天下を統一できると考え，行動し始めた。

気に入らないものは全滅させる

　信長は，気に入らないものや，いやだと思ったものは，攻撃して，つぶしてしまう性格でもあった。

　信長に敵対した寺を何年にもわたって徹底的に攻撃し続けたこともある。また，商売を独占してもうけていた組織をなくして，自由な商売ができる制度（楽市・楽座）も整備した。

　さらに信長は，天下統一のために室町幕府の権威を利用しようとする。そして足利義昭と手を組み，義昭を室町幕府の15代将軍につかせた。ところが，義昭が利用されただけだと気づいて信長に敵対する態度をとったとたん，信長は義昭を京都から追放して，室町幕府をほろぼした。

▲信長は，安土城下にだれもが自由に商売できるような市場をつくり，経済を活性化させた。

本能寺の変にたおれる

　さまざまな政策を進めながら領地を広げ，信長の天下統一事業は順調に進んでいた。1582年，毛利氏が治める中国地方を部下の豊臣秀吉に攻めさせており，その手伝いをするために信長も出陣した。

　しかし，その移動中に宿泊した京都の本能寺での夜。敵などいるはずがないと油断していた信長は，突然，味方だったはずの明智光秀に裏切られ，攻めこまれる。信長は燃える本能寺の中で自殺。天下統一を目前にしての，人生の終わりであった。

145

信長 （のぶなが）

天下を統一（とういつ）するのだ!!

わたしたちがおともをします！

前田利家（まえだとしいえ）

明智光秀（あけちみつひで）

柴田勝家（しばたかついえ）

豊臣秀吉（とよとみひでよし）

安土城（あづちじょう）（現在の滋賀県（げんざいのしが））
※復元模型（ふくげんもけい）

延暦寺焼き打ち（えんりゃくじやき）
（1571年）

Vs 比叡山延暦寺（ひえいざん）

仏教勢力（ぶっきょうせいりょく）をおさえる！

信長成功（せいこう）

延暦寺の僧（えんりゃくじのそう）

室町幕府滅亡（むろまちばくふめつぼう）
（1573年）

Vs 足利義昭（あしかがよしあき）

将軍義昭を京都（しょうぐんよしあきをきょうと）から追放！

信長勝利（しょうり）

本能寺の変（ほんのうじのへん）
（1582年）

Vs 明智光秀（あけちみつひで）

光秀（みつひで）にうらぎられ自（みずか）ら寺に火を放ち自害（ひをはなちじがい）。

信長敗北（はいぼく）

天下統一への道

姉川の戦い
（1570 年）

浅井長政　　朝倉義景

VS 浅井長政・朝倉義景

苦戦するも徳川家康の協力を得る。

信長勝利

長篠の戦い
（1575 年）

VS 武田勝頼

鉄砲をもっている兵がいる左側が織田・徳川連合軍。右側が武田勝頼（信玄の子）の軍。

足軽鉄砲隊による集団戦法で，武田軍の騎馬隊を破る。

信長勝利

● 安土城

桶狭間の戦い
（1560 年）

VS 今川義元

義元を討ち取る！

信長勝利

桶狭間にて宿命の対決！
公家の文化にあこがれた武将

今川義元

生没 1519年〜1560年
出身地 駿河（現在の静岡県）
駿河を治めた戦国大名。桶狭間の戦いで
織田信長と戦う。

軍事同盟で勢力を拡大

駿河を支配する大名・今川氏のリーダーとなった義元は，甲斐（現在の山梨県）の武田氏，相模（現在の神奈川県）の北条氏と軍事同盟を結んだ。こうすることで，東から攻められる心配なく，領地を拡大することに成功した。

▲ 1560年ごろの今川氏周辺の勢力図

桶狭間で信長に敗れる

1560年，義元はついに全国統一をめざして京都へ向かうことを決意。その途中で，尾張（現在の愛知県）を治める織田信長をたおそうと考えた。尾張の桶狭間まで順調に兵を進めるが，そこで休んでいたところを突然信長の軍に攻められる。義元はこの戦いの最中に，命を落としてしまった。

 こぼれ話 今川義元は公家かぶれ？

義元は，京都に住む公家（貴族たち）の文化にあこがれ，服装や領地の街並を，公家と同じようにしたといわれている。

長篠の戦いで騎馬隊を
率いて戦うも，鉄砲隊に敗北

武田勝頼 （武将）

生没 1546年～1582年
出身地 甲斐（現在の山梨県）
武田信玄のあとをついだが，長篠の戦いに敗れて武田家滅亡へ進むきっかけをつくった。

武田信玄のあとつぎに

甲斐（現在の山梨県）を支配し，まわりの国々と戦っていた武田信玄。その信玄が戦いのさなかに病気で亡くなったため，あとつぎになったのが息子の勝頼である。しかし，勝頼は武田氏の家臣からあまり信頼されておらず，部下たちがついてこない。勝頼は何とかして，武田氏のリーダーとしての力を示したかった。

みんな聞いて！

▲長篠の戦いのときの武田勝頼

長篠の戦いで敗北

1575年，武田軍は長篠（現在の愛知県）で，織田信長・徳川家康連合軍と戦うことになった。勝頼は，自軍の騎馬隊をうまく使って敵をたおし，リーダーとしての力を示そうと意気ごんだ。しかし，織田・徳川連合軍は新兵器・鉄砲をさくの向こうから撃ってくる作戦で，馬はなかなか近づけない。部下に「一回逃げましょう」と言われても，何としても勝ちたかった勝頼はそのまま戦い続けてしまう。結局，武田軍は多くの死者を出して敗北する。この戦いをきっかけに，武田氏の勢力はどんどん弱くなっていった。

キリスト教を伝えるため
必死の思いで日本に来た宣教師

フランシスコ・ザビエル

宗教家

生没 1506年？〜1552年　**出身地** スペイン

イエズス会をつくって宣教師となり，インドや日本などでキリスト教を広めた。

カトリック教会をたてなおそう

ザビエルは大学で哲学を学んでいた。そこで同じくキリスト教を信じ，キリスト教のすばらしさを世に広めたいと考える仲間たちと出会う。ところが，大学を出たころから，ヨーロッパでは同じキリスト教でも，教えがちがうプロテスタントとよばれる宗派がはやりだした。「本当のキリスト教の教えは，もともとあったカトリック教会の教えだ」。そう考えたザビエルは，カトリック教会をたてなおして正しく広めるための組織・イエズス会を結成する。

カトリック教会の教えをアジアにも広めよう

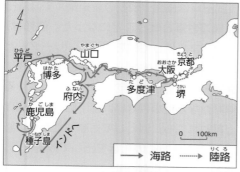

▲ザビエルの日本での布教の道のり

ザビエルは，カトリック教会の教えを世界中に伝える宣教師として，ヨーロッパを旅立った。アジアへ向かったザビエルはマレーシアのマラッカで出会った日本人から日本のことを聞き，日本へも布教することを決意する。

1549年，鹿児島へやってきたザビエルは，それから約2年間，西日本を中心に布教を行った。

天正遣欧少年使節の軌跡

九州の多くの大名は，キリスト教を信仰するキリシタン大名となりました。そのうち，私をふくめて3人の大名はイエズス会の使節のすすめで，4人の少年をヨーロッパに派遣しました。

大友宗麟

1582年　天正遣欧少年使節のローマまでの航路図

リスボン

ゴア

コーチン　マカオ

日本

長崎

伊東マンショ

中浦ジュリアン

原マルチノ

千々石ミゲル

ヨーロッパ　1585年　ローマ教皇に謁見

活版印刷機などヨーロッパの文化を持ち帰る。

1590年　帰国すると

バテレン追放令

おぉ…

ガーン

キリスト教　禁止

キリスト教の取り締まりが強くなっていた。

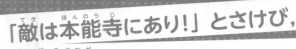

「敵は本能寺にあり！」とさけび，
織田信長をたおした

明智光秀

生没 1528 年？〜 1582 年
出身地 美濃（現在の岐阜県）

本能寺の変で織田信長をたおすも，すぐに豊臣秀吉に敗れてしまった。

織田信長の家臣となる

　天下統一へ向けて戦国大名が戦いをくり返していたころ，織田信長は次々とほかの戦国大名をたおし，足場を固めていた。そんなとき，信長からのちに室町幕府 15 代将軍となる足利義昭を紹介してほしい，と言われた光秀は，これをきっかけに信長に仕えることとなった。

本能寺の変

　10 年以上の間，光秀は信長の家来として活躍した。しかし，光秀は信長からつらくあたられることが多かった。1582 年，光秀は突然信長を裏切り，京都の本能寺に宿泊していた信長を大軍でおそった。信長は炎に包まれる本能寺の中で自殺。光秀は，自分があとをついで天下を統一することを夢見た。しかし，信長がたおれたことを聞いて中国地方での戦いから即座に引き返してきた豊臣秀吉との戦いに敗れる。その後光秀は，山の中を逃げていたときに殺されてしまった。

敵は本能寺にあり

1582年

本能寺 明智光秀の策略

織田信長

豊臣秀吉

お主はダメな
やつよの。
秀吉の方が優れておるわ。

使えぬ光秀の
領土は没収じゃ。
秀吉の下ででも働け。

私は本能寺で
休むから，
お前は秀吉を助けてこい。

光秀イライラメーター

私だって
がんばってる
のに…！

イラ

イラ

光秀イライラメーター

イラ

イラ

もうガマンができぬ！
作戦の決行だ…！

光秀イライラメーター

Bomb

光秀が
裏切りおった！！

敵は
本能寺
にあり！

無念…

自刃

実は黒幕は
別にいるという
説もある…。

153

農民として生まれながら,
天下人まで大出世した男

豊臣秀吉 武将

生没 1537 年〜 1598 年
出身地 尾張（現在の愛知県）

安土桃山時代に活躍した戦国武将。天下統一をなしとげ,大阪城を築く。

信長に仕えて活躍

尾張の中村（現在の愛知県名古屋市）で農民の子供として生まれる。十代のころに,武士になることをこころざして家を出た。すでに有名だった織田信長の強さにひかれ,「信長様のもとで仕えたい」と思うようになる。初めは雑用係だったが,すぐにその才能が認められ,みるみる出世していった。

やがて木下藤吉郎と名乗るようになり,信長の家来の娘だった「ねね」と恋に落ち,この時代にはめずらしい恋愛結婚をする。1573 年に信長軍が近江（現在の滋賀県）の浅井長政をたおすと,ほうびとしてその領地をあたえられ,長浜城主となる。藤吉郎はそのときに羽柴秀吉と名前を改めた。

信長の後継者となる

信長から中国地方の毛利氏をたおすように命じられ，秀吉は毛利氏の領地にあった三木城，鳥取城，備中高松城を次々に攻め落としていった。

しかし戦いの途中，1582年に信長が京都の本能寺で明智光秀に攻められ亡くなった（本能寺の変）という知らせを受ける。秀吉は「信長様のかたき

を討つぞ！」と言ってすぐに引き返し，京都で明智光秀をたおした。

次の年，秀吉がどんどん出世していくのが気に入らない柴田勝家（信長の部下）が秀吉と対立。ついに賤ヶ岳の戦いが起こるが，秀吉は勝家をも退け，信長の後継者としての地位を確立した。

天下統一へ

秀吉は，農民から確実に年貢を取り立てるために太閤検地を行った。また，農民の武力による反乱を防ぐために刀狩を行い，武器を取り上げた。同時に大阪城を建て，朝廷から関白や太政大臣に任命されて，天皇から豊臣の姓をあたえられる。秀吉は，農民から朝廷の役人の最高位につくという大出世を果たしたのだ。そして1590年，小田原（現在の神奈川県）の北条氏をほろぼし，ついに天下統一をなしとげた。さらに中国を征服しようとし，朝鮮に兵を送るも，成果を得られないまま病気で亡くなった。

▲秀吉が築いた大阪城（写真は再建された現在のもの）

こぼれ話　秀吉が温めた信長のぞうり

江戸時代後期に書かれた書物には，織田信長に仕える秀吉がどんどん出世していく様子がえがかれている。

まだ秀吉が木下藤吉郎とよばれ，信長の雑用係をしていたころのこと。ある寒い朝，秀吉は信長のはくぞうりを，ふところに入れて温めていた。この秀吉の気配りに信長は感激し，秀吉は信長の信頼を得ていくことになる。

秀吉

今度はわしの番じゃ!!

山崎の合戦
(1582年)

VS 明智光秀

信長のかたきを討つ!

秀吉勝利

九州平定
(1587年)

VS 島津義久・義弘

島津氏の降伏で

秀吉勝利

サポートはおまかせください

黒田官兵衛

石田三成

四国平定 (1585年)

VS 長宗我部元親

大軍を動員する。

秀吉勝利

天下統一への道

賤ヶ岳の戦い
（1583年）

Vs 柴田勝家

織田家の有力者
柴田勝家を倒す。

秀吉
勝利

奥州平定
（1590年）

Vs 伊達政宗 他

東北の有力者伊達政宗
を支配下に置く。

秀吉
勝利

天下統一達成！

小牧・長久手の戦い
（1584年）

Vs 徳川家康

互いに
ゆずらず！

和睦！

中国征服をめざし，
朝鮮へ出兵！

秀吉の病死により 失敗！

主君の秀吉におそれられた，
キレものの軍師！

黒田官兵衛 武将

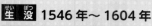

生没 1546年〜1604年
出身地 播磨（現在の兵庫県）

戦国時代の武将。豊臣秀吉の部下としてさまざまな作戦を立て，天下統一に貢献した。

「天下取りのチャンスですよ」

本能寺で織田信長が明智光秀に討たれたときのこと。信長が亡くなり，いかりと悲しみにくれる豊臣秀吉にむかって，軍師（戦いの作戦を立てる人）として秀吉に仕えていた官兵衛は「天下取りのチャンスですよ」と言ったのだ。どんなときも感情に左右されることなく，先を見通して一番良い作戦を考える官兵衛の姿は，秀吉をふるえあがらせた。それでも，官兵衛はその才能を認められ秀吉のそばで活躍し，秀吉の天下統一に貢献した。

天下取りのチャンスですよ！

有能すぎる軍師　天下をねらう

官兵衛は話し合いにより，戦わずして敵を味方に引き入れることを得意とした。さらに，水攻めや兵糧攻めなど戦場での作戦はもちろん，城づくりにも優れ，大阪城や広島城などをつくるときも指揮にあたった。しかし，優秀すぎて逆におそれられたのか，しだいに秀吉に冷たく接されるようになっていった。そのため，官兵衛はいったん軍師を引退。秀吉の死後，九州で自分の領地を広げて天下をねらおうとしたが，徳川家康に先をこされてしまった。

柴田勝家 <small>武将</small>

信長のあとつぎ争いで秀吉に敗れる

「秀吉め！」柴田勝家はくやしさでいっぱいだった。織田信長の父の代から織田家に仕えていた勝家。信長の死後は，自分がリーダーとして織田家をとりしきっていくつもりだった。しかし，リーダーの地位は，信長のあとつぎを決める会議をうまく進めた秀吉のものとなってしまったのだ。勝家はくやしさのなか，領地に引き上げた。美人で有名な信長の妹・お市と結婚していたが，賤ヶ岳（現在の滋賀県）で起こった秀吉との戦いに敗れ，妻と自殺した。

生没	1522 年？〜 1583 年
出身地	尾張（現在の愛知県）

織田信長の家来。豊臣秀吉に敗れ自殺。妻は信長の妹で美人と評判だったお市。

加藤清正 <small>武将</small>

秀吉に仕えた勇猛な武将
朝鮮では虎退治の伝説がある

清正は秀吉の武将として数々の戦いに参加し，柴田勝家との戦いでは「賤ヶ岳の七本槍」の一人として名を上げていた。秀吉の命令で出兵した朝鮮で，あるとき虎が出没する。家来や馬をおそい，だれもがふるえあがっていた。そこで清正は得意の槍で虎を一つきにして退治。「さすが清正様！」と家来らは清正の勇猛ぶりをほめたたえたと伝えられている。関ヶ原の戦いの後，肥後（現在の熊本県）52 万石の領地をあたえられ，城下の発展に力を注いだ。

生没	1562 年〜 1611 年
出身地	尾張（現在の愛知県）

豊臣秀吉の家来として数々の手がらを立て，江戸時代には 52 万石の大名となった。

日本のお城大解剖

山城
（やまじろ）

大きさは小さいが，敵に攻め込まれにくくするため，山の高い位置につくられた。物見やぐらや堀や柵をもつものが多かった。

戦国時代に多くつくられるようになったぞ。

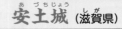
織田信長

※ 復元模型

安土城 （滋賀県）
（あづちじょう）（しが）

織田信長がつくった。城下町では，楽市・楽座が行われ，商工業が発展した。

備中松山城 （岡山県）
（びっちゅうまつやまじょう）（おかやま）

天守が現存する山城として随一の高さをもつ。高さゆえに，城に雲がかかることがある。

首里城 （沖縄県）
（しゅりじょう）（おきなわ）

中山城ともよばれる。尚氏が建国した琉球王国の王城。世界文化遺産に登録されている。

平城・平山城

軍事目的だけでなく，政治的・経済的にも重要な場所となるため，平地に築かれた。

戦に備える
必要のない，
江戸時代に
多かったぞ。

徳川家康

江戸城 （東京都）

徳川家が政治を行った城。城の周りを囲むように，堀が二重につくられている。

大阪城 （大阪府）

豊臣秀吉が建てた。大阪の陣では，豊臣氏が立てこもった場所。

姫路城 （兵庫県）

敵が攻めてきても戦えるように，城までの道が迷路のように複雑になっている。

女が男に!?
京都を，あっといわせた巫女

出雲の阿国 芸人

生没 ？
出身地 出雲（現在の島根県）

京都で歌舞伎おどりを始め，現在の歌舞伎のもとをつくった女性。

芸を見せながら全国をまわる

出雲大社の巫女であった阿国は，出雲大社の修理に使うお金を集めるために，おどりを披露しながら，全国をまわっていた。江戸時代初めに京都にたどり着いたが，人々は度重なる戦乱でつかれきっていた。阿国は，自分のおどりで京都の人々に元気を取りもどさせようと決意する。

「阿国歌舞伎」が生まれる

阿国は京都の四条河原の舞台に，長い刀をもち，南蛮（ヨーロッパ）風の服を着て，男の姿であらわれた。女が男に変装して演じるという，当時はだれもやったことがなかったスタイルを，京都の人々は大変喜び「阿国歌舞伎」とよんだ。この後阿国のまねをする人々がたくさん出て，女歌舞伎は全国で大きな人気となった。しかし，女歌舞伎は色っぽい格好で演じたものもあり，江戸幕府は「けしからん！」として，女性が舞台に立つことを禁止してしまう。このため，男性だけの歌舞伎があらわれ，現在の歌舞伎になった。

織田信長・豊臣秀吉を引きつけた
力強く，はなやかな絵画

狩野永徳（画家）

生没 1543年〜1590年
出身地 山城（現在の京都府）
たくさんの障壁画・屏風絵をえがいて，狩野派が栄えるもとを築いた天才画家。

天下一の絵師に

　織田信長から絵の注文を受けた永徳は，気合いを入れた。勢いのある戦国大名の信長に気に入られたら，自分と，自分の弟子が画家として有名になるからである。そう考えて永徳らが作成した障壁画は，信長が住む安土城を立派にかざった。

狩野派が栄えることを願って

　永徳とその弟子たちは狩野派とよばれ，豊臣秀吉が住む大阪城や，大名の屋敷に絵をかいた。しかし，ライバルの絵師たちとの競争も激しく，そのつかれからか，永徳は48歳という若さで亡くなった。

▲ふすまなどに力強くえがかれた障壁画（唐獅子図屏風）

163

みずからの信じる茶の湯を深め
みずからの信念に従って生きた茶人

千利休 茶人

生 没 1522年〜1591年
出身地 和泉（現在の大阪府）

織田信長，豊臣秀吉の茶の師匠。茶の湯を深め，わび茶を完成させた。

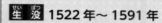

茶の湯を深め，わび茶を完成させる

「茶とは自由に楽しむものなのですよ」。利休は，ゆったりと客をもてなした。そのころの茶の湯というと，主に大名や豊かな商人が，立派な茶わんなどを使って，はなやかに茶の会を開くことが主流になっており，このことを利休は残念に思っていた。利休は，茶わんや道具の立派さよりも，人と人が，小さな空間ですなおに向き合って，心を通わすことが大切だと考えていたのだ。このような利休の茶の湯は，「わび茶」とよばれた。

豊臣秀吉のいかりを買う

利休は織田信長や豊臣秀吉に茶を教えるようになり，秀吉が開く大茶会を中心となって進めた。しかし，派手な茶会を望む秀吉と質素な利休の茶とは，考え方が大きくちがっていた。また，多くの大名が利休をしたい，茶室に集まることが秀吉には面白くなかった。そこで，秀吉は言いがかりをつけ，利休に切腹を命じた。「利休よ，謝れば許してやるよ」という秀吉に，弟子たちは謝るようすすめた。しかし利休は謝ることなく，切腹を命じにきた秀吉の使者にゆったりと茶をふるまった。その後，自ら腹を切って死んだ。

天下分け目の関ヶ原，
西軍を率いて徳川家康と戦う

石田三成 武将

生没 1560 年〜 1600 年
出身地 近江（現在の滋賀県）

豊臣秀吉に仕えた戦国武将。
関ヶ原の戦いで，西軍を率いて戦う。

秀吉と運命の出会い

豊臣秀吉が鷹狩という遊びをしていたとき，ふとのどがかわいて，近江の寺に立ち寄った。そこで茶を出したのが三成だった。秀吉は，三成が茶を出したときの気配りに感動し，三成を自分の家来になるようにスカウトしたという。

秀吉の家来となった三成は，気配りだけでなく頭のよさも発揮し，秀吉が進めたさまざまな政策を全力でサポートした。これにより，秀吉は三成をとても信頼できる家来だと考えるようになった。

秀吉の遺志をつぎ…関ヶ原の戦いにいどむ！

1598 年，三成が長く仕えていた秀吉が病気で死んでしまった。秀吉亡きあと，同じく秀吉の家来であった徳川家康が，秀吉に代わって政治の実権をにぎるようになる。「秀吉様の築いた豊臣氏を守らなければ！」と決心した三成は，徳川氏に対立するべく，西日本の戦国大名によびかける。

1600 年，ついに関ヶ原（現在の岐阜県）で，三成を中心とする西軍と家康を中心とする東軍が激突！ しかし，西軍の大名の度重なる裏切りにより，三成が率いる西軍は家康に敗れてしまう。敗者となった三成は，京都で処刑されてしまうのであった。

桃山文化

建築 姫路城 (兵庫県)

安土城や大阪城のように，天守閣を備えた大きな城が各地につくられた。

姫路城は，「白鷺城」ともよばれ，世界文化遺産に登録されているぞ。

織田信長

絵画 唐獅子図屏風 (狩野永徳)

金箔や，はなやかな色を使ってえがかれている。

障壁画の発達

城の中には，きらびやかなふすま絵や屏風絵がかざられるようになった。

芸能 歌舞伎おどり
（出雲の阿国）

芸能 茶道
（千利休）

歌舞伎おどりはのちの歌舞伎のルーツになったのよ。

海外からの影響

ヨーロッパ

鉄砲が日本に伝えられてから，ポルトガル人やスペイン人との貿易が始まり，ヨーロッパの文化が入ってくるようになった。

▲カステラ

▲カルタ

朝鮮

▲有田焼

▲伊万里焼

豊臣秀吉による朝鮮出兵のときに，連れ帰った陶工によってつくられるようになった。

西軍
（せいぐん）

秀吉さまの意志をつぐぞ
（ひでよし）（いし）

激
（げき）

関ヶ戦
（せき）

石田三成
（いしだみつなり）
●領地：近江佐和山
（りょうち）（おうみさわやま）
●石高：約19万石
（こくだか）

参戦
（さんせん）

真田幸村
（さなだゆきむら）
●領地：信濃上田
（しなのうえだ）
●石高：約4万石
（こくだか）

小早川秀秋
（こばやかわひであき）
●領地：筑前　●石高：約36万石
（ちくぜん）（こくだか）

参戦？
（さんせん）

島津義弘
（しまづよしひろ）
●領地：薩摩
（さつま）
●石高：約60万石
（こくだか）

参戦
（さんせん）

※石高…領地内で予想される米の収穫量のこと。
（こくだか）（しゅうかくりょう）

東軍

新しい時代をつくるのじゃ

関ヶ原のい

伊達政宗
●領地：陸奥
●石高：約59万石

徳川家康
●領地：武蔵相模
●石高：約256万石

参戦

参戦

参戦

本多忠勝
●領地：上総
●石高：約10万石

福島正則
●領地：尾張
●石高：約20万石

加藤清正
●領地：肥後
●石高：約25万石

裏切る武将が多く，
東軍の勝利!!

数々の苦しさを乗りこえ，がまんの末につかんだ江戸幕府の創始者

徳川家康 (武将)

生没	1542年～1616年
出身地	三河（現在の愛知県）

関ヶ原の戦いに勝ち，江戸幕府を開いた武将。織田信長・豊臣秀吉と並ぶ三英傑の一人。

人質として生きぬいた少年時代

家康の生まれた徳川氏は，今川氏と織田氏という強力な戦国大名にはさまれて，つねにいつ攻めこまれるかと緊張している状態だった。家康は6歳のときに，人質として今川氏のところに行く予定だった。しかし今川氏に連れて行かれる途中で徳川氏の部下に裏切られて，気がつくと織田氏の人質になっていた。その後，改めて今川氏の人質にもなっていた。家康はこの経験から，だれが信頼できるか，どうしたら生き延びることができるか，とつねに周囲の様子を観察するようになる。

▲徳川氏周辺の勢力図

1560年ごろ

信長とともに戦う

信長が天下統一をめざして戦う様子を見た家康は，生き延びるには信長についていくとよいと考え，信長と同盟を結ぶ。長篠の戦いでは信長とともに武田軍を破った。信長が本能寺の変で亡くなった後は，同じく信長とともに戦っていた豊臣秀吉と一度は対立した。しかし，秀吉についていけば生き延びられると考えを改め，秀吉の天下統一に協力するようになった。

▲長篠の戦いのときの徳川家康

ついに天下を手に入れる

　家康は，秀吉から関東地方を治めるよう命令された。そのころの関東地方はあまり人が住んでいないところだった。「秀吉め，私を遠くはなれたいなかに追い出そうとしているな」。家康は秀吉の考えを見破った。部下たちも，秀吉のひどいあつかいに腹を立てたが，家康はこの部下たちをなだめて，「今は秀吉に従うほうがいい」と関東地方に移った。秀吉が病気で亡くなると，家康は，「やっと私の番がきた」と喜んだ。そして，関ヶ原の戦いで豊臣氏に味方する大名を打ち破った。

▲家康が政治を行った江戸城

大阪の陣で豊臣氏をほろぼす

　征夷大将軍という，武士の最高の位につき，江戸（現在の東京都）に幕府を開いた家康。しかし，家康はまだ安心できなかった。京都で秀吉の息子の秀頼と会ったところ，秀頼は立派な大人になっていたのだ。ひょっとして豊臣氏は力をもり返すかもしれない，と不安になった家康は，「豊臣氏をほろぼさなければ…」と決断した。家康は全国の大名に，豊臣氏を攻めろ，と命令を出した。結果，大阪城は焼け落ち，秀頼は自殺した。この戦いは大阪の陣とよばれている。家康は，「豊臣氏はほろんだのだ，これで徳川の天下が続く」と思い，亡くなった。

▲大阪の陣で焼け落ちる大阪城

こぼれ話　死んだあとも徳川を守る

　家康は豊臣氏をほろぼした後も，薩摩（現在の鹿児島県）や長州（現在の山口県）などの大名が逆らってくるのではないかと心配した。死ぬ前に，「死んだら，久能山（現在の静岡県にある山）に建てる墓に，薩摩や長州のある西のほうを向けて，立てたままほうむれ」と言い残したといわれる。

三大武将 突撃イン

織田信長

まずは簡単なプロフィールを。

お住まいはどこですか？

尾張出身・織田信長じゃ。人は余のことを、「うつけもの」（おろかもの）といっておるらしい。失礼だな！

安土城じゃ！

※ 復元模型

豊臣秀吉

豊臣秀吉じゃ。尾張の身分の低い足軽の子として生まれたが，信長さまに仕えることで出世したぞい。

大阪城を築いたぞ！

（現在の大阪城）

徳川家康

三河で戦国武将をしております，徳川家康です。征夷大将軍に任命され，江戸に幕府を開きました。

江戸城を中心に生活していました。

タビュー

どんな政策をしたんですか？

どんな戦いをしたんですか？

ホトトギスが鳴かないときはどうしますか？

安土城下で，楽市・楽座を行ったぞ。商売を活発にするためじゃ。

長篠の戦いで，鉄砲隊を使って，武田軍を破ったぞ！

気にくわぬ！殺してしまえ！

太閤検地や刀狩を行ったぞ。武士と農民・町人の身分をはっきり分けたのじゃ。

全国を統一した後は，朝鮮出兵を進めたぞ。

鳴かせてみせよう！わたしの策略で！

幕府と藩が，領地と民衆を統治する体制をつくりました。大名や朝廷・公家をとりしまるきまりも定めましたよ。

関ヶ原の戦いで，石田三成をたおして天下をとりましたぞ。

鳴くまで待ってます。気長にね。

173

時代を彩る三姉妹

浅井長政

織田信長の妹・お市とわたしの間に生まれた自慢の娘たちを紹介するぞ。

長女 淀

豊臣秀吉の妻

豊臣秀吉の側室となり，跡継ぎである秀頼を産む。秀吉の死後，大阪の陣で徳川家康に敗れ，豊臣家の滅亡とともに，大阪城で自害する。

次女 初

近江の守護・京極家に嫁入り

いとこである京極高次の妻となる。姉が嫁いだ豊臣家と妹が嫁いだ徳川家の関係を良くしようとした。

三女 江

徳川家光の母

江戸幕府2代将軍・徳川秀忠の妻となり，のちに3代将軍となる家光を産む。江戸幕府において高い地位を得る。大奥では家光の乳母・春日局と対立した。

末長く全国支配！
江戸幕府のひみつ

関ヶ原の戦いで勝利し，天下はわしのものじゃい。
全国を支配するしくみをつくるぞい！

政治体制のひみつ

まずは全国に藩をおき，それぞれの藩に大名をおいて，支配させよう。

大名　幕府

藩　藩　藩　藩

	将軍	
大阪城代（西国大名の取りしまり）	京都所司代（朝廷と西国大名の監視）	寺社奉行（寺社の取りしまり）	若年寄（老中の補佐）	老中（政務全般）	大老（臨時の職）

老中の下：
- 遠国奉行（重要な都市の統治）
- 勘定奉行（幕府の財政・幕領の監督）
- 町奉行（江戸の町政）
- 大目付（大名の取りしまり）

幕藩体制のひみつ

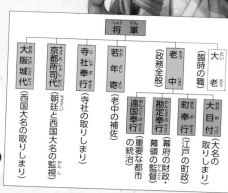

裏切りそうな外様大名は江戸から遠い所に…。

仲の良い譜代大名や身内である親藩は江戸を守るように配置しよう。

宗 10（府中）
佐竹 21（秋田）
酒井 14（庄内）
南部 10（盛岡）
松平 15（山形）
上杉 15（米沢）
伊達 56（仙台）
松平 19（松江）
池田 32（鳥取）
前田 103（金沢）
保科 23（会津）
黒田 43（福岡）
毛利 37（萩）
浅野 38（広島）
池田 32（岡山）
酒井 12（小浜）
松平 26（高田）
本多 13（白河）
小笠原 15（小倉）
鍋島 36（佐賀）
松平 15（松山）
松平 12（姫路）
榊原 15（姫路）
井伊 30（彦根）
酒井 13（前橋）
土井 10（古河）
徳川 24（水戸）
細川 54（熊本）
山内 17（高知）
蜂須賀（徳島）
徳川 56（和歌山）
徳川 62（名古屋）
稲葉（小田原）
島津 73（鹿児島）

10万石以上の大名
- 御三家
- 親藩と譜代大名
- 外様大名
数字は石高（単位万石）

参勤交代

さらに，孫の家光が定めた参勤交代で，お金を使わせ，大名が財力をためこむのを防ぐぞ！

激闘！大阪の陣

大阪の陣とは？

豊臣氏が建てた方広寺の鐘に「国家安康」「君臣豊楽」ときざまれていた。徳川家康は，自分の名前を2つに分けることで，豊臣氏が呪いをかけようとしているといいがかりをつけ，戦をしかけたのだった！

…国家安康
君臣豊楽…

1614年 冬の陣

家康軍は豊臣氏の居城である大阪城を包囲した。対して，豊臣氏は周辺のまちの米を買いしめて，大阪城にたてこもり，やる気をうばった。おたがいに一歩もゆずらず，講和条約が結ばれた。

豊臣氏をほろぼすのじゃ！

徳川家康

豊臣氏はわたしが守りますからね！

真田幸村（さなだゆきむら）

え!?
何で攻めてくるの?!!

豊臣氏は城に立てこもった。

1615年

夏の陣

豊臣秀頼（とよとみひでより）

大阪城

徳川家康は，冬の陣で結んだ講和条約を無視（むし）して，大阪城に攻（せ）めてきた。再（ふたた）び大阪城のまわりを囲まれ，豊臣氏は戦いを余儀（よぎ）なくされた。

真田幸村（さなだゆきむら）

戦（いくさ）のためにつくった城を「真田丸（さなだまる）」とよんだ。

結果

力が弱っていた豊臣氏は，家康軍の大軍（たいぐん）に対抗（たいこう）することはできなかった。敗北（はいぼく）を悟（さと）った豊臣秀頼と秀頼の母・淀（よど）は自殺（じさつ）し，豊臣氏は滅亡（めつぼう）した。

徳川家による全国支配（しはい）が確立（かくりつ）！

※大阪冬の陣の陣形
🏯 家康軍
🏯 豊臣軍

生まれたときからの将軍！
江戸幕府のしくみを完成させた

徳川家光 将軍

生没	1604年〜1651年
出身地	武蔵（現在の東京都）

江戸幕府の3代将軍。参勤交代や鎖国など，幕府の力を強くすることに努力した。

生まれながらの将軍

徳川家康の孫である家光は，幼いころからのんびりした性格だったという。それまでの天下統一を争う時代であれば，のんびりした性格は戦いに向かなかったかもしれないが，家光が生まれたのは戦国時代が終わり江戸時代に入ったころ。安定した政治と人々の生活をつくっていくにはぴったりの性格であった。

ぼくの言うこと聞かないと知らないよー

参勤交代で大名を支配

将軍になった家光は，「全国各地の大名が幕府に逆らえないしくみをつくりあげて，徳川家の天下を1日でも長く続けたい」と考えた。そこで大名を1年ごとに領地と江戸を行き来させ，大名の妻と子は江戸に住まわせる，参勤交代の制度を始めた。これで大名は行き来にたくさんのお金を使って力が弱くなり，妻と子は戦いになったら人質にできる。家光がつくったこの制度は成功した。

◀ 参勤交代の様子

日本にキリスト教はいらない

　家光のころの日本では，武士が農民や商人などを従えるという身分制度が定められていた。家光は，キリスト教はすべての人間が平等だと教えているため，身分制度には合わない宗教だと考えていた。そんなときに島原（現在の長崎県）と天草（現在の熊本県）で農民の一揆（反乱）が発生する。一揆の参加者には，たくさんのキリスト教の信者がふくまれていた。家光は，キリスト教の信者を日本からなくさないと日本が危なくなると思った。そこで家光は，キリスト教を広めようとする外国の船が日本へ来ることを禁止した。

外国とのつき合いを制限

　家光は，日本と貿易してもよい国は，キリスト教を広めないオランダと中国だけにしようと決断した。貿易をする場所も決めてしまおうと考えた家光は，長崎に出島をつくらせる。ここで行われた貿易のもうけは，幕府が独占した。このような外国とのつき合い方を鎖国という。「これで徳川家の天下は長く続く」と安心した家光は，48歳で亡くなった。

▲出島

こぼれ話　家光の目標は家康

　家光は祖父である家康をたいへん尊敬しており，家康がまつられている日光東照宮を立派に建てかえ，何度もお参りした。1651年に亡くなった家光は，死ぬ前に家来に言いつけたとおり，家康と同じ日光東照宮にほうむられた。

▲栃木県にある日光東照宮

大奥

華麗なる
女性の
世界

女の園・大奥とは？

江戸時代，江戸城には，将軍の妻（正室）や子ども，お世話をする女中たちが生活する大奥とよばれる場所があった。将軍は，大奥に通い，正室たちと会っていた。

徳川家光

徳川綱吉

大奥の女性たちの地位

正室（御台所）

将軍の正式な妻。公家や天皇家の娘がなることが多かった。

側室

正室以外の将軍の妻。男の子が生まれれば，次の将軍の母・生母として重んじられる。

大奥女中

将軍や正室らの身の回りのお世話をする人たち。武家や町人の娘のあこがれの就職先だった。

春日局
（かすが の つぼね）

徳川家光の乳母で，大奥の基盤をつくった。

江
（ごう）

織田信長の妹・お市の娘で，徳川家光の実母。

乳母 VS 実母！

春日局が乳母としてお世話をした家光は，3代将軍に就くことに。しかし，家光の実母である江と対立。江の病死で，権力をにぎった春日局は，以後大奥を強く取りしきるようになった。

女たちの熱き戦い

幕末の嫁姑問題

13代将軍家定の正室・天璋院は，14代将軍家茂の正室で天皇家出身の和宮とそりが合わず対立していた。しかし倒幕運動が広がる中，ともに徳川家を守るために協力した。

和宮
（かずのみや）

孝明天皇の妹で，徳川家茂の正室。朝廷と幕府の関係をよくするために嫁いでくる。

天璋院篤姫
（てんしょういん あつひめ）

島津斉彬の養女で，徳川家定の正室。

宮本武蔵 剣士

『五輪書』に書き残した剣術の極意

　13歳で最初の真剣試合に勝った武蔵は，二刀流をあみ出し，各地で多くの剣士と戦った。なかでも，佐々木小次郎との巌流島の決闘で勝利した話は有名だ。しかし，この時代，剣術の強さだけでは高い地位につけず，武蔵は熊本藩主の細川忠利に剣術を教えるようになる。武蔵は『五輪書』のなかで，技だけでなく精神もきたえることが大切だと書いた。この書物は現在でも多くの人に読まれている。

生没　1584年？〜1645年
出身地　？
剣士のバイブル，『五輪書』を書いた剣術家。

佐々木小次郎 剣士

巌流島では武蔵に敗れる

　宮本武蔵の伝記のなかに，小次郎は短い剣を上手に使った富田勢源の弟子といわれ，長い剣で勢源のけいこ相手をしたと書かれている。この後，小次郎は武士として立派な地位を求め，各地で何度も試合をしたが，一度も負けなかった。そこに武蔵が，どちらが強いか勝負したい，と試合を申しこんできた。当日，小次郎は現在の山口県にある巌流島で武蔵を待った。なかなか現れない武蔵にいらいらして，小次郎は冷静さを失い，敗れてしまったといわれるが，真実は不明である。

生没　？年〜1612年
出身地　？
江戸時代の初め，西日本一強いといわれた剣術家。巌流島で宮本武蔵と戦う。

天草四郎 少年

九州に降り立った神の子

1637年，九州の島原（現在の長崎県）や天草（現在の熊本県）でキリスト教の禁止などに苦しむ人々が，江戸幕府に対して一揆（反乱）を起こした。この一揆を島原・天草一揆といい，その大将となったのが天草四郎（益田時貞）である。

四郎は神の使いであるとされ，一揆を起こし，城にたてこもったときも，熱心にその教えを人々に説いた。しかし，一揆を起こした人々は幕府の軍に敗れ，四郎も命を落とした。

生没 1623年？～1638年
出身地 ？
九州で起きた，島原・天草一揆を指導した少年。

シャクシャイン 武将

アイヌへの不平等は許さぬ！

蝦夷で暮らすアイヌ民族は，地元でとれた海産物や毛皮などを売って生活していた。江戸時代の初めごろは，松前藩の人々と商売をしていたが，アイヌ民族が損をするような取り引きを無理矢理させられていた。これにおこったアイヌ民族はシャクシャインに率いられ，1669年，松前藩に対して戦いを仕掛けた。松前藩に戦いをやめるようによびかけられたシャクシャインは，話し合おうと松前藩が用意した宴会に訪れたが，この席で殺されてしまった。

生没 1606年？～1669年
出身地 蝦夷（現在の北海道）
アイヌ民族の首長（リーダー）。松前藩（現在の北海道）と対立したが敗れる。

徳川家光の めざせ！

江戸幕府の支配力を強くするためにはキリスト教が邪魔だなあ…。何とかならないものか…。

キリスト教徒の増加

ザビエルの来日以降，キリスト教が日本でも広がり，各地で教会も建てられた。

```
1549
～60
69
71
79
81
87
92
1603
14
年   0   10   20   30   40万人
```

▲キリシタンの増加
（五野井隆史「日本キリスト教史」）

禁教令を出す

1612年

江戸幕府は，キリスト教徒の反乱をおそれ，幕領に禁教令を出した。翌年には全国にも出した。

結果

隠れて**キリスト教を信仰する人が増加！**

貿易は変わらず行われていたことや，貿易の利益を得ようとしていた者たちも多く，効果はなかった。

鎖国体制

家光の政策

1635年
日本人の海外渡航と帰国 **禁止**

いざ外国へ!!

1639年
ポルトガル船の来航 **禁止**

1641年
平戸のオランダ商館を長崎の出島に移す

ココだけ!
→ 出島

貿易港を **限定**

キリスト教を
追い出すのじゃ!!

1641年 鎖国完成

その後の **人々のくらし**

▲ 踏絵

キリスト教徒を見つけ出すために、踏絵を踏ませる絵踏をさせた。

その後の **幕府の外交関係**

中国・朝鮮・オランダなど、キリスト教を布教しない限られた国とのみ貿易・交流が行われた。

松前…松前藩を通じて蝦夷地のアイヌと
対馬…対馬藩を通じて朝鮮と
薩摩…薩摩藩を通じて琉球と
長崎…幕府の直轄地でオランダ・中国と

185

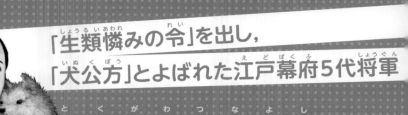

徳川綱吉

生没 1646年〜1709年
出身地 武蔵（現在の東京都）

江戸幕府5代将軍。学問をすすめる一方，
極端な動物愛護令を出し，人々を苦しめた。

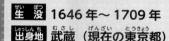堀田正俊に支えられ，将軍になる

綱吉は江戸幕府の3代将軍徳川家光の四男として生まれたが，上野（現在の群馬県）の藩主となっていた。そのため，将軍になることはないと，まわりのだれもが考えていた。

しかし35歳のとき，兄の4代将軍・家綱があとつぎのないまま重い病気になったので，5代将軍をだれにするか話し合いが行われた。そのとき，老中（幕府の役人）の一人であった堀田正俊が綱吉を強くすいせんし，5代将軍の座につくことになったのだ。綱吉は正俊に深く感謝し，のちに正俊を大老（幕府の役人のうち一番えらい人）に出世させた。

人々に儒学をすすめる

「何とか，このすばらしい儒学を家来のみなにも伝えたい！」歴代の将軍のなかでも飛びぬけて勉強熱心だった綱吉は，人々に学問に取り組むよう強くすすめた。儒学を幕府の正式な学問とし，江戸の湯島に聖堂を建てて，ここで儒学を人々に学ばせた。また，綱吉みずから大名などを集めて講義した。親や先祖を敬い，礼儀を重んじる姿勢を説き，儒学の精神を政治に反映させようとした。

側用人に政治を任せる

　ところが，綱吉は40歳を前にして，何もかもやる気をなくしてしまう。綱吉が信頼していた大老の正俊が江戸城内で暗殺されるという事件が起こったのだ。しかも，自分のあとつぎと考えていた長男が5歳で亡くなってしまう。政治への熱意を失った綱吉は，側用人（将軍の考えを老中に伝える役職）の柳沢吉保らに政治を任せきりにするようになっていった。

経済が混乱する

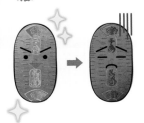

　綱吉の時代には，商業が栄え，商品があふれ，人々の暮らしぶりがぜいたくになっていった。とくに，幕府では支出が増え，深刻な財政難になやまされるようになった。そこで，幕府は小判の量を増やそうとして，良質の小判を，金の割合を減らした小判につくりかえ，大量に発行した。しかし，貨幣の質が下がったため，人々の生活は混乱した。

天下の悪法「生類憐みの令」

　綱吉は「生類憐みの令」という法律を，約20年間に約60回出した。すべての生き物を保護するという内容であったが，綱吉がイヌ年生まれだったので，とくに犬を大事にした。

　そしてその内容は，「犬を大切にしろ」に始まり，生き物を殺したり，傷つけたりしてはいけないとしだいにエスカレート。その対象はねこや鳥，魚，ついには蚊などにまでおよんだ。この法のため，死刑や遠くの島に追放される罰を受ける者もいた。また，犬が病気になったりけがをしたりすると罰を受けるので，人々は犬をさけるようになり，町中に野良犬があふれた。そこで幕府は広大

な土地を用意し，「お犬小屋」を建てた。そこでは，数万匹の犬が放され，人間よりごうかな食事があたえられたとされる。綱吉の死後，生類憐みの令はすぐに取りやめられ，人々は大喜びしたという。

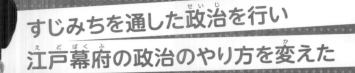

すじみちを通した政治を行い
江戸幕府の政治のやり方を変えた

新井白石

生没 1657年～1725年
出身地 上総（現在の千葉県）
徳川綱吉の死後，人々の暮らしをよくしようと，政治改革を行った武士。

悪いきまりは人々を苦しめる

白石が30歳くらいのころ，江戸幕府の5代将軍・徳川綱吉は「生類憐みの令」という，人より犬を大切にするような命令を出した。「こんな命令はおかしい！」と白石は思ったが，将軍の言うことは絶対に聞かないとならないため，ずっとがまんしていた。

人々のために正しい政治を実行

質UP!!

徳川家宣に仕えていた白石は，家宣が6代将軍に就いたため，幕府の政治を助けるようになる。白石はさっそく，「生類憐みの令」を取りやめた。また，綱吉のころにつくられた質の悪いお金のせいで物の値段が上がっていたため，これをやめて元の質の良いお金にもどした。さらに長崎に来る中国とオランダの貿易船の数を制限し，日本から流出する金銀の量を減らす改革を行った。

白石は7代将軍家継にも仕え，幕府で約8年働いたが，短い期間にもかかわらず，人々の生活をよくすることに成功した。

正しい日本を人々に伝えるために，
歴史書をつくった水戸黄門

徳川光圀 大名

生没 1628年〜1700年
出身地 水戸（現在の茨城県）
『大日本史』の編集に取り組んだ，江戸時代の水戸の名君。

百姓の幸せをいのる名君

　水戸の大名だった光圀は，百姓が困っていると熱心に相談に乗った。そんな光圀はよい殿様だと，水戸の人々に非常に人気があった。

完成するまで250年もかかった『大日本史』

　光圀は中国の歴史書『史記』を読んで，そのすばらしさに感動する。日本にも同じようなしっかりした歴史書が必要だと感じ，『大日本史』という本をつくりはじめた。『大日本史』は，光圀が亡くなったあとも水戸の人々によってつくり続けられ，明治時代の1906年にようやく完成した。

こぼれ話　水戸黄門は全国を旅していない！？

　「この紋所が目に入らぬか！」の名ぜりふで，悪い人をこらしめていくドラマの水戸黄門とは徳川光圀のこと。しかし，実際の光圀は，関東地方以外へ旅をしたことがない。よい殿様として光圀が人気があったことなどから江戸時代末に『水戸黄門漫遊記』がつくられた。これが，時代劇の定番となったのだ。

189

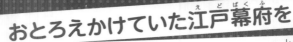

おとろえかけていた江戸幕府を
享保の改革でたてなおした名将軍

徳川吉宗

<table>
<tr><td>生没</td><td>1684 年〜 1751 年</td></tr>
<tr><td>出身地</td><td>紀伊（現在の和歌山県）</td></tr>
</table>

江戸幕府 8 代将軍。享保の改革を行い，幕府の財政たてなおしに成功した。

できる藩主として評判を高める

吉宗は紀伊藩（現在の和歌山県）の藩主の 4 男として生まれたが，立て続けに兄たちが病死したため，22 歳の若さで藩主となる。しかし，このころは，自然災害などで藩の財政はとても苦しいものだった。

そこで，吉宗はみずからそまつな食事をし，質素な身なりをして，人々に倹約をすすめた。さらに新しい水田を開発し，産業にも力を入れた結果，藩の財政は回復した。これにより吉宗は名藩主として評判を高めた。

8代将軍となり優れた改革者へ

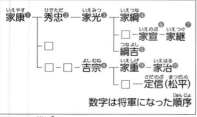

数字は将軍になった順序

▲徳川氏系図

江戸幕府では，7 代将軍・家継が 8 歳で亡くなり，2 代将軍・秀忠の血を引く徳川将軍家がとだえてしまった。そこで，徳川御三家のなかから吉宗が選ばれ，33 歳で 8 代将軍となる。

吉宗は将軍になるとすぐに，おとろえかけた幕府をたてなおすため，享保の改革とよばれる改革に取りかかった。

ぜいたくを禁じ，武芸をしょうれい

徳川家康のころの政治を理想とした吉宗は，昔の精神にもどろうと考える。政治を引きしめ，倹約令を出してぜいたくを禁止し，財政をたてなおそうとした。

また，武士の精神をきたえなおすために，武芸にはげむようすすめた。5代将軍綱吉の「生類憐みの令」により廃止になっていた「鷹狩」を復活させたり，馬術や弓，槍，刀剣などの技術を競わせたりした。

目安箱で人々の意見も聞く

吉宗は，目安箱とよばれる投書箱を，裁判所の前に毎月3回置いた。目安箱には武士をはじめ，だれでも投書することができた。投書の内容も，政治についての意見だけでなく，幕府の役人の不正な行いも直接うったえることができた。

この投書をもとに，身寄りのない貧しい人々の病院（小石川養生所）をつくったり，火事の多い江戸の町に町火消の制度を整備したりした。吉宗は人々の意見にも耳をかたむける姿勢をもっていた。

幕府の財政をたてなおす

吉宗は，裁判の基準を示した公事方御定書を出し，だれが裁判を担当しても同じ判決が下せるようにした。

また，幕府の収入を安定させるため，豊作・凶作に関係なく一定の額の年貢を納めさせるようにした。さらに大名に多くの米を差し出させ，その代わりに，参勤交代の制度をゆるめた。吉宗は米を財政のもとと考えたので「米将軍」ともよばれた。こうした政策を行った結果，幕府の財政をたてなおすことに成功したのである。

公事方御定書

一 関所を通らずに山をこえた者は，その場ではりつけとする。

一 主人を傷つけた者は，その罪状を書きつけた立札をつけ街頭にさらした上ではりつけにする。
（一部要約）

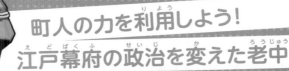

町人の力を利用しよう！
江戸幕府の政治を変えた老中

田沼意次 政治家

生没 1719年〜1788年
出身地 紀伊（現在の和歌山県）
8代将軍徳川吉宗のあとに，江戸幕府の政治のやり方を変えようとした老中。

商業を盛んにするため，株仲間を認める

意次は江戸幕府9代将軍の徳川家重と10代将軍の家治に信頼され，十数年間老中として政治を取りしきった。8代将軍の吉宗が行った，農業を盛んにして米を納めさせるやり方だけでは幕府の収入を増やすことはできない，と意次は考えた。では，どうするか。「商業を盛んにして，商人から税をとろう」。意次は，これこそ幕府の収入を増やす方法だと考えた。

意次は，「商人に税を納めよ，といったら反対される。税をとるかわりに商人が得することをしなければ…」となやんだ。意次は株仲間という商工業者の同業組合をつくり，その組合だけが商売をしてもよいというしくみをつくろうと思いついた。このしくみなら，株仲間に入れば商人はもうかる。だから，商人はいやがらずに税を出してくれるはずである。意次のねらい通り，株仲間は広まり，幕府の収入も増えていった。

貿易でももうける

いりこ　あわび
ふかひれ　俵物

貿易でももうけようと思った意次は，長崎での中国との貿易も積極的に進めた。中国では，あわびやふかひれなどが料理に使われる。ここに目をつけた意次は，「こうした海産物（俵物）をたくさんつくらせ，中国へ輸出して，大もうけするのだ！」と命令した。

 ## 農業にも商人の経済力を利用

意次は，商人にお金を出させ，現在の千葉県にある印旛沼の水をくみ出し，新しい田をつくろうと計画した。しかし，工事の途中に大洪水が起こってしまった。「しかたがない，この工事は中止だ」。意次は水につかった田を思って残念がった。

政治の舞台から消える

▲天明のききんで苦しむ人々の様子
福島県会津美里町教育委員会所蔵

意次のおかげで幕府の収入は大きく増えた。意次は，「やはり商業は農業より大きなもうけを生み出すな」と喜んだ。しかし，意次の政治に反対する人たちからは，「この政治はわいろによるもので，正しいものではない」と批判された。

意次への批判が高まるなか，気温が上がらないことから米があまりとれなくなり，さらに浅間山が噴火して火山灰による被害が広がるなどして，全国各地でききん（食料不足）が起こる。このため百姓一揆や打ちこわしといった人々の反乱が発生した。10代将軍の家治が亡くなると，意次はすぐに政治の世界から引退させられてしまった。

江戸幕府をよくしようと行った
寛政の改革は厳しすぎて失敗

松平定信 政治家

生没	1758年 ～ 1829年
出身地	武蔵（現在の東京都）

田沼意次のあとをつぎ、寛政の改革で江戸幕府の財政をたてなおそうとした。

老中にスカウトされる

江戸幕府8代将軍・徳川吉宗の孫である定信は、先祖の家康や吉宗にあこがれていた。定信が白河藩（現在の福島県）の藩主だったころのこと。ききんで食料が手に入らず困っていた人々をみて、定信は遠くのほかの地域から米を送って人々にあたえたり、自分が質素な生活をするようにしたりして藩を救った。ほかの地域では、食料不足で多くの人が亡くなったなか、白河藩でうえ死にした人はいないといわれるほどである。定信のこのやり方が江戸幕府の耳に入り、1787年、幕府の政治を手伝う老中となった。

厳しすぎた寛政の改革

定信が老中となったころ、ききんの影響で幕府も食料不足・お金不足などから政治がうまくいっていなかった。「せっかく幕府の政治を手伝うからには、家康や吉宗のころのようにしたい！」と定信は心に決める。そして、むだづかいを禁止し、米を倉にたくわえ、農民には都会に来て出かせぎせず、自分の村で農業を行うよう命令した。

定信が出した命令は、幕府をたてなおすためには正しいものだったが、人々にとっては厳しい内容だった。最終的にはこんな厳しい政治にはついていけないという意見がたくさん出て、朝廷との問題をきっかけに老中をやめさせられてしまった。

天保の改革を行ったが人々の反発をまねいた老中

水野忠邦 （政治家）

生没 1794年〜1851年

出身地 肥前（現在の佐賀県）

江戸時代後期の老中。天保の改革を行うが，成果を上げられずに終わる。

老中になる野望に燃える

　肥前（現在の佐賀県）にあった唐津藩主の子として生まれた忠邦はめぐまれていた。家がらもよく，政治を行う才能もあった。しかし，忠邦は満足していなかった。「自分は何としても江戸幕府の政治の中心・老中となって，この国を動かしたい！」と考えていたのだ。しかし，唐津藩には沿岸を警備する特別な仕事があり，老中に出世することは難しかった。それでもあきらめきれない忠邦は，家来の反対をおし切って老中になりやすい浜松（現在の静岡県）の城主になることを計画。有力者にわいろをおくって，この計画を成功させる。その後忠邦は自分の望み通り，老中に出世した。

改革はことごとく失敗

　さらに忠邦は，念願かなって46歳のときに老中首座（老中のトップ）に就任。やがて天保の改革とよばれる政治改革に乗り出した。

　忠邦は質素・倹約をすすめ，ぜいたくを禁じた。また，物の値段をつり上げているとして株仲間（商工業者の同業者組合）を解散させたが，かえって経済が混乱し，物の値段は下がらなかった。さらに，幕府の経済力や軍事力を強めるため，江戸と大阪の周辺を幕府の直接の支配地にすることを計画したが，大名の強い反対にあって失敗。ついに老中をやめさせられた。

195

江戸時代の政治

あなたの味方です質素倹約！

享保の改革
（8代将軍・徳川吉宗）

- 上げ米の制度
  参勤交代の代わりに米を納めさせた。
- 新田の開発
- さつまいもの栽培
- 公事方御定書
  裁判の基準を示す。
- 目安箱
  人々の意見を取り入れた。

商工業に力を入れます！

田沼の政治
（老中・田沼意次）

- 株仲間の公認
  株仲間（商工業者の同業組合）から税をとった。
- 新田の開発
- 俵物を輸出
  貿易の活発化をめざした。

あわび

俵物

いりこ　ふかひれ

1716 〜 45年
幕府の財政を
たてなおすことに成功

1772 〜 86年
ききんによる
百姓一揆で失脚

1782年 天明のききん

改革

とりしまりを
強化します！

寛政の改革
（老中・松平定信）

- ●囲い米
  各藩に米をたくわえさせた。
- ●棄捐令
  旗本などの借金を
  帳消しにした。
- ●昌平坂学問所
  朱子学以外の
  学問を禁止した。

とりもどせ！
幕府の輝きを！

天保の改革
（老中・水野忠邦）

- ●人返しの令
  出かせぎに来た農民を農村に
  返す。
- ●株仲間の解散
  物価を引き下げる
  ため，解散させた。

- ●上知令
  江戸・大阪周辺の領地を
  幕府が直接管理しようとした。

1787 〜 93年
きびしい改革が人々の
不満をかい，失敗

1841 〜 43年
上知令に多くの大名が
反対し，失敗

1830年代 天保のききん

江戸時代の人々の ゆううつ

福島県会津美里町
教育委員会所蔵

政治への不満

重い年貢

わいろの横行など

ききん

自然災害や戦により作物がとれず, 食料不足で多くの人がうえて病気になったり, 死亡してしまったりした。

農民たちの
いかりが
爆発!

専売品の買い上げ

一生けん命育てても藩に安く買いとられてしまう

藩	専売品
長州藩	ろう, 紙
熊本藩	ろう, 塩
宇和島藩	ろう, 紙
松江藩	鉄, にんじん
尾張藩	木綿, 陶器
八戸藩	塩
仙台藩	塩, 米
薩摩藩	しょうのう, 黒砂糖
徳島藩	あい
会津藩	ろう

しょうのう…クスノキを原料にしてつくられ, 防虫剤などに使われる。
ろう…はぜの実などからろうをとり, ろうそくがつくられた。

打ちこわしの多発

生活が苦しくなった人々が米屋を襲っているようす。

元・大阪町奉行所の役人だった大塩平八郎は,生活苦の人々を助けるため,商家を襲った。

大塩平八郎の乱

大塩平八郎

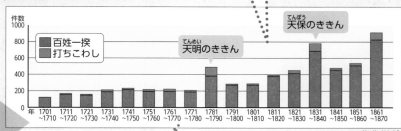

▲百姓一揆と打ちこわしの発生件数
（『百姓一揆総合年表』）

農村

百姓一揆の多発

年貢の軽減や,不正を働く代官の交代などを求めた。

リーダーがだれかわからないように,円形で署名された。

▲からかさ連判状

貧しい者を救わない
役所には用はない！

大塩平八郎  学者

生没 1793 〜 1837 年
出身地 摂津（現在の大阪府）

ききんへの役人や商人たちの態度におこり，反乱を起こした。

逮捕〜！！

与力として役所で活躍

　平八郎は，犯罪などの悪いことが大きらいな性格だった。そんな平八郎の仕事は与力という，今でいう警察官で，彼の性格にぴったりのものだった。学問も好きだった平八郎は，38 歳のときに仕事をやめて，みずから開いた塾で，弟子たちに学問を教えることにした。

役所に反乱を起こす

```
米がない
　　↓
さらに　　値段が
　　　　　上がる
　　↑
もっと上がる
かもと思って
米を売らない
```

　ききんとは，天候が悪く作物がほとんどとれないこと。天保のききんの発生で人々は食料不足に苦しみ，うえ死にする人もたくさん出てきた。ところが，商人は，自分たちの金もうけしか考えていない。役人も貧しい人々を救おうとしない。平八郎は，自分のもっている本を売って，そのお金をうえに苦しむ人たちに配ったが，焼け石に水だった。あまりに何もしない役人と商人にがまんできなくなった平八郎は，役人や商人をたおそうと反乱を起こしたが，失敗して自殺した。しかし，この反乱をきっかけにして，全国で同じような反乱が次々と起こるようになった。

井原西鶴 （作家）

江戸時代のベストセラー作家！

　15歳のころから俳句を学び，その才能を発揮した。そのころ，1日でどれだけの俳句をつくれるかを競う「矢数俳諧」が流行しており，西鶴も1日に約2万3500の俳句をつくったという。

　しかしだんだんと矢数俳諧があきられると,西鶴は町人の様子をおもしろおかしくえがく,浮世草子とよばれる小説を書くようになった。人々はその内容のおもしろさにくぎづけになり，西鶴の本はベストセラーになった。

生没 1642年〜1693年
出身地 摂津（現在の大阪府）
江戸時代に，人間の暮らしのありのままの姿をえがいた,浮世草子とよばれる小説を書いた。

近松門左衛門 （脚本家）

書けばつねに大ヒット！の脚本家

　もともとは越前（現在の福井県）にあった藩の武士の子供であった。しかし京都で育っていくなかで，武士の道ではなく,はなやかな文化に心をときめかせるようになる。

　20歳のころから人形を使った劇である浄瑠璃の脚本を書き始める。その後才能が開花して，悲しい恋をえがいた『曽根崎心中』など多くのヒット作を世に出した。また，歌舞伎の脚本も書くようになり，近松なくしては関西の娯楽は成り立たないといわれるようになった。

生没 1653年〜1724年
出身地 越前（現在の福井県）
江戸時代に，多くの浄瑠璃・歌舞伎の脚本を書いて人々を楽しませた。

俵屋宗達 画家
たわらやそうたつ

なぞに包まれた
江戸時代初期の大巨匠

　宗達は，京都で扇子の絵などをえがく工房を率いていたと考えられている。皇室などからも絵を依頼され，一流の文化人とも交流があった。1630年ごろには一流の絵師になっていたようである。現在，3作品が国宝に指定され，そのなかでも『風神雷神図屏風』はとくに有名である。尾形光琳などの多くの画家たちに影響をあたえ，あこがれの作品となった。

生没 1582年？～不明
出身地 ？
江戸時代初期に活躍した画家。『風神雷神図屏風』などをえがいた。

尾形光琳 画家
おがたこうりん

俵屋宗達に負けない人気！
世界が認めた装飾画家

　光琳は，京都の裕福な着物屋の次男として生まれた。30歳で父が死に兄が家をついでから，相続した財産を好き勝手に使って生活をしていた。しかし，40代に財産を使い切ってしまったため，画家の仕事を真剣に始めたところ，大ヒット！はなやかで装飾的な作品は，現在まで大きな影響をあたえている。彼の作品のうち『燕子花図屏風』や『紅白梅図屏風』などは，現在国宝に指定されている。

生没 1658年～1716年
出身地 山城（現在の京都府）
江戸時代初期に活躍した画家。国宝『燕子花図屏風』などをえがいた。

菱川師宣 画家

版画をつくったらたくさん売れる！

　師宣は，画家となった最初のころは，絵本のさし絵をかいていた。その後，木をほって木版をつくり，たくさんの絵を刷ることで一度にたくさんの作品をつくり，売ることができると考えた。これが浮世絵の始まりである。浮世絵はたくさん印刷されて安く売られたので，多くの人々に買われ，人々の間で広く流行した。

生没　1618年？〜1694年
出身地　安房（現在の千葉県）
江戸時代に，浮世絵とよばれる絵画を流行させ，人々を喜ばせた画家。

安藤昌益 思想家

人類はみな平等だ！

　東北地方で大ききん（作物が収穫できないこと）が起きたとき，農業を行っている農民たちの多くは食べ物がなく命を落とした。それに対し，身分が高い武士たちは自分たちで農業をしなくても食べるものに困らなかった。このような状況に心を痛めた昌益は，当時の身分差別を批判した。

　江戸時代の身分制度はまちがっており，すべての人々が平等にあつかわれるべきだと昌益は考えた。そして，みなが自分自身で農業生産を行えば，ききんや争いもなくなり，平和な社会が実現できると主張した。

生没　1707年？〜1762年
出身地　出羽（現在の秋田県）
江戸時代の身分制度を否定して，平等な社会づくりを主張。

ありのままの自然の美しさを
俳句にまとめた

松尾芭蕉 歌人

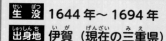

生没 1644年～1694年
出身地 伊賀（現在の三重県）

江戸時代の歌人。日本を旅してよんだ俳諧（俳句）を『奥の細道』という本にまとめた。

自然の美しさを俳句にする

俳諧（俳句）の才能があった芭蕉は，江戸に出て俳句を人に教えて生活しようと考えた。江戸では，自由でだれも考えつかないようなことで人をおどろかす俳句が流行っていた。芭蕉は心に問いかけた。「これが，私が求めている俳句だろうか？」ある日，かえるが池に飛びこむ姿を見た芭蕉の心に一つの俳句がうかんだ。「古池やかはず飛びこむ　水の音」。芭蕉は気づいた。「自然をすなおに見つめ，自然の美しさや静かさを俳句にすればいいのだ」と。

最後の最後まで，旅に生きる

もっともっと自然にふれて，その美しさを感じよう。こう考えた芭蕉は日本中を歩いて回った。東北地方の旅では，岩にとまっている一匹のせみがいつまでも鳴き続ける声に感動し，「閑さや岩にしみ入る　蝉の声」とよんだ。日本海にうかぶ佐渡島で，空いっぱいに広がる天の川を見て，「荒海や　佐渡によこたふ　天河」と雄大さを表した。芭蕉はこの旅の様子を『奥の細道』にまとめた後亡くなった。

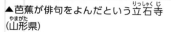

▲芭蕉が俳句をよんだという立石寺（山形県）

『奥の細道』の旅

芭蕉が旅の途中でよんだ俳諧（俳句）を収めた紀行文

① 行く春や　鳥なき魚の　目はなみだ

② 田一枚　植えて立ち去る　柳かな

③ 夏草や　兵どもが　夢の跡

④ 閑さや　岩にしみ入る　蝉の声

⑤ 五月雨を　あつめて早し　最上川

⑥ 荒海や　佐渡によこたふ　天河

⑦ 蛤の　ふたみに別れ　行く秋ぞ

平泉
山形
山寺
出雲崎
那須
江戸
大垣

←『奥の細道』で芭蕉が歩いた道

こぼれ話　松尾芭蕉は実は忍者だった!?

　松尾芭蕉の出生地・伊賀（現在の三重県）は忍者の里として有名。また，『奥の細道』の旅で，50歳近くの芭蕉が，1日に50kmを徒歩で歩く日もみられることから，芭蕉は忍者だったのでは，と考える人もいるんだ。
※諸説あります。

205

クローズアップ　文化‼
元禄文化（げんろく）

芸能　人形浄瑠璃（にんぎょうじょうるり）

浄瑠璃（三味線で伴奏する語り物）に合わせて人形を動かして芝居を演じる。現在も上演されている。

『曽根崎心中』（そねざきしんじゅう）の脚本（きゃくほん）が人気を集めたのじゃ。

近松門左衛門（ちかまつもんざえもん）

文学　浮世草子（うきよぞうし）（井原西鶴など）

町人の生活をテーマにした，絵入りの小説が書かれた。『日本永代蔵』（にっぽんえいたいぐら）（井原西鶴）などがある。

井原西鶴（いはらさいかく）

文学　俳諧（俳句）（はいかい・はいく）（松尾芭蕉など）

五・七・五の中に，季語（きご）を入れた短い詩。松尾芭蕉が確立（かくりつ）させた。『奥の細道』（おくのほそみち）が有名。

松尾芭蕉（まつおばしょう）

絵画 『風神雷神図屏風』
（俵屋宗達）

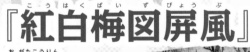

はなやかで，きらびやか！

絵画 『紅白梅図屏風』
（尾形光琳）

浮世絵
菱川師宣が，女性や役者，都市の風俗を題材にした浮世絵の版画を始めた。

菱川師宣

絵画 『見返り美人図』
（菱川師宣）

化政文化のころに大流行することになるぞ。

207

杉田玄白 （医者）

生没 1733年〜1817年
出身地 若狭（現在の福井県）
江戸時代中ごろの医者。『解体新書』を出版し、日本の医学を大きく進歩させた。

日本の医学を発展させた『解体新書』

　若いころから医者として活躍していた玄白は、1771年に江戸の刑場で死体の解剖を見ておどろいた。オランダ語の医学書『ターヘル・アナトミア』にのっていた解剖の図がとても正確だったからだ。玄白は「人体の構造を正確に知らない日本の医者に、この知識を何とか伝えたい！」と思い立った。そこで、この医学書を前野良沢らと日本語に訳し、『解体新書』として出版した。その後、玄白は西洋医学の塾を開き、多くの弟子を育てあげた。

前野良沢 （学者）

生没 1723年〜1803年
出身地 豊前（現在の大分県）
江戸時代中ごろの蘭学者。『解体新書』を訳した。

蘭学の研究に一生をささげた学者

　江戸の刑場で死体の解剖を見た良沢は、オランダの医学書『ターヘル・アナトミア』の正確さにおどろき、この本を日本語に訳すことを決意する。杉田玄白らとともに、苦労を重ねて3年5か月かけて『解体新書』をつくった。しかし、「この本の訳は、まだまだ不十分だ。著者として私の名前をのせることはできない」と名前をのせることを断った。この後、良沢は蘭学（オランダ語で書かれたヨーロッパの学問）の研究にはげみ、オランダ語の知識は日本一といわれるほどになった。

本居宣長 学者

昔の日本人の心を知りたい！

　宣長は，儒教や仏教が伝わる前の日本の様子や日本人のものの考え方に興味をもった。そこで，平安時代に書かれた書物『源氏物語』や『古今和歌集』の研究を行った。とくに，奈良時代に書かれた『古事記』に注目し，研究した結果を44巻もの長編にまとめた『古事記伝』は有名だ。このように宣長が行った，昔の日本人の考え方を研究する学問を国学といい，宣長は国学を完成させた人物であるといえる。

生没 1730年〜1801年
出身地 伊勢（現在の三重県）
昔の日本と日本人の研究を進めた江戸時代の国学者。

伊能忠敬 学者

51歳からの学者デビュー！

　商売をしていた忠敬は，50歳で店を子供にゆずり，翌年江戸に出て測量（土地の広さなどを測ること）の勉強を始めた。そして56歳のときに実際に蝦夷地（現在の北海道）に出かけて測量を行った。このころは，まだ長さを測るための正確な道具は無かったため，忠敬は同じ歩幅で歩くことで距離を調べた。完成した蝦夷地の地図を見た江戸幕府は，その正確さにおどろき，忠敬に日本全国の地図をつくるように命じる。忠敬は，死ぬまで全国を測り歩いた。死後3年たって弟子たちの手により，日本全国の地図が完成した。

生没 1745年〜1818年
出身地 下総（現在の千葉県）
江戸時代に全国を自分で歩いて，非常に正確な日本地図をつくった学者。

伊能忠敬の 日本地図 づくりの 旅

幕府から，日本地図をつくるよう命じられたぞ！天文学や測量の知識を活用して，正確な日本地図をつくるのじゃ！

17年間，10回に及ぶ測量

❶ 東北・北海道南部

❸ 東北西部

❷ 関東・東北東部

❺ 畿内・中国

❼❽ 九州

❻ 四国

❹ 東海・北陸
❾ 伊豆七島

❿ 江戸府内

測量に使われた道具

半円方位盤

遠い山などの角度を計測するために用いられた。

わんからしん

方位を測るために用いる測量器具。

中象限儀

天体の高度を測り，緯度を測定するための道具。

主な測量の仕方

❶ 海岸線を歩く

目印と目印の間を何歩で歩いたかを数えておくのじゃ。わしの歩幅は69㎝じゃった。

よし次！

カキ

カキ

❷ 距離を計算する

歩数と歩幅をかけあわせて距離を計算するぞ。計算した後は，今来た方角を調べるのじゃ。

❸ 天体観測をする

星の位置を調べて，自分の位置を確認するのじゃ！

❶〜❸を何度もくりかえすのじゃ。

それまでの地図

伊能忠敬の地図

『大日本沿海輿地全図』

現在の地図

栃木県
群馬県
茨城県
埼玉県
東京都
千葉県
神奈川県

現在と変わらない正確さ！

211

数々の発明をして
日本のダ・ビンチといわれる天才

平賀源内 （発明家）

生没 1728年～1779年

出身地 讃岐（現在の香川県）

江戸時代の発明家。絵画や小説，植物学などの分野でも活躍した。

好奇心旺盛なアイデアマン

源内は武士の家に生まれたが，子供のころから植物や鉱物に興味をもっていた。その後，「広い世界を知りたい！」と願い，長崎で学ぶ。持ち前の好奇心で西洋の学問をどんどん吸収していっ

た。その後江戸に移って学問にはげみ，量程器（現在の万歩計）や磁針器（現在の羅針盤）などを発明する。また，薬草などを集めて薬品会（現在の博覧会）を開催した。

マルチな才能

才能豊かな源内は，その後もエレキテル（まさつで電気を起こす機械）の復元に成功した。西洋画をえがき，その技法を有能な画家らに教える。浮世

絵にも興味をもち，錦絵（多色刷りの版画）づくりもアドバイス。小説も書いた。しかし，最後は殺人の罪でとらえられ，牢屋の中で亡くなった。

こぼれ話 「土用の丑の日」の産みの親

「夏はウナギが売れないんだよ」。友だちのウナギ屋が源内に相談した。すると源内は，一枚の紙に「本日土用の丑の日」と書き付けた。この紙をはると店の前には長蛇の列。周りの店もそのまねをし，「土用の丑の日」にはウナギを食べる風習が定着していった。

大黒屋光太夫 船乗り

ロシアを見た日本人

　1782年，伊勢から江戸へ荷物を運んでいた光太夫は台風にあい，8か月後ロシアのアリューシャン列島に流れ着いた。どうにかして日本へ帰ろうとした光太夫はキリル・ラクスマンの助けで，ロシアの皇帝エカテリーナ2世に会い，帰国の許しを得た。1792年にキリル・ラクスマンの息子であるアダム・ラクスマンとともに，ロシアの船で北海道の根室に着き，やっと帰国できた。その後，幕府の見張りを受けながらの暮らしを続け，ロシアの様子を伝えた。

生没 1751年〜1828年
出身地 伊勢（現在の三重県）
江戸時代の船乗り。流れ着いたロシアから長い年月をかけて帰国した。

ラクスマン 軍人

日本とのつき合いを望んだロシア人

　1792年，アダム・ラクスマンは，北海道の根室にやってきた。ロシアに流れ着いた大黒屋光太夫ら3人の日本人を引きわたすためである。ラクスマンはロシア皇帝から，「光太夫らを引きわたすついでに，ロシアと日本が貿易をできるようにしてほしい」とたのまれていた。江戸幕府からは長崎港に入港してよいという許可はもらったが，貿易をしたいという申し入れは，鎖国を理由に断られてしまった。そのため，ラクスマンは望みを果たせず，がっかりしてロシアに帰った。

生没 1766年〜？年
出身地 ロシア
大黒屋光太夫らを日本に送り届けたロシアの軍人。

213

間宮林蔵 探検家

樺太が島であることを発見

　農民の子に生まれたが，利根川の改修工事に参加したとき，その働きぶりが幕府の目にとまり，役人となる。その後，伊能忠敬と出会い測量術を学ぶ。1803年に西蝦夷地（現在の北海道）の面積や距離などを調査した。1808年にサハリン（樺太）を調査し，翌年には，サハリンが島であることを確認する。このときに発見した海峡は間宮海峡と名付けられ，地図と歴史にその名前を残すこととなった。

生没 1775年〜1844年
出身地 常陸（現在の茨城県）
江戸時代に，北海道のさらに北にあるサハリン（樺太）を探検した。

シーボルト 医者

日本地図を持ち出して処罰

　大学で医学などを学び，1823年，オランダの会社の医師として長崎の出島に来航した。その後江戸幕府の許可を得て，長崎で鳴滝塾を開き，蘭学をはじめ，さまざまな学問を教える。1828年にいったん帰国しようとしたとき，伊能忠敬が作成した日本地図を持ち出そうとしたことが幕府に見つかり，国外追放となった。帰国後は，日本関係の本の出版に力を入れ，著書『NIPPON』で日本の様子をヨーロッパに紹介した。

生没 1796年〜1866年
出身地 ドイツ
長崎で，日本人に蘭学（オランダ語で書かれたヨーロッパの学問）を教えた。

苦学の末，多くの農村の
たてなおしに力をつくした

二宮尊徳 （農政家）

生没 1787年〜1856年
出身地 相模（現在の神奈川県）
農民に倹約と勤労をすすめ，荒れた農村をいくつも復興した農業指導者。

働きながら勉学にはげむ

　農民の子として生まれ，小さいころは金次郎とよばれた。早くに両親を亡くし，おじの仕事を手伝いながら勉強にはげんだ。菜種を育てて売ったお金で油を買い，夜に明かりをともしてまで勉学にいそしんだといわれている。

荒れた農村の救世主

　勉強にはげみ多くの知識を身につけた尊徳は，その能力をかわれて下野（現在の栃木県）によばれ，農村のたてなおしを任される。尊徳は，下野の農民に農業の上手なやり方を指導することで，たてなおしに成功した。

　その後も尊徳は，各地の農村に招かれ，農民に倹約することや，早起きしよく働くことを教え，多くの荒れた農村を救った。

こぼれ話　二宮金次郎像

　尊徳を手本にし，子供たちにしっかり勉強してほしいという願いから，まきをかついで本を読んでいる姿の金次郎の銅像が，昭和時代に多くの小学校に建てられた。しかし，最近では数が減ってきている。

緒方洪庵 _{医者}
おがたこうあん

医学と蘭学で人を助ける

　病気に苦しむ人を助けようと，洪庵は大阪，江戸，長崎で医学と蘭学を学んだ。29歳のころ，大阪に適塾という，蘭学を学ぶ塾を開く。蘭学を学ぶことで，人々に広い世界を知ってほしいという思いからである。この塾には全国から多くの優れた人々が集まってきた。その中から，明治時代に活躍する福沢諭吉や大村益次郎なども育っていった。さらに洪庵は，高い熱が出て死ぬことも多い天然痘の予防法を全国に広めることにも力を注いだ。

生没 1810年〜1863年
出身地 備中（現在の岡山県）
江戸時代の終わりごろ，大阪で蘭学(オランダ語で書かれたヨーロッパの学問)を教えた医者。

十返舎一九 _{作家}
じっぺんしゃいっく

楽しさいっぱい『東海道中膝栗毛』

　一九は若いころは役所に勤めていたが，やがて浄瑠璃や小説などを書くようになった。1802年に書いた物語（こっけい本）『東海道中膝栗毛』が，人々の心をとらえて大ヒットする。21年間も続くシリーズとなった。弥次郎兵衛と喜多八の旅をユーモアたっぷりにえがいたこの作品で，一九はそのころの人々の生活を生き生きとえがいた。このほかにも人々を楽しませようと，工夫をこらした本をたくさん書き続けた。一九は作品執筆による収入だけで生活した，日本初の作家といわれる。

生没 1765年〜1831年
出身地 駿河（現在の静岡県）
江戸時代の終わりごろ，人々に人気のあったこっけい本の作者。

小林一茶 歌人

一人ぼっちのさびしさをこえて

　一茶は, 小さなころに母を亡くし, 血のつながっていない母からは冷たくされる少年時代を送った。大人になり結婚したあとも, 妻と子供が先に亡くなるなど, 人生のさびしさも経験した。そのためか, 一茶がよんだ歌は, 「やせがへる　負けるな一茶　ここにあり」「我と来て　遊べや親の　ないすずめ」など, 弱い者への愛情あふれたものが多くなっている。一茶が亡くなったあと, 一茶の歌をまとめた『おらが春』という本がつくられた。

生没 1763 年〜 1827 年
出身地 信濃（現在の長野県）
江戸時代を代表する歌人。つらい体験をもとに, 人間味あふれる俳句を残した。

滝沢馬琴 作家

全 106 冊の物語が完成！

　馬琴は武士の家に生まれたが, 作家となる。子供から大人まで, さまざまな年代の人を対象とした物語を書いた。なかでも, 48 歳のときから書き始めた『南総里見八犬伝』は, 8 人の青年たちが主君の危機を救うためにがんばる物語で, 多くの読者の感動を集め, 大ヒットした。全部で106 冊という大長編物語だったが, 馬琴は執筆の途中で目が見えなくなってしまう。それでもあきらめず, 物語を息子の妻に話し, 代わりに書いてもらう形で話を完成させた。

生没 1767 年〜 1848 年
出身地 武蔵（現在の東京都）
江戸時代の人気作家。子供から大人まで, だれでも読める物語をたくさん書いた。

葛飾北斎 画家

富士山えがいて大人気

　浮世絵という，木をほって刷る版画を始めた北斎は，風景画が得意だったが，ほかにも人物画や本のさし絵など，いろいろなものをえがいた。北斎がえがいた風景画のなかでも『富嶽三十六景』は，富士山が必ずふくまれている絵画集である。北斎はこの作品で，荒れた海の向こうに見える小さな富士山から，太陽の光を浴びて赤くなっている富士山までさまざまなものをえがき，大人気となった。75歳になっても，もっと絵がうまくなりたいというほど絵が好きだった。

生没	1760年〜1849年
出身地	武蔵（現在の東京都）

浮世絵で風景画『富嶽三十六景』をえがいたことで知られる，江戸時代の浮世絵師。

歌川広重 画家
（安藤広重）

浮世絵で旅行ブームを生み出した

　広重は，江戸（現在の東京都）の町で火消しの役人をしていた。幼いころから絵をかくのが好きだったことから，その後役人をやめ，浮世絵師となる。広重がいたころの浮世絵は，歌舞伎の役者など人物をえがいたものが多かったが，広重は旅に出て，風景の浮世絵をえがいた。『東海道五十三次』には，広重が旅した江戸から西へ向かう東海道という道沿いの風景がえがかれている。人々はこの作品にえがかれた美しい景色に感動し，実際に旅に出る人が増えるという旅行ブームまで巻き起こすほどの人気だった。

生没	1797年〜1858年
出身地	武蔵（現在の東京都）

浮世絵で風景画『東海道五十三次』をえがいたことで知られる，江戸時代の浮世絵師。

喜多川歌麿 画家

大首絵の美人画で一躍有名に

　歌麿は，女性の上半身や顔を画面いっぱいにえがく大首絵という手法を用いて，美人画を次々に発表した。これは，女性のしぐさや表情を，生き生きと動きのあるものとしてえがくものであった。とくに，江戸で美人として有名な女性をモデルにえがき，大評判となる。

　しかし，豊臣秀吉の花見をえがいた絵が江戸幕府のいかりを買い，処罰された。そのショックは大きかったとされ，また仕事がとても忙しかったことなどから，処罰された2年後に世を去った。

生没 1753年？～1806年
出身地 ？
江戸時代の浮世絵師。大首絵という手法を使い，女性の美しさを表現した。

東洲斎写楽 画家

役者大首絵を多数残した
なぞのイラストレーター

　1794年，写楽は人気歌舞伎役者を大胆な構図でえがいた大首絵を発表。その後，わずか10か月の間に，140点ほどの役者絵と相撲絵を残して，こつぜんと消えてしまった。

　画風は独特のユーモアに富む。するどい観察力のもと，役者や力士の一瞬のしぐさが生き生きと個性的にえがかれている。

　写楽の絵は当時は人気が出なかったが，明治時代末に海外で高く評価された。

生没 18世紀？
出身地 ？
江戸時代の浮世絵師。10か月の間に140点あまりの作品を残し，姿を消した。

219

化政文化（かせい）

絵画
役者絵（やくしゃえ）
（東洲斎写楽）（とうしゅうさいしゃらく）

浮世絵が大流行！（うきよえ・だいりゅうこう）
錦絵（にしきえ）という多色刷りの版画（はんが）が流行し，役者絵や美人画などさまざまな浮世絵がえがかれた。

絵画
『富嶽三十六景』（ふがくさんじゅうろっけい）
（葛飾北斎）（かつしかほくさい）

版画の制作過程（はんが・せいさくかてい）

❶ 下絵をかく（したえ）

❷ 版木をほる（はんぎ）

❸ 複数の版木を使って（ふくすう）
すり重ねる

文学
『東海道中膝栗毛』
（十返舎一九）
弥次郎兵衛と喜多八の2人が東海道の旅行をする話。

 文学
『南総里見八犬伝』
（滝沢馬琴）
「犬」の字を含む名字をもつ8人の青年を中心とした長編冒険小説。

芸能 歌舞伎

坂田藤十郎や市川団十郎が大人気。

絵画
『東海道五十三次』
（歌川広重（安藤広重））

絵画 美人画
（喜多川歌麿）

スペインがほこる無敵艦隊を破り，
イギリスの繁栄を築いた

エリザベス 一世 女王

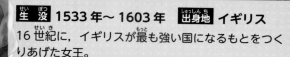

生没 1533年〜1603年　**出身地** イギリス

16世紀に，イギリスが最も強い国になるもとをつくりあげた女王。

宗教の対立を解決する

　イギリスではキリスト教を信じる人々のなかで，信仰について考え方が異なる人々の対立が続いていた。エリザベス一世はイギリス独自の宗教を決め，反対する人々をおさえつけることで，この争いを収めることに成功した。

世界一強い国をめざして

　エリザベス一世は，貿易を盛んにして豊かな国をめざした。1588年，当時世界最強といわれていた，スペインの無敵艦隊をたおし，イギリスの船が自由に航海できるようにした。この後，イギリスはアメリカ大陸やアジアへ進出して植民地を増やし，世界のなかで最も強い国になっていった。

▲スペインの無敵艦隊をたおすイギリス

　このように，イギリスを世界のなかでも最も強い国にしたエリザベス一世だが，死ぬまで独身であった。あるとき，なぜ結婚しないのかと質問され，彼女はこう答えた。「私はイギリスと結婚しています」。彼女はそれほどまでに，イギリスという国を愛していたのだ。

王妃 マリー・アントワネット

生没 1755 年～ 1793 年

出身地 オーストリア

フランス国王ルイ 16 世の王妃。派手な生活が国民の反感を買い，フランス革命で処刑された。

14 歳で結婚し，フランスへ

アントワネットは，オーストリアの女帝の娘として生まれた。

14 歳でフランスの皇太子（のちのフランス国王ルイ 16 世）と結婚。当時，オーストリアでは戦争が続いていたため，強いフランスを味方につけようとして，この結婚は決められたのだ。

肌の色が白く，美しいアントワネットは，結婚当時はフランス国民から大歓迎された。しかし，はなやかなダンスパーティに出かけたり，高価な宝石やドレスを買ったりと，しだいにぜいたくな生活をするようになった。

国民にきらわれ，革命で処刑される

そのころ，フランスの多くの人たちは，貧しく，うえに苦しんでいた。そのため，王などに対する国民の不満が高まり，アントワネットも「赤字夫人」とよばれて国民や貴族からきらわれるようになった。

1789 年，ついに国民のいかりが爆発し，王による政治を終わらせようと武器を手に立ち上がった（フランス革命）。アントワネットは，ルイ 16 世とともに国外脱出を図ったが失敗し，とらえられて処刑された。

◀フランス革命の様子

223

ようこそ ベルサイユ宮殿へ
_{きゅうでん}

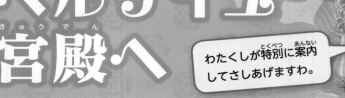

わたくしが特別に案内_{とくべつ あんない}してさしあげますわ。

🌹 外からの様子

敷地全体の広さは，東京ドーム 200 個以上もあるのよ。_{しきち とうきょう こ いじょう}

特別な儀式などに用いられた回廊_{ぎしき かいろう}よ。豪華でしょう？_{ごうか}

🌹 庭園

🌹 鏡の間
_{かがみ}

美しい庭園には，四季折々の花が咲_{うつく ていえん しきおりおり さ}いているわ。

🌹 住んでいた人物

ルイ 16 世＆ マリー・アントワネット

太陽王とよばれたフランスの王様。ベルサイユ宮殿をつくり始めた。_{たいようおう はじ}

ルイ 14 世

フランスの王様＆王妃。フランス革命の際に処刑された。_{おう ひ かくめい さい しょ けい}

ダメな政府には反対しよう！

ロック 思想家

生没	1632年〜1704年
出身地	**イギリス**

抵抗権など，のちの民主主義による政治の基本となる考え方を示した。

人と政府との関係を考える

　ロックが活躍する前は，ホッブズの次のような考えが広まっていた。「人間には生命や自由，財産を守る権利がある。しかし，人間は自然のままの状態だと，いつも争いが起こる。だから，政府をつくり，自分たちの権利を政府にゆずり，政府の命令に従わなければならない」というものである。

　ロックもホッブズと同じように，「人間には生命や自由，財産を守る権利がある」と考えた。しかし，ロックはこの権利を守るために国があるのだと考え，「一人ひとりが自分の権利を政府に預ける代わりに，国家は権利を守るという約束を一人ひとりとしなければならない」と人々にうったえた。

アメリカ独立にも影響

　さらにロックは，「国家がこの約束を守らないときは，人々は新しい政府を選びなおす権利（抵抗権）をもっている」と主張した。この考え方はアメリカの独立にも大きな影響をあたえた。

225

日本の政治にも取り入れられている
三権分立論を唱えた思想家

モンテスキュー

思想家

| 生没 | 1689年〜1755年 | 出身地 | フランス |

『法の精神』の著者。国の権力を立法・行政・司法の3つに分ける三権分立論を唱えた。

法律の勉強に没頭

モンテスキューは，南フランスの城に住む貴族の家に生まれる。7歳のとき母が亡くなり，その遺産をついで安定した生活を送った。大学では法律を学び，卒業後も熱心に勉強を続けていたが，父が亡くなると故郷にもどる。やがてボルドー高等法院というフランスの裁判所で勤めはじめ，その後，副院長になった。

『法の精神』で三権分立を唱える

モンテスキューは『法の精神』という著書で，国家の権力が国王など一人ににぎられるのを防ぎ，人権を守るためのしくみとして，三権分立論を唱えた。これは，国の権力を立法・行政・司法の三権に分け，たがいにバランスを保つというしくみである。この考え方は，日本をはじめ，現代の民主主義国家の政治の基本ともなっている。

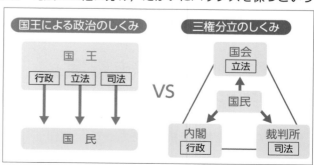

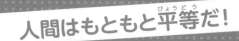

ルソー 思想家

生没 1712 年～ 1778 年
出身地 スイス

『社会契約論』を書き，すべての人々が平等に政治に参加するしくみを唱えた。

家出，そして運命の出会い

生まれてすぐに母を亡くしたルソーは，父に育てられる。しかし，父はやがてルソーを置いて家を出ていってしまった。その後ルソーはおじに引き取られるが，労働にこき使われることにたえられず，16 歳のときにおじの家を飛び出してしまう。

そんな孤独になったルソーに運命の出会いが訪れる。貴族のヴァラン夫人である。ヴァラン夫人に養われるようになったルソーは，哲学や音楽，文学などはば広く勉強させてもらった。のちにルソーが自分の人生をふり返って書いた本によれば，このころが人生で最も幸せな時期だったようだ。

『社会契約論』を発表

勉強を続けたルソーは，自由や平等についての自分自身の考えを文章で発表するようになる。

なかでも『社会契約論』は代表的な書物である。ルソーはこの本で，王や貴族が人々を厳しく支配する政治のしくみを強く批判した。さらに，すべての人が平等に，力を合わせて政治をする社会が理想であると主張した。ルソーの考えは多くの人に影響をあたえたが，王室や教会など身分の高い人たちからは強い反発を受けた。

227

ヨーロッパの市民革命

ヨーロッパでは，市民の権利を主張する人が増えてきました。その背景をみてみましょう。

モンテスキュー

16世紀ごろ

16 ～ 18 世紀ごろのヨーロッパでは，国王や貴族が絶対的な権力をにぎっていた。国王は，市民に重い税金をかけ，貴族とともにはなやかな生活をしていた。

17 ～ 18 世紀

市民革命

人々に自由で平等な権利を！

議会を設けて，市民が直接政治を行う共和政の考えが広がった。また，古い制度を打破し，人々の自由で平等な権利を主張する啓蒙思想家も登場するようになった。

議会（人々）

民主主義の広がり

西洋思想家たちの 主張

解説しよう

かつて西洋では，キリスト教を中心とするスピリチュアル（精神的）な思想があたりまえだった。その後，科学の発展とともに，世の中を解き明かそうとする考え方が広がったのだ！それぞれの主張をみていこう。

ルソー
人は生まれながらにして自由で平等だ。

パスカル
人間は考える葦である。無力だけど考えることが偉大なのだ。

ロック

カント
人間の理性が及ぶ範囲を検討するべきだ。

ベーコン
たくさんの事実から一般的な法則を考えてみよう。論理的にね。

キルケゴール
人間は絶望をきっかけに神と向き合い，真実の自分となる。

ニーチェ
神は死んだのだ。だから我々は「超人」であるべきだ。

デカルト
「我思う，ゆえに我あり」（いろんなものを疑っても，疑っている私の存在だけは疑えないよね。）

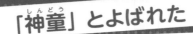

「神童」とよばれた
天才作曲家

モーツァルト

生没 1756年〜1791年
出身地 オーストリア

『魔笛』『フィガロの結婚』など多くの作品を残した。18世紀のヨーロッパを代表する音楽家。

子供のころから天才ぶりを発揮

「すばらしい！」「小さな天才音楽家ね！」ヨーロッパ各国の王族や貴族らがモーツァルトの演奏に感動した。モーツァルトの音楽の才能は並外れていたのだ。5歳のときにはすでに作曲を始め，子供のころから音楽家の父とパリ，ロンドン，イタリアなどに演奏旅行へ出かける日々を過ごした。

波乱万丈な音楽人生

25歳のころ，母を亡くしたり，オーストリアのウィーンで楽団をクビになったりするなど，さまざまな苦難がふりかかる。「なぁに大丈夫さ！ぼくには音楽の才能がある！」明るい性格のモーツァルトはやがてたちなおる。その後はウィーンで，演奏会や作曲，ピアノのレッスンなどで生計をたてるようになった。また，下宿屋の娘と結婚して6人の子供を授かった。

しかし，このころからギャンブルにのめりこみ，あちこちに借金を申しこむようなる。その後『レクイエム』という曲を作曲中に，35歳の若さで病気で亡くなった。歌劇『魔笛』や『フィガロの結婚』など生涯で600曲以上を作曲した天才であった。

耳が聞こえなくても，いつも心に音楽を

ベートーベン <音楽家>

生没	1770年～1827年
出身地	ドイツ

『運命』『英雄』『第九』など，現在の日本でも演奏される楽曲を多くつくった。

耳が聞こえなくなる不安

ベートーベンは，天才音楽家とよばれたモーツァルトと並んで人気があった。ある日，耳鳴りを感じて，不安を覚えた。何となく，耳が聞こえづらい気がしたからである。「音楽家として生きていくのに，耳が聞こえなくなるのは致命的だ」。そう思いながらもベートーベンは，夢中で作曲を続けた。しかし，ついに何も聞こえなくなってしまう。

心には自然の美しい音が聞こえる

耳が聞こえなくなったベートーベンは絶望し，死のうと考えた。別れの手紙を書いている途中で，ベートーベンはねむってしまう。朝，目を覚ましたベートーベンが見たものは，美しくかがやく朝日に照らされる風景だった。「なんて美しい！」とその風景に感動したベートーベンは，耳が聞こえなくてもこの感動を曲にすることはできると思い，生きることを決意する。そして，今までの苦しみをあらわした『運命』，生きる喜びを歌った『第九（交響曲第九番）』などの名曲を次々と生み出した。

231

西洋の音楽室

J．S．バッハ
（1685-1750・ドイツ）

〈代表曲〉
- G線上のアリア
- トッカータとフーガ
- アヴェ・マリア

ベートーベン
（1770-1827・ドイツ）

〈代表曲〉
- 運命
- エリーゼのために
- 交響曲第九番

モーツァルト
（1756-1791・オーストリア）

〈代表曲〉
- ジュピター
- トルコ行進曲
- ソナタ

〈代表曲〉
- エチュード
- ノクターン
- 子犬のワルツ

ショパン
（1810-1849・ポーランド）

〈代表曲〉
- 魔王（まおう）
- セレナーデ
- 野ばら

シューベルト
（1797-1828・オーストリア）

チャイコフスキー
（1840-1893・ロシア）

〈代表曲〉
- くるみ割（わ）り人形
- 白鳥（はくちょう）の湖（みずうみ）

かつら大流行（だいりゅうこう）♪

西洋のヘアスタイル事情（じじょう）

西洋の音楽家には，髪（かみ）の毛がくるくるした人が多いけど，実はこれらはすべてかつらだったんだ！当時，ヨーロッパの貴族（きぞく）の間でかつらが大流行していたんだ。

ピューリタン革命を指導し，
イギリス国王を処刑した

クロムウェル 政治家

生没	1599 年～ 1658 年
出身地	イギリス

イギリスの軍人・政治家。国民の政治参加を
実現させたが，最後は独裁的な政治を行った。

国王の独裁政治に反抗

　日本で江戸時代が始まったころのイギリスでは，
国王チャールズ１世が議会を無視した自分勝手な政
治を行っていた。やがて，国王が率いるキリスト教
の一派・イギリス国教会と，ピューリタン（清教
徒）とよばれる人々の間で対立が深まっていく。ク
ロムウェルもピューリタンの一人として，イギリス
議会で国王を激しく批判した。

▲クロムウェルの率いた鉄騎隊の兵士

　その後，イギリス議会側の軍と国王軍との間で戦争が始まった。クロムウェル
はピューリタンからなる鉄騎隊を組織し，議会側のリーダーとして国王軍を破っ
た（ピューリタン革命）。

クロムウェルも最後は独裁政治に

　ピューリタン革命を成功させたクロ
ムウェルは，1649 年，国王チャール
ズ１世を「市民の敵」として処刑し
てしまう。議会を中心とし多数の人々
によって政治を行う，共和政という政
治を実現させた。

　しかし，クロムウェルも強大な権力
のもと独断で政治を行ったため，「前
の国王と同じことをやっているじゃな
いか！」と市民の反発を招く。結局，
クロムウェルの死後２年ほどで王によ
る政治が復活した。

私の辞書に不可能の文字はない！

ナポレオン（皇帝）

生没	1769年〜1821年
出身地	フランス

フランスの皇帝となり，ヨーロッパ全土を手に入れようとしたが，失敗した。

フランス国民のヒーローに！

ナポレオンが生まれたころのフランスには身分制度があり，ナポレオンは学校で身分の高い貴族からいつもひどいあつかいを受けていた。学校を卒業して軍隊に入った4年後，一般市民が貴族たちを攻撃する事件（フランス革命）が起こる。ナポレオンは「ここで活躍すれば，フランスの人気者になれるぞ」と思い，一般市民に味方して戦った。

フランス革命後，国内で続く反乱を収め，さらに周辺の国との戦いに勝利し続ける。やがて，ナポレオンはフランス国民の支持を集め，政治の実権をにぎった。

フランス皇帝になるも，没落

ついにフランス皇帝になったナポレオンは，もっとフランス国民に喜んでもらおうと，周辺の国々を攻め，フランスの領土を広げた。しかし，周辺の国々がナポレオンと死にものぐるいで戦うようになった結果，ナポレオンは苦戦するようになる。

あらゆる戦いに敗北したナポレオンは，皇帝をやめさせられ，遠くの島に閉じこめられてしまう。最終的にすべての政治権力を失い，フランスの領土ももとどおりになってしまった。

大西洋／ノルウェーおよびデンマーク王国／プロイセン王国／フランス帝国／ライン連邦／トリア帝国アス／イタリア王国／スペイン王国／スイス／黒海／地中海

ナポレオンの支配した諸国
ナポレオンの同盟諸国
独立諸国
フランスの領土

▲ナポレオンの支配地域

ワット <small>発明家</small>

力強く動く蒸気機関を開発

　ワットはわくわくしていた。勤め先のイギリスの大学で見た蒸気機関のことを考えていたのだ。ワットは子供のころから手先が器用だった。大学に機械の技師として採用されたワットは，修理を任された蒸気機関にあれこれ改良を重ね，実用化にこぎつけた。ワットが改良した蒸気機関は，人や馬に代わって工場の機械を動かし，機関車や自動車などに使われるようになった。ワットの開発の成果は世界じゅうに広まり，工業や交通手段を大きく発展させた。

生没 1736年〜1819年
出身地 イギリス
蒸気機関を改良し，人や馬に代わる動力としての蒸気機関をつくった発明家。

ビスマルク <small>政治家</small>

鉄血宰相とよばれたパワフルな政治家

　「がたがた言ってるんじゃない！問題を解決するのは，議論や多数決ではなく，鉄（武器）と血（兵力）だけなんだ！」ビスマルクは軍備の拡大に反対する議会にこう言い放った。ばらばらに分裂していたドイツの統一を任されたビスマルクは，外国と戦い，領土を獲得していくことで国をまとめていこうとしたのだ。ビスマルクは，オーストリアやフランスと戦って勝利し，ドイツ帝国をつくりあげた。その後，約20年間，ドイツ帝国の首相として政治の世界で活躍した。

生没 1815年〜1898年
出身地 ドイツ
19世紀にドイツを統一し，ドイツ帝国を建国した。

自由と正義の国, アメリカを独立させる!

ワシントン 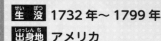政治家

生没 1732年～1799年
出身地 アメリカ

独立戦争を指導し, アメリカ建国に力をつくした初代アメリカ大統領。

植民地はもういやだ!

ワシントンはいらいらしていた。苦労して大農場を経営しているのに, 売り上げから税金を多く取られるからである。しかも, ワシントンが住んでいるアメリカはイギリスの植民地なので, 税金の金額はイギリスに一方的に決められてしまうのである。アメリカの議会の議員になったワシントンは, イギリスがどうやっても税金を下げてくれないことなどから, 「アメリカはイギリスから独立しなければ!」と考えるようになった。その後, イギリスとアメリカとの間で戦争が起こると, ワシントンはアメリカ軍を指揮して, 戦いに勝利した。

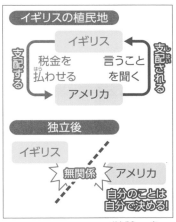

イギリスの植民地

イギリス

税金を払わせる ← → 言うことを聞く

アメリカ

支配する / 支配される

独立後

イギリス / アメリカ / 無関係

自分のことは自分で決める!

国王ではなく大統領に

イギリスから独立を果たしたアメリカの軍人たちは, ワシントンにアメリカ国王になってほしいとたのんだが, ワシントンはこれを断った。せっかく独立したのに王が税金をかければ, 独立前と何も変わらないと考えたからだ。必要なのは王ではなく, 投票によって選ばれる大統領だとして, 選挙を実施する。その結果, ワシントンは初代大統領となり, アメリカのために政治を行った。

「アメリカから奴隷をなくそう！」と
うったえた

リンカン 政治家

生没 1809 年 〜 1865 年
出身地 アメリカ
アメリカ合衆国 16 代大統領。奴隷解放宣言を出し，アメリカ南北戦争で北部を勝利に導いた。

政治家として活躍したあと，大統領に

リンカンは，荒れた土地が広がるアメリカ合衆国ケンタッキー州の開拓民（原野などを切り開いて農園や道路をつくる人々）の子として生まれた。父の仕事を手伝い，学校へ行くこともできなかったので，独学で勉強した。

25 歳でイリノイ州の議会議員になったあと，独学で法律を学び，政治家として活躍した。アフリカから多くの人々を連れてきて無理矢理厳しく働かせる奴隷制度に反対し，51 歳のとき，大統領選挙に出て当選した。

南北戦争で南部に勝利

このころのアメリカでは，つらい労働を奴隷にやらせるのがあたり前であった。奴隷制度に反対するリンカンが大統領に就任すると，奴隷制度が盛んな南部の人々がこれに反発する。南部の人々が合衆国から独立しようとしたことから，南北戦争が始まった。初めは南部の軍が優勢だったが，リン

▲南北戦争中に行った演説「人民の，人民による，人民のための政治」という言葉は，民主主義をわかりやすく説明したものだ。

カンは奴隷解放宣言を出し，「もう奴隷制度はやめましょう」とうったえた。その結果，奴隷制度に反対する人や南部の軍にいた奴隷がリンカンを支持するようになり，北部の軍を勝利に導いた。しかしリンカンは，その直後に暗殺された。

4 近現代
きんげんだい

ビッグな黒船で日本人をおどろかせた

ペリー 軍人

生没 1794年〜1858年

出身地 アメリカ

4せきの黒船を率いて日本に来航し，日本を開国させたアメリカの軍人。

黒船で日本に開国をせまる

「日本を開国させるぞ！」ペリーはやる気に満ちていた。1853年，巨大な軍艦（黒船）4せきを率いて浦賀（現在の神奈川県）に来航。開国を求めるアメリカ大統領の手紙を江戸幕府に渡し，1年後の回答を約束させた。

ふたたび来航，日米和親条約を結ばせる

翌年，ペリーは軍艦7せきを連れてふたたび来航した。ペリーの開国要求を断り切れなくなった日本は，アメリカと日米和親条約を結ぶ。日本は下田（現在の静岡県）と函館（現在の北海道）を開港し，アメリカ船へ燃料や食料を供給することなどを約束した。これによりペリーは，200年以上続いた日本の鎖国を終わらせたのである。

こぼれ話 今も残る「お台場」

ペリーの2度目の来航に備えて，幕府は江戸湾（現在の東京湾）に台場（砲台）をつくった。そこから実際に大砲を撃つことはなかったが，現在も台場が残っており，地名にもなっている。

▲台場公園（東京都）には，コンクリートで復元された砲台跡がある。

ペリーがやり残した

日本との貿易開始を実現

ハリス 外交官

生没 1804年〜1878年

出身地 アメリカ

江戸幕府に日米修好通商条約を結ばせた，アメリカの外交官。

強気な態度で日本にせまる

1856年，ハリスは日本との貿易を望むアメリカ大統領の手紙を持って，下田（現在の静岡県）にやってきた。しかし日本には，外国と貿易することには反対という考えをもつ者も多かった。ハリスは，「早くアメリカと貿易し，進んだ技術を取り入れて強い国にならないと，日本も中国のようにイギリスに攻められてしまうぞ」とおどかした。実は，このころの中国は日本と同じように鎖国をしていたのだが，1840年にイギリスに攻められたのだ。戦いは2年続いたが，中国が負け，領地をうばわれてしまっていた。

日本との貿易を実現

やっと江戸幕府の将軍に会って手紙を渡したハリスは，アメリカと貿易することがいかに日本のためになるかを，必死でうったえた。ハリスの言うことは幕府の大老（将軍の次に位の高い職）・井伊直弼の心を動かし，日本と貿易をする条約を結ぶことに成功する。江戸に移り住んだハリスの仕事ぶりはすばらしく，約6年の日本滞在中に幕府の信頼を勝ち取ったのだった。

高野長英 （学者）

外国船を追いはらうな！

　長英が医者・学者として活躍していたころ，アメリカからやってきたモリソン号という船を幕府が大砲を撃って追い返す事件が起こった。これを知った長英は，当時の日本より進んでいる外国を，武器を使って追い返すのは間違っていると考えて，江戸幕府を批判する本を書いた。この本が原因で長英は幕府につかまったが，やがて脱獄する。その後，名前を変えて活動していたが，幕府に見つかり自殺した。

生没　1804年〜1850年
出身地　陸奥（現在の岩手県）
鎖国を続ける江戸幕府を批判して，逮捕されるも逃亡した。

渡辺崋山 （学者）

開国したほうが日本のためでは？

　田原藩（現在の愛知県）に仕えていた崋山は，外国のことを知ろうと蘭学（オランダ語で書かれたヨーロッパの学問）を学んだ。そのころ，アメリカからやってきたモリソン号という船を，江戸幕府が大砲を撃って追い返すという事件が発生。崋山はこの幕府の対応を批判する本を書いたが，幕府を批判するのはよくないと考えて出版はしなかった。しかし，幕府が反対派をつかまえ出したときにこの本が見つかってしまい，崋山もとらえられた。つかまったことでほかの人に迷惑をかけられないと思った崋山は，自殺してしまった。

生没　1793年〜1841年
出身地　三河（現在の愛知県）
外国船を追いはらう江戸幕府を批判する本を執筆。画家としても活躍した。

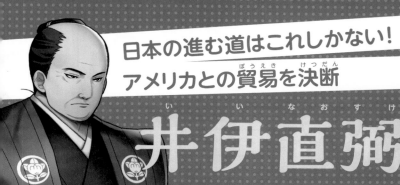

日本の進む道はこれしかない！
アメリカとの貿易を決断

井伊直弼 政治家

生没 1815年〜1860年
出身地 近江（現在の滋賀県）
日本の将来を考えてアメリカとの貿易開始を決め，反対する人々を処刑した江戸幕府の大老。

アメリカと貿易して，強い日本を

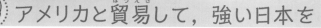

「このままでは，日本は外国に攻めこまれてしまう」と，直弼はあせっていた。幕府の力が弱くなり，世の中が乱れていたころに大老（政治の最高責任者）の地位についた直弼は，日本の将来を心配していた。「日本には外国と戦う力はない，貿易をして強い力をつけることが大切だ」。そう考えた直弼は，強引にアメリカと貿易をすることを決めた。

桜田門外で暗殺される

外国の強さを知らない人々は，直弼の考えに反対した。「日本人どうしが争ったら，日本を弱くするだけだ」と考えた直弼は，「一人も見逃すな！」と，反対する人々をつぎつぎと処刑。水戸藩（現在の茨城県）の藩主にも罰をあたえた。しかし，やり方が強引だったため，人々にうらまれ，いつか仕返しされるにちがいないとも思っていた。結局，直弼の予感は的中する。江戸城へ向かう途中，江戸城の入り口にある桜田門のそばで，水戸藩出身の武士たちによって暗殺されてしまった。

243

早急に対策を立てねばですな。

幕府

ど, どうしよう…!

井伊直弼（いいなおすけ）

江戸幕府くん（えどばくふくん）

黒船（くろふね）の

ペリー来航（らいこう）
(1853 年)

浦賀（現在の神奈川県）沖に，アメリカの軍艦4せきが現れた。アメリカは，鎖国中の日本に開国を求めてきた。

日本と外国との戦争は回避しなければ！

決断（けつだん）！

幕府

幕府

日米和親条約締結（にちべいわしんじょうやくていけつ）
(1854 年)

2港を開港

函館（はこだて）

下田（しもだ）

アメリカ船に，水や食料を提供するように！

来航

<ruby>来<rt>らい</rt></ruby><ruby>航<rt>こう</rt></ruby>

アメリカ大統<ruby>領<rt>だいとうりょう</rt></ruby>の<ruby>国書<rt>こくしょ</rt></ruby>を持ってきたよ！

開国なんてもってのほかだ！<ruby>朝廷<rt>ちょうてい</rt></ruby>の<ruby>許可<rt>きょか</rt></ruby>は出せぬ。

板ばさみ

幕府

当時の天皇
<ruby>孝明天皇<rt>こうめいてんのう</rt></ruby>

ペリー

開国をしないと，これより多くの<ruby>蒸気船<rt>じょうきせん</rt></ruby>で<ruby>押<rt>お</rt></ruby>しかけちゃうよ〜。

<ruby>日米修好通商条約締結<rt>にちべいしゅうこうつうしょうじょうやく</rt></ruby>（1858年）

ハリス

日本は次のことを守るように！

どろぼうめ！

日本じゃ<ruby>裁<rt>さば</rt></ruby>けないよ！

❶外国人が日本で<ruby>罪<rt>つみ</rt></ruby>を<ruby>犯<rt>おか</rt></ruby>しても，日本の<ruby>法律<rt>ほうりつ</rt></ruby>で<ruby>裁<rt>さば</rt></ruby>かれないこと。
❷<ruby>貿易品<rt>ぼうえきひん</rt></ruby>にかかる<ruby>税<rt>ぜい</rt></ruby>は，日本が勝手に決められないこと。

5港を開港

<ruby>函館<rt>はこだて</rt></ruby>

<ruby>新潟<rt>にいがた</rt></ruby>

<ruby>兵庫<rt>ひょうご</rt></ruby>
（<ruby>神戸<rt>こうべ</rt></ruby>）

<ruby>長崎<rt>ながさき</rt></ruby>

<ruby>神奈川<rt>かながわ</rt></ruby>
（<ruby>横浜<rt>よこはま</rt></ruby>）

開国

幕末をより楽しむための 薩長同盟までのあらすじ

尊王論

吉田松陰（よしだしょういん）

天皇こそが，国の最高権力者（さいこうけんりょくしゃ）なので，幕府（ばくふ）ではなく，朝廷（ちょうてい）に政治（せいじ）をまかせようとする考え。

本居宣長（もとおりのりなが）

国学（こくがく）の影響（えいきょう）も受けているんだ。

天皇

将軍 ガーン

武士（ぶし）

幕府はココ!!（ばくふ）

百姓（ひゃくしょう）・町人（ちょうにん）

攘夷論（じょういろん）

開国シナサイ

開国をきっかけに融合（ゆうごう）

開国せずに，外国人を追い払おう（おう）という考え。

日本のミナサーン 貿易（ぼうえき）シマショー♥

欧米（おうべい）

外国NG

孝明天皇（こうめいてんのう）

安政の大獄

幕府に対抗する者は打ち首じゃ

幕府の大老・井伊直弼は，開国に反対する大名や思想家を処罰した。

井伊直弼

弾圧

尊王攘夷運動

西郷隆盛

高杉晋作

尊王論と攘夷論が結びつき，薩摩藩や長州藩が運動の中心となった。

打倒！欧米

うてー！！

BOMB!!

攘夷を実行だ！

倒幕運動

仲が悪かった薩摩藩と長州藩は，坂本龍馬らの仲介によって手を組み，ともに幕府をたおそうと考えるようになった。

薩長同盟成立！

長州 がシッ 薩摩

幕府をたおし，新しい国づくりを

外国との技術の差が大きすぎ攘夷は不可能！

薩英戦争

ハハハハ WIN イギリス Lose... 強すぎ... 薩摩藩

四国艦隊下関砲撃事件

明治維新のリーダーは 私が育てた！

吉田松陰 （思想家）

生没	1830 年～ 1859 年
出身地	長門（現在の山口県）

松下村塾で，明治維新で活躍する多くの若者を育てた。

黒船との出会い

長門の萩に生まれた松陰は，幼いころから勉強が大好きで，いつも本ばかり読んでいた。そのおかげで，9歳のときには，地元の学校で授業をするなどとても優秀に育った。

1853 年，江戸にいた松陰は，現在の神奈川県にある浦賀沖にアメリカからペリーが来航したと聞き，すぐさま浦賀にかけつけた。そこで，当時の日本より優れていたアメリカの軍艦を目の当たりにし，翌年，密航しようとしたが失敗。1 年間牢屋に入れられた。

松下村塾で多くの弟子に講義

山縣 有朋

高杉 晋作

伊藤 博文

「外国に負けない強い日本をつくる人材を育てなければ！」そう決心して萩にもどった松陰は，おじが開いた塾・松下村塾を受けつぐ。そこで，高杉晋作や伊藤博文など，多くの弟子をもった。弟子たちには，「一人の君子（天皇）の下にいる以上，君子以外の人々はみな平等である」という一君万民論を説いた。

しかし，江戸幕府は松陰の考え方を危険だとみなし，松陰は処刑されてしまう。それでも，多くの弟子が松陰の遺志をつぎ，幕末や明治時代に活躍した。

将軍と力を合わせて，日本を外国から守りたい！

孝明天皇 天皇

生没 1831年〜1866年
出身地 山城（現在の京都府）

江戸幕府末期に外国が日本へ近づくなか，将軍と力を合わせて外国の力を追いはらおうとした。

将軍とともに日本を守ろう

孝明天皇は，江戸幕府が決めた開国に反対していた。「日本には外国の勢力を入れたくない！　外国に攻められて日本を支配されたくない」と願った孝明天皇は，外国から日本をしっかり守るように，幕府に何度も命令。そして，将軍が先頭に立って外国の勢力を追い出すことを約束させ，幕府との協力関係を深めるために，自分の妹（和宮）を将軍・徳川家茂と結婚させた。

徳川家茂　❤　和宮

将軍の力が弱く，願いを果たせず

ワシの
願いがぁ
・・・・・

ところが，当時の将軍に外国の勢力を追い出す力はなかった。さらにこのころ，実際に外国を追い出そうと戦った人々が，「外国の武力の強さを思い知り，幕府をたおして外国に負けない国をつくるほうがいい」と考えるようになった。幕府をたおそうという運動はますます盛んになるばかり。天皇は，たよりにしていた将軍の力が弱くなるのをなげくことしかできなかった。

249

「日本を洗濯したい！」
と願った男

坂本龍馬 志士

生没 1835 年〜 1867 年
出身地 土佐（現在の高知県）
江戸時代末期，薩長同盟を成立させ，
江戸幕府をたおす勢力をまとめた。

泣き虫龍馬

「やーい！やーい！泣き虫龍馬！」幼いころの龍馬は，近所の子らにからかわれても泣いてばかりの弱虫な子供だった。土佐の下級武士の5人兄弟の末っ子に生まれた龍馬は，いつも泣いてばかり。心配した姉の乙女は，龍馬を強い男にしようと剣術を習わせ，きたえた。龍馬はだんだんと剣術の腕を上げ，ついには江戸に修業に出るほどにたくましくなった。その後江戸の大きな道場で修業を重ね，強くなって土佐にもどってきた。

土佐をぬけ出し江戸へ

そのころ，アメリカから日本に開国を求める黒船がやってきていた。世の中は，開国するべきか，外国人を追いはらうべきかで意見が分かれていた。

龍馬は，初めは「外国人を追いはらうべきだ」と考えていた。そこで，尊王攘夷（天皇を敬い，外国人を追いは
らおうとする考え）運動を行う，武市瑞山（通称は武市半平太）の「土佐勤王党」に参加し，ともに運動を行った。しかし，龍馬は心のどこかで，「何かがちがう」と感じ，土佐をぬけ出して江戸へ向かった。

勝海舟との出会いから薩長同盟へ

　龍馬は江戸で，勝海舟と出会う。開国を主張する海舟の話を聞いた龍馬の心は動いた。海舟が話す西洋の進んだ文明や考え方が龍馬の心をひきつけたのだ。「そうだ！弱い幕府のままでは，日本がだめになる。幕府をたおして，外国とならぶ強い国をつくらねば！」。龍馬はすぐに海舟の弟子となり，海軍の訓練所の設立などを手伝った。

　龍馬は，幕府をたおす力をたくわえようと考えた。訓練所で学んだ航海術を使って船をあやつり，物を運んだり販売したりする「亀山社中」（のちに海援隊に発展）という会社を長崎につくる。ここでお金をため，武器をたくわえた。次に考えたのが，幕府をたおす勢力づくりだった。その当時，幕府と対決できる力をもっていたのは，薩摩藩（現在の鹿児島県）と長州藩（現在の山口県）であった。二つの藩の力をあわせれば幕府をたおすことも不可能ではない。龍馬は二つの藩に新しい日本をつくることをうったえ，仲が悪かった二つの藩に同盟（薩長同盟）を結ばせることに成功した。

船中八策で新しい日本のあり方を提案

　「いよいよ新しい日本をつくることができるんだ」。龍馬は，長崎から京都に向かう船のなかで，わくわくしながら，新しい日本の国家体制の基本となる船中八策を書いた。

　この中で龍馬が提案した「幕府は政権を天皇に返す」「憲法をつくる」「外国とつきあう」などは，その後の政治家に受け入れられ，実現していった。しかし，龍馬自身は新しい時代を見る前に，33歳で暗殺された。犯人は今もわかっていない。

こぼれ話　日本で最初の新婚旅行

　薩長同盟を結ばせた直後，龍馬は京都の寺田屋でおそわれて負傷した。西郷隆盛らのすすめで，龍馬と妻のお龍は霧島温泉（現在の鹿児島県）に行った。これが日本初の新婚旅行である。

幕府をたおせ！
外国に負けない日本をつくるのだ

高杉晋作 志士

| 生没 | 1839年〜1867年 |
| 出身地 | 長門（現在の山口県） |

自ら結成した奇兵隊を率いて，江戸幕府をたおす戦いを進めた。

外国との戦いにいどむ

▼1864年，長州藩はイギリスなどの艦隊から攻撃を受けた（四国艦隊下関砲撃事件）。

江戸時代末期，外国に支配されている中国の様子を知った晋作は，日本も外国にとられてしまうのではと不安になった。「日本を守るのは武士だけではない，すべての日本人だ」。そう考えた晋作は，農民などを集めて，奇兵隊という軍隊をつくる。

その後晋作の故郷を治めていた長州藩（現在の山口県）はイギリスなどと戦い，打ち負かされた。この戦いのあと晋作は外国との交渉を任され，長州を守った。

オオー

行くぞーロ

奇兵隊で幕府と戦う

当時の江戸幕府は，朝廷と力を合わせて政治を行おうとしていた。長州藩はこの方針に反対したため，幕府に攻撃された。このとき，長州藩の中に幕府に従おうとする勢力が現れたが，晋作は「おれは，幕府に従うのは反対だ」と言ってこれをおさえる。その後，晋作は奇兵隊を率いて，ふたたび攻めてきた幕府を打ち破った。しかし，晋作は幕府がほろびる前に，病気のため27歳で亡くなってしまった。

近藤勇 (こんどういさみ) 剣士

剣士たちを集め，新選組を結成！

　若いころから天然理心流剣術を学んだ勇は，剣の腕前では地元で一番だったという。やがて，京都にやってくる将軍を守ってほしいという江戸幕府のよびかけに応じ，京都に向かった。

　その後，京都の警備を将軍から任されていた松平容保に認められ，剣士を集めて新選組を結成。幕府の敵となる者を次々ととらえていった。

　将軍が天皇に政権を返上し，江戸幕府が滅亡しても，旧幕府軍に加わって新政府軍と戦った。しかし，敗北して，勇は処刑された。

生没 1834年〜1868年
出身地 武蔵（現在の東京都）
京都で江戸幕府のために活躍した新選組の局長（リーダー）。

土方歳三 (ひじかたとしぞう) 剣士

新選組の鬼の副長！

　農民の子として生まれた歳三は，友人である近藤勇とともに，新選組を結成する。歳三は副長として，厳しい規則を設けて新選組をまとめ上げていった。

　戊辰戦争で勇が明治政府軍に処刑された後も，歳三ら旧幕府軍は政府軍と戦いを続けた。しだいに北へ追いやられた旧幕府軍は，北海道の函館にある五稜郭に立てこもる。そこで歳三は最後の戦いにいどんだが，鉄砲で撃たれ，戦死してしまった。

生没 1835年〜1869年
出身地 武蔵（現在の東京都）
新選組の副長（副リーダー）。戊辰戦争で旧幕府軍に加わり戦ったが戦死した。

誠

実録！
池田屋事件

幕府をたおそうと，怪しい動きをする長州藩の者たち。
彼らを京都から追放するため，今日も見回りだ。

怪しいやつを
つかまえるぞ

WANTED
高杉晋作
（たかすぎしんさく）

WANTED
桂小五郎
（かつらこごろう）
（のちの木戸孝允）
（きどたかよし）

新選組局長
（しんせんぐみきょくちょう）
近藤勇
（こんどういさみ）

近藤局長！
池田屋で長州藩が
怪しい会合をして
いるとの情報が！

新選組副長
（ふくちょう）
土方歳三
（ひじかたとしぞう）

なにぃ!?

255

幕末人物相関図

薩摩藩

親友

篤姫

薩摩藩から
13代将軍徳川家定
に嫁ぐ

土佐藩

大久保利通

西郷隆盛

宿敵

仲介

後藤象三郎

薩長同盟

生徒　　　　　　　生徒

吉田松陰

松下村塾

後輩　　　　　　先輩

木戸孝允

伊藤博文

高杉晋作

長州藩

親友

井上馨

勝海舟
かつかいしゅう

徳川慶喜
とくがわよしのぶ

土方歳三
ひじかたとしぞう

幼なじみ
おさな

近藤勇
こんどういさみ

師匠
ししょう

弟子
でし

政権はわたさない！
せいけん

朝廷から14代将軍徳川家茂に嫁ぐ
ちょうてい　しょうぐんとくがわいえもち

開国シナサイ

アメリカ

ペリー　ハリス

坂本龍馬
さかもととりょうま

朝廷
ちょうてい

和宮
かずのみや

孝明天皇
こうめいてんのう

兄妹

明治天皇
めいじてんのう

岩倉具視
いわくらともみ

大政奉還で武士による政治を終わらせた，江戸幕府最後の将軍

徳川慶喜 （将軍）

生没 1837年〜1913年
出身地 水戸（現在の茨城県）

江戸時代末期に江戸幕府15代将軍になり，大政奉還を行った人物。

一橋家をつぎ，将軍候補に

慶喜は水戸藩（現在の茨城県）の藩主・徳川斉昭の七男として生まれる。父の斉昭は，「この子はかしこい！」と思い，学問を学ばせ，剣術や馬術，弓術などの腕をみがかせた。そしてわずか11歳で，遠い親戚である徳川氏の一族・一橋家のあとつぎとなる。その後江戸幕府13代将軍・家定のあとつぎ問題が起こったとき，慶喜は次の将軍の候補の一人として注目された。

井伊直弼と対立し，謹慎させられる

許さんぞ！！

1858年，当時の幕府で政治の実権をにぎっていた大老・井伊直弼が，天皇の許可もなく日米修好通商条約に調印する。このことを知った慶喜は「勝手なことを！」といかり，父の斉昭らと江戸城へ強引におしかけ，大老に強く抗議した。しかしその結果，城に上がることを禁じられ，さらに謹慎（家から勝手に外出することを禁じられる罰）を命じられる。慶喜はくやしい思いで家に閉じこもった。

謹慎生活から将軍へ

1860年に桜田門外の変で井伊直弼が暗殺されると，慶喜は謹慎を解かれた。その後，慶喜は14代将軍の家茂を補佐する将軍後見職につく。そして，それまでの歯がゆい思いを晴らすように，幕府のためにつくした。「幕府の力を取りもどすために，いったん天皇の力を借りよう！」そう考えた慶喜は天皇がいる朝廷と協力して，政治を進

めるよう努力した。

一方，幕府には政治を任せておけないと考えた長州藩（現在の山口県）の人々が，天皇が住む京都に攻めてくるようになる。慶喜は彼らと戦わなくてはならなくなった。やがて，1866年に家茂が病死すると，長州軍といったん戦いをやめ，ついに15代将軍となった。

大政奉還と戊辰戦争

フランスの支援を受けて，幕府の軍備を近代化させるなど改革をはかるが，幕府をたおす動きは止められなかった。慶喜はなやんだ結果，1867年，政権を朝廷に返す大政奉還を行った。

慶喜は新しい政府でも自分の権力を維持したいと考えていた。しかし，朝廷から王政復古の大号令が出され，権力も領地も朝

廷にうばわれることになり，その思いがかなうことはなくなった。これに旧幕府軍はいかり，京都近くの鳥羽・伏見で薩摩藩（現在の鹿児島県）と長州藩が率いる新政府軍とぶつかり，戊辰戦争が始まった。しかし旧幕府軍は敗れ，慶喜は水戸でふたたび謹慎生活を送ることになった。

これ話 多趣味な慶喜

慶喜はさまざまな食べ物にチャレンジし，薩摩産の豚肉が好物で，「豚一様」（「豚肉が好きな一橋慶喜様」の意味）とよばれた。明治に入ってからは，パンや牛乳も好んだそうである。

趣味も多く，フランス語など西洋の書物にも関心があったほか，年をとってからは写真撮影を行ったり，絵をかいたりして過ごした。

日本人どうしが争ってはいけない！
戦火から江戸の町を救った

勝海舟 （政治家）

生没 1823年〜1899年
出身地 武蔵（現在の東京都）

江戸幕府の代表として明治政府の西郷隆盛と話し合い，戦うことなく江戸城をあけ渡した。

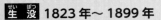

咸臨丸で太平洋を渡って見たアメリカ

ペリーの黒船を見た海舟は，「日本にも強い軍隊が必要だ」と考えた。海舟は，長崎で西洋の海軍について学んだあと，幕府の命令で咸臨丸という軍艦に乗ってアメリカへ行くことになった。アメリカの進んだ文化を見た海舟は，「これはすごいことだ。早く強い軍隊をつくらないと，日本は外国に支配されてしまうぞ」と思うようになる。

江戸の町を危機から救う

江戸幕府が政権を朝廷に返したあとも，それを不満とする旧幕府軍と新政府軍との間で戦争が起こる。新政府軍は，旧幕府軍がいる江戸城を総攻撃するために近づいてきた。このまま戦争が始まってしまうと，江戸の町が火の海になってしまう。旧幕府軍の代表を任された海舟は，新政府軍の代表の西郷隆盛と話し合った。海舟は「日本人どうしが争ったら外国は日本に攻めてくる。今は協力して日本を一つにまとめるときだ」とうったえ，隆盛を納得させる。その後，海舟は江戸城を戦うことなく新政府軍にあけ渡し，江戸に住む多くの人々の命を救ったのだ。

世界の流行を先どり！

新しい時代の日本国民をリードした

明治天皇  天皇

生没 1852 年～ 1912 年
出身地 山城（現在の京都府）

明治時代の天皇。明治維新後の日本を近代国家に発展させ，国際的地位を高めた中心人物。

移り変わる政治を一手に

わずか 16 歳で天皇となったその年，江戸幕府が大政奉還を行い，政治の実権が将軍から天皇へと移った。明治天皇は王政復古の大号令を出して，朝廷が直接政治を行うことを宣言する。五箇条の御誓文を出して新しい政治のあり方を示した。また，明治天皇は，江戸という地名を東京に変更し，京都から東京に移り住んだ。その後，日本の一番重要なきまりをまとめた大日本帝国憲法では，天皇は日本の最高責任者と定められた。

和風大好き，でも洋風も好き

国民のうへやすかれとおもふのみ……

明治天皇は和歌をつくることが趣味で，どんなに忙しくても和歌づくりは欠かさず，何万という歌をよんだ。また，当時の日本は開国をしたことで，さまざまな外国の品物や文化が日本に入ってくるようになった。新しいもの好きだった明治天皇は，いち早く洋服を着たり，まだ日本ではあまりなじみのなかった牛肉を食べたり，当時の最先端を走っていた。

大政奉還のウラ側

戦争はいかんぜよ。

徳川慶喜

幕府の考え

朝廷と仲良くして，なんとか幕府の権力を維持したい…！

対立

朝廷の考え

天皇中心の国を取り戻すため，徳川家をほろぼすのじゃ！

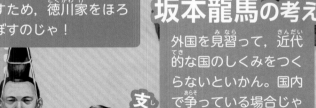

岩倉具視　大久保利通

支援しますよ。

坂本龍馬の考え

外国を見習って，近代的な国のしくみをつくらないといかん。国内で争っている場合じゃないぜよ。

協力するぜ。

後藤象二郎

政権を天皇に返すことに決めた。これからは，天皇の下で，みんな平等な国をつくっていこう！

大政奉還

大政奉還を告げる徳川慶喜（二条城）
大政奉還（邨田丹陵）聖徳記念絵画館所蔵

近代的な国づくりのはじまりじゃ！

戊辰戦争

政権は返しても，徳川家の栄光は永遠なるぞ！

徳川慶喜

とても激しい争いだったのよ。

会津藩出身の新島襄の妻　新島八重

旧幕府軍

勝海舟

土方歳三

近藤勇

会津戦争
（会津・1868年8〜9月）

新政府軍は，旧幕府軍の中心であった会津藩を攻撃。少年だけで結成された白虎隊など，多くの人が戦死した。

京都

鳥羽・伏見の戦い
（京都・1868年1月）

旧幕府軍は，徳川家の扱いに不満をもち戦いを始めるが，朝廷が新政府軍に味方したため，旧幕府軍は満足に戦えなかった。

新選組も参戦！

旧幕府軍と新政府軍の戦い

> 徳川家が実権を握る時代は終わった。新しい政府をつくるべく，徳川家を排除しろ。

岩倉具視

西郷隆盛

大久保利通

新政府軍

明治天皇

五稜郭の戦い
(函館・1869年5月)

残りの兵力も少なくなった旧幕府軍は，函館へ向かう。海からの攻撃に備えて抵抗したが，新政府軍の兵力におよばず，降伏することになる。

江戸城無血開城
(江戸・1868年4月)

新政府軍を率いていた西郷隆盛は，江戸城を攻めることを計画。しかし，幕臣・勝海舟との話し合いによって，戦わずして江戸城を新政府に明け渡すことが決まった。

江戸開城談判（結城素明）
聖徳記念絵画館所蔵

> これにより徳川家の支配は完全に終わりました。

篤姫

265

今は対立しているときではない。
薩摩と力を合わせ，幕府をたおせ！

木戸孝允 政治家

生没 1833年〜1877年

出身地 長門（現在の山口県）

薩摩藩（現在の鹿児島県）と協力し，江戸幕府を
たおす。その後，明治政府の中心として活躍した。

西郷さんといっしょに，幕府をたおそう

　長州藩（現在の山口県）の孝允は若いころ，
桂小五郎と名乗っていた。小五郎や薩摩藩の西
郷隆盛は外国の勢力を追い出そうとしていた
が，その方法で意見が合わず，二人はいつも対
立していた。これを見ていた土佐（現在の高知
県）の坂本龍馬は「今は対立しているときじゃ
ない。まずは協力して江戸幕府をたおし，それ
から外国に負けない日本をつくろう」と提案し
た。小五郎と隆盛はこれを受け入れ，協力して
幕府をたおすことに成功した。

西郷さん，対立しているときじゃない

　明治政府による新しい政治が始まる
と，小五郎は名前を木戸孝允と改めた。
孝允は，ヨーロッパやアメリカの様子
を見て回った。孝允は，「これはすご
い。日本を早く外国のような強い国に
しなければ…」と決意を固める。しか

し，孝允と考え方がちがってしまった
西郷隆盛が，政府に戦いをしかけてき
た。孝允はせっかく新しい国づくりを
進めている明治政府が，まだ一つにま
とまらずに対立していることを心配し
ながら，病気で亡くなった。

新しい日本を外国に負けない
強い国にするため，すべてをささげた

大久保利通 政治家

生没 1830年〜1878年
出身地 薩摩（現在の鹿児島県）
明治政府のリーダーとして，近代国家日本をつくるために，さまざまな政策を強力におし進めた。

 ## 新しい日本には，新しいしくみが必要だ

　「今までのように藩ごとにばらばらの政治をやっていてはだめだ。藩をやめて，政府の命令が全国に伝わるようにしよう」。江戸幕府をたおし，明治政府のリーダーとなった利通は，日本が外国に追いつくために何をすればいいのか真剣に考えていた。アメリカやヨーロッパを視察し，進んだ国の様子を見た利通は，「強い軍隊をつくり，進んだ技術を取り入れて，国を強くするんだ」と決意した。日本へ帰ると，さっそく国が経営する工場をつくり，産業を発展させる政策を始めるなど，新しいしくみをつくり始めた。

親友をたおしてでも，政治改革を進める

　しかし，1877年，利通にとっておどろくべきことが起こる。親友の西郷隆盛が政府のやり方に抗議して，反乱を起こしたのだ。利通は，「今は日本が一つになって，政治を進めるときじゃないか」と隆盛と話し合いたかった。幼なじみでどんなときも助け合ってきた仲なのに…。しかし利通は，「相手が隆盛であっても，日本を強い国にするために負けるわけにはいかない」と，自分がつくった強い軍隊で，隆盛の反乱をつぶした。心の中で涙を流しながらも，国のために何をすべきかを一番に考え続けた。

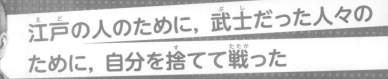

江戸の人のために，武士だった人々の
ために，自分を捨てて戦った

西郷隆盛 政治家

生没 1827年〜1877年
出身地 薩摩（現在の鹿児島県）

江戸幕府をたおし，明治政府でも活躍したが，西南戦争で敗れて自殺した。

江戸を焼け野原にしたくない

隆盛は，日本を一つにして外国に負けない国にするためには江戸幕府をたおすしかないと思い，江戸（現在の東京都）に向かっていた。しかし，隆盛は，この戦いで多くの人が死んでしまうだろう，と思いなやんでいた。そのとき，幕府の代表としてやってきた勝海舟が言った。「攻撃を中止してほしい。もし攻撃されたら，いったい何万人の人が死ぬだろう」と。隆盛は海舟も江戸の人を心配していることを知った。隆盛は戦うことなく，幕府に江戸城をあけ渡させることに成功した。こうして江戸の民は守られたのである。

士族の苦しみを聞いてほしい！

みんなの
意見を
聞いてくれ！

隆盛は親友の大久保利通らとともに明治政府の政治に参加したが，政治に対する意見のちがいから，ふるさとの鹿児島に帰る。そして，隆盛は士族（江戸時代に武士だった人々）の苦しさを政府に伝えてほしいという声におされ，1877年に西南戦争を起こした。士族は明治時代になってから，刀を差すことを禁止され，給料も打ち切られていたのだ。「みんなの意見を聞いてほしいんだ！」そううったえる隆盛の軍を政府の軍隊は攻撃した。隆盛は追いつめられ，自殺した。

天皇を中心とした
近代国家日本をめざそう

岩倉具視 政治家

生没 1825年～1883年
出身地 山城（現在の京都府）
明治新政府にかかわった公家（貴族）出身の政治家。岩倉使節団を率いて欧米諸国をまわった。

幕府と力を合わせよう

江戸時代末期，江戸幕府の政治の実権をにぎっていた井伊直弼が暗殺されるなど，世の中が乱れていった。当時，朝廷で天皇に仕えていた具視は，これから日本はどうしたらいいのかと考え続けた。そして，「天皇の妹と幕府の将軍を結婚させ，将軍と力を合わせましょう。そうすれば日本は安定します」と孝明天皇に伝えた。しかし，これが朝廷内で問題になり，朝廷を追放されてしまう。

天皇中心の新しい日本をめざす

いったん政治の世界から遠ざけられた具視だったが，密かに大久保利通らと協力して，江戸幕府がもっていた政治の実権を天皇に返させることに成功する。そして具視は新しくできた明治政府の一員として，政治の世界にもどってきた。日本を早く外国に負けない強い国にしたいと考えた具視は，江戸時代末期に外国と結んだ日本に不平等な条約を改正しようと，使節団を組んでアメリカやヨーロッパをまわった。しかし，外国の文化や技術のすばらしさにおどろき，日本をヨーロッパのような近代的な国にしなければ，条約改正はできないと実感する。帰国後はヨーロッパを見習って国のきまり（憲法）をつくる準備に取り組み，天皇中心の強い国をめざした。

269

明治維新

近代国家をつくろう

外国に負けない，強い国のしくみをつくろう！

欧米に負けない
強い国家へ！

| 軍事力 | 経済力 | 外交力 |

中央集権国家

木戸孝允

まずは土台となる中央集権国家のしくみから。

大名

政府

県令

県　県　県

西郷隆盛

廃藩置県

藩の代わりに，府や県を置きましょう。

四民平等

皇族以外はみんな平等！

武士
↓
士族

百姓
↓
平民

町人
↓

産業を育てて国を豊かにするには，
経済力が必要ですよね。

大久保利通

地租改正
税はお米よりお金の
方が安定するよね。

学制の公布
6歳以上の子は小学
校に通いましょう。

殖産興業
海外の機械を導入した富岡製
糸場のような工場をつくろう。

軍事力も必要だ！

徴兵令
満20歳以上の男子
は兵役につかせる
のだ。

岩倉使節団の派遣
不平等条約をなんとかしたいのう。

いざ
条約改正へ！

ならば私は
外交でも
見直そうかね。

岩倉具視

271

ざんぎり頭をたたいてみれば…

文明開化の音がする

建物 ガス灯

街灯としてガス灯が設置され，夜でも明るくなった。

乗り物 人力車や鉄道

蒸気で走る鉄道が開通し，今までよりも早く移動できるようになった。町には人力車が走るようになった。

食事 カレーや牛鍋, 洋食

それまで食べられていなかった牛肉やパンが食べられるようになった。また, 牛乳を飲む習慣が広がった。

建物 れんが造りの洋館

れんがでつくられた, 洋風の建物が増えた。

衣服 ざんぎり頭

洋風の髪型（ざんぎり頭）をする男性も増えた。

衣服 西洋の服装

帽子, くつ, 西洋のカサなどが取り入れられるようになった。

273

日本の未来のためには
学問が一番大切だ！

福沢諭吉 （思想家）

生没 1834年〜1901年
出身地 豊前（現在の大分県）

『西洋事情』『学問のすゝめ』を書き，明治時代の日本人に西洋の考え方や学問の大切さを説いた。

身分の差があることはおかしい

　身分が低く，貧しい武士の子として生まれた諭吉は，いつもいつもくやしい思いをしていた。諭吉は子供のころから勉強がよくできたが，身分が低いという理由で，身分の高い武士の子には仲良くしてもらえなかったのだ。しかも，諭吉の父も勉強がよくできたのに，身分が低いために出世できなかったという。「身分のちがいって，だれが決めたんだ？」と諭吉は疑問に思っていた。

進んだアメリカを見たい

　諭吉は長崎で蘭学（オランダ語で書かれたヨーロッパの学問）を学んだ。その後，大阪へ出て，緒方洪庵の塾でも熱心に勉強した。ある日，横浜で外国人に出会った諭吉はオランダ語で話しかけた。しかし，通じない。外国人は英語を使っていたためだった。外国人と話をするためには英語が必要であると知った諭吉は，英語の勉強を始めた。江戸幕府の使いが咸臨丸でアメリカに行くことを聞いた諭吉は「どうか連れて行ってほしい」と必死にたのみこみ，認められた。

新しい日本づくりをめざそう

　諭吉は，アメリカで自由・平等な社会を知り，感動した。「日本は外国からたくさんのことを学ばなければならない」と考えた諭吉は，日本へもどると，さっそく外国の様子を書いた『西洋事情』という本を出版した。

　また諭吉は，西洋の考え方を知る若い人が育てば，西洋の国に追いつくことができると考えた。そして慶應義塾（現在の慶應義塾大学）をつくり，若者の教育を始めた。このころの日本は明治時代になったばかりで，新政府軍と旧幕府軍が戦いを続けており，塾のすぐ近くで大砲の大きな音がひびいていた。それでも，「今は勉強して，新しい日本をつくり出すことが大切だ」と若者たちに言い聞かせ，勉強を続けさせた。

勉強することが大切だ！！

　諭吉は『学問のすゝめ』の中で，次のように学ぶことの大切さを書いた。

> 人は生まれながら平等である。しかし実際には，貧乏な人，裕福な人がいる。それはなぜか。仕事に必要な学問を身につけている人ほど，仕事で収入が得られるからだ。だから，勉強しよう。

▶『学問のすゝめ』の表紙

こぼれ話　一万円札に見る福沢諭吉

　日本の紙幣の中でもっとも価値が高い一万円札には，福沢諭吉の肖像が使われている。この一万円札は1984年から使われ始めた。

人々の暮らしを便利にした

郵便制度の父

前島密 政治家

生没 1835年～1919年
出身地 越後（現在の新潟県）
明治政府の政治家として，現在の日本でも続く，郵便のしくみをつくった。

みんなが利用できる郵便のしくみ

明治時代の初め，手紙を運ぶ料金を知った密は思わずうなった。「こんなに高いのか！」それまでの日本では，馬や飛脚とよばれる人が何日もかけて手紙を運んでいたのだ。「1日も早く，安くてみんなが利用できるしくみをつくらなければいけない」と密は決意した。「料金を支払った印として切手をはるようにしよう」「郵便ポストを設置しよう」「全国同じ料金にしよう」「今まで手紙を運んでいた人に郵便の仕事をしてもらおう」と考えた。

ブーン

どんどん便利になった郵便制度

密は手紙をもっと手軽にしようと，ハガキを考え出した。郵便物を早く届けたいと思って，当時新しくできたばかりの鉄道を使って郵便物を運ぶようにした。さらに，外国へ郵便物を送れるようにするために，郵便物を運ぶ船をつくった。こうして，密は郵便制度をどんどん便利にしていったのだ。

人々の幸せのために
500 以上の会社をつくった

渋沢栄一

生没 1840 年～ 1931 年
出身地 武蔵（現在の埼玉県）
明治時代に，日本で最初に株式会社をつくった。

みんなでお金を出し合ってつくる会社

　栄一は明治政府の役人として活躍したあと，第一国立銀行をつくり，そこで新しい会社をつくるための手伝いを始めた。栄一は，株式会社を日本で最初につくった。株式会社とは，たくさんの人がお金を出し合って会社をつくり，もうけたお金はその人たちにもど

すしくみの会社である。栄一がつくった大阪紡績会社は，夜も灯りをつけて最新のイギリス製の機械を動かす，昼夜2交替制の近代工場だった。こうして，栄一のつくった会社は500以上にもなった。

富は人間に幸せをもたらす

　栄一は，もうけは一人の人が独占するのではなく，たくさんの人の幸せのために使われなければいけないと考えていた。そこで栄一は，貧しい子供などを保護する養育院をつくることに使った。そして院長をつとめ，子供が大きくなる姿を見守り続けた。病気で苦しむ人のための病院や日本赤十字社，女子教育のための大学を立ち上げることにもお金を使った。さらに，仲間にも「もうけたお金は人を幸せにするために使おう」とすすめた。

277

日本の青年に
大きな夢をもつ大切さを教えた

クラーク 学者

生没	1826 年 ～ 1886 年
出身地	アメリカ

札幌農学校で日本の若者に，世界の進んだ農業技術を教えた。

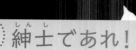

紳士であれ！

　1876 年，クラークは進んだ技術を教えるために札幌農学校（現在の北海道大学）に教頭としてやってきた。日本人の先生たちに「学校のきまりはどうしましょう」と聞かれたクラークは，「『紳士であれ』の一言で十分だ」と言った。

 ## 開拓は信頼，助け合いで行うもの

　農学校の生徒たちは，もとは武士の子供で，農業に取り組むのは初めてだった。クラークは農業を教えるだけでなく，「原野を畑にするには仲間どうしが信頼し合い，助け合わなければ成功しない」と熱心に語った。クラークのすばらしい人格は，農学校の学生を熱心に勉強に打ちこませた。クラークはいつもよびかけた。「今夜，わたしの家に遊びに来なさい」と。クラークの楽しみは勉強が終わってから生徒と語り合うことだった。

　クラークはもともと日本にいられる期間が限られており，わずか 8 か月でアメリカへ帰らなければならなかった。しかし，クラークは去るときにも，生徒たちにこう言い残した。「青年よ，大志をいだけ」。この言葉に影響を受け，多くの優れた人物が札幌農学校から育っていった。

民主主義を日本へ伝え
「東洋のルソー」とよばれた

中江兆民（学者）

生没 1847年〜1901年
出身地 土佐（現在の高知県）

フランスで学んだ民主主義の思想を，明治時代の日本に伝え広めた。

フランスで民主主義を知る

兆民は，長崎や江戸でフランス語を学んだ後，これをもっと深く学びたいと思い，フランスに留学した。そこでルソーが書いた本を読む。「人間は自由で平等なのか。民主主義の政治とは何とすばらしいのか！」と感動し，日本人にもぜひ知らせたいと考えた。しかし当時の日本は，政治に国民は参加しておらず，政府をつくった人々だけで勝手な政治を行っている状態だった。兆民はフランス語の塾を開き，人々に民主主義についての授業を行った。

「東洋のルソー」中江兆民

民主主義とは！

もっともっとフランスの民主主義の考え方を知ってもらいたいと考えた兆民は，『東洋自由新聞』を発行した。その中で，民主主義を人々に広めるために「政府は政治のやり方をあらためよ」と主張した。政府は新聞の発行をやめさせることで対抗してきた。しかし，兆民はあきらめない。兆民は「ルソーの本を日本語に翻訳しよう」と思い立ち，『民約訳解』として出版した。兆民は人々から「東洋のルソー」とよばれるようになった。

同志社英学校をつくり，教育と
キリスト教の伝道につくした教育者

新島襄 教育者

生没 1843年〜1890年
出身地 江戸（現在の東京都）
明治時代の教育家。キリスト教主義の
学校である同志社英学校をつくった。

鎖国時代に，アメリカへ渡る

若いころから蘭学（オランダ語で書かれたヨーロッパの学問）を本格的に学び，さらに測量術や航海術を学ぶために江戸幕府の軍艦操練所に入った。

襄はある日，キリスト教の教えが書かれた聖書に出会う。これを読んだ襄は感動し，キリスト教の信者が大勢いるアメリカに行ってみたいと思うようになった。当時，日本人が海外に出ることは禁止されていたが，アメリカへの思いを断ち切れず，21歳のときにアメリカに渡る。勉強を重ねてキリスト教の信者になり，日本人として初めてアメリカの大学を卒業した。

日本のリーダーの育成をめざす

襄は，明治政府が派遣した岩倉使節団に同行して，欧米各国の教育制度・施設の調査を行う。31歳のとき，キリスト教を広める宣教師として帰国した。

帰国後は，日本の近代化のリーダーとなる人物の育成をめざして，京都に同志社大学の前身となる同志社英学校を設立。襄の誠実で情熱的な人柄は，人々に大きな影響をあたえ，優れた人材が多く育った。

女性の活躍する社会の実現を願った

津田梅子 教育者

生没	1864 年〜 1929 年
出身地	武蔵（現在の東京都）

8 歳でアメリカに留学。帰国後，女子英学塾を開き，日本のリーダーとなる女性を多く育てた。

日本の女性をアメリカのように

　明治政府によって，留学生に選ばれた梅子は，わずか 8 歳でアメリカに渡った。アメリカでのびのびと暮らした梅子は，「自由で平等な社会ってすばらしい」と心から感じていた。ところが，11 年後に日本へ帰ってみると，日本の女性が男性に比べてまったく活躍しておらず，梅子はショックを受けた。「日本の女性が仕事で活躍できる社会をつくらなければならない」。そう梅子は決意した。

ステキ!!

力をつけた女性を社会へ送る

しっかり学ぶのよ!!

メラ　メラ

　ふたたびアメリカに渡り，教育の勉強をした梅子は，女性教育を自分の使命だと思うようになった。日本へ帰った梅子は女子英学塾（現在の津田塾大学）をつくり，「男子と同じ力をもつ女子」を女子英学塾の目標とした。やがて，この学校から梅子のような優れた女子が何人も巣立っていった。

幕末に結んだ不平等な条約を改正したい！

不平等① 領事裁判権を認める

不平等② 関税自主権がない

実録！岩倉使節団！

いざ条約改正へ！

各国をまわり，欧米の進んだ文化にふれた！

ドイツ
イギリス
ベルギー、デンマーク
オランダ、スウェーデン
ロシア
フランス
スイス
オーストリア
イタリア
中国
日本
横浜
サンフランシスコ
シンガポール
アメリカ
ボストン
ニューヨーク
ワシントン

木戸孝允 きどたかよし

山口尚芳 やまぐちなおよし ますか

岩倉具視 いわくらともみ

伊藤博文 いとうひろぶみ

大久保利通 おおくぼとしみち

中江兆民 なかえちょうみん

新島襄 にいじまじょう

通訳や留学生など
多くの人が同行。

津田梅子や山川捨松など,
女性の留学生も派遣された。

NG

ガーン

ニニ

日本は近代化が
おくれているから
ムリデース

条約改正は
失敗したが…

すげー

帰国

欧米諸国の おうべいしょこく
近代的な制度を きんだいてき せいど
持ち帰った。

ドヤッ

学校の整備 せいび

工場の整備 せいび
など

最後まで自由に話し合う政治の実現を求めた

板垣退助 政治家

生没 1837年〜1919年
出身地 土佐（現在の高知県）

国民一人ひとりが政治に参加できる社会をつくるため，国会を開くよう明治政府に求め続けた。

これからは民主主義だ！

退助はもともと明治政府で重要な役職についていたが，政府の方針と対立して，西郷隆盛らとともに政府を去る。その隆盛は，政府への不満を武力で解決しようとしたが，政府の軍隊につぶされた。退助は考えた。「これからは民主主義だ。武力ではなく，話し合いで戦おう。国民から選ばれた多くの議員が話し合って政治を決める，国会という場が必要だ！」と。

国会で話し合う政治をしよう！

国会を開くようにうったえる退助たちに，政府は厳しい取りしまりを行った。しかし，多くの人々が国会の開設を望んだことや，政府による不正事件が発覚したことなどから，1881年，政府は10年後の国会開設を約束した。そこで，退助は全国から民主主義に賛成する人々を集め，自由党を結成した。

ある日，自由党の考えをうったえる退助に一人の青年が切りかかり，退助は大けがをする。しかし，けがが治った退助は，話し合う大切さをさらに強くうったえた。だが，やがて自由党の中に，暴力で自分たちの考えを通そうとする人々が出てきた。「力では何も変わらないのに！」退助は，しかたなく自由党を解散した。その後も，退助は話し合いの政治を求め続け，大隈重信と日本で最初の政党内閣をつくった。

板垣死すとも 自由は死せず

日本初の政党内閣をつくるなど，
政治に情熱をかたむけた

大隈重信 政治家

生没 1838年〜1922年
出身地 肥前（現在の佐賀県）
明治・大正時代の政治家。明治新政府で活躍したあと，日本初の政党内閣をつくった。

明治政府で活躍するが，追放される

日本がまだ江戸時代だったころ，重信は長崎で英語を学んでいた。明治時代が始まると，新しくできた政府にその英語力を評価されて外国事務局判事となり，難しい外交問題を次々と解決した。その後，参議という政府の重要な役職につくと，明治政府の基礎づくりに力を注いだ。

やがて自由民権運動という，多くの国民が政治に参加できる社会をめざす運動が盛んになると，重信もこれに加わる。「国民の意見を国の政治に反映させるためにも，国会が必要である！」と考え，政府にうったえた。しかし，伊藤博文などと意見が対立し，政府から追い出されてしまう。

政党をつくり，ふたたび政治の世界へ

政府から追い出された翌年，重信は立憲改進党という政党をつくる。同じ意見をもつ人々が一つの政党に集まれば，政治を動かしやすくなると考えたのだ。また，日本を支える優秀な若者を育てようと考え，東京専門学校（現在の早稲田大学）をつくった。

51歳で外務大臣としてふたたび政府にむかえ入れられる。国会が開かれると，板垣退助と憲政党をつくり，内閣総理大臣に就任した。

国会

近代国家日本をめざせ

強い政治で日本を引っ張った

伊藤博文 ㊙政治家

生没	1841年〜1909年
出身地	周防（現在の山口県）

大日本帝国憲法を作成し，日本で初めて内閣総理大臣になった。

イギリスやドイツに日本も追いつきたい！

　博文はふるさとの長州藩（現在の山口県）からイギリスのロンドンに留学した。ロンドンで見たものは，博文の想像をはるかにこえたものばかりだった。蒸気で走る機関車，機械で大量生産する工場。「日本も早く進んだ国の仲間入りをしなければ…」。博文はあせりながらイギリスの進んだ文明を勉強した。そんなとき，長州藩が外国と戦うというニュースを聞く。「長州藩の人々は外国のすごさを知らないんだ。そんなことをしたら，大変なことになるぞ」と，博文は長州藩に向かってさけんだ。

　江戸が東京になり，明治政府による新しい政治が始まった。もっと外国の進んだ技術や仕組みを学びたいと思った博文は，岩倉使節団の一員となり，アメリカやヨーロッパをまわった。このとき，力を持ち始めていたドイツが，優れた武器や強い軍隊をつくっていることを知る。博文は，「ドイツは日本がまねできるところをたくさんもっている国だ」と思った。

ドイツをまねした大日本帝国憲法

　政府の強引な政治のやり方に反対する力が強くなってきたため，政府は国会を開くことで，人々の意見を政治に反映すると人々に約束した。国会を開くためには，憲法という国の土台になるきまりをつくり，国会とはどのようなものかを決める必要があった。日本にはない憲法を研究するために，博文はヨーロッパに向かう。そこで，ドイツが皇帝の権力が強い憲法をつくり，政治をしていることを知った。博文は「ドイツの皇帝のように，天皇が強い権力をもつ政府にするのが，今の日本にはぴったりだ」と考え，ドイツの憲法をお手本にすることを決めた。そうしてできあがった日本の憲法が，大日本帝国憲法である。

初代内閣総理大臣・伊藤博文

　「憲法ができる前に日本の政治のしくみをつくろう。日本を外国に負けない国にするためには，強い内閣が必要だ」。そう考えた博文は，幕府をたおすのに大きな力となった，薩摩藩や長州藩から優れた人材を集めて内閣をつくった。そして，「わたしが先頭に立って，強い政治を進める！」と宣言し，初代内閣総理大臣となった。

韓国を治めようとしたが，殺される

　その後，日本は清（現在の中国）やロシアとの戦争に勝利したことで，世界中に強い国だと知られるようになった。日本の政府はさらに力をつけようと，韓国に目をつける。政府にいた博文は，韓国を日本の保護下に置き，みずから韓国の政治を行う役（韓国統監）についた。博文は韓国の人々の反対をおし切り，強い政治を進めたが，韓国独立運動をしていた青年に殺された。

日本初！憲法をつくろう！！

日本を近代的な国にするためには，ほかの国を見習って，国の土台になるきまり・憲法をつくらないと！

伊藤博文

憲法調査のため ヨーロッパへ…

ドイツ（プロイセン）

ウィーン

憲法にもとづく政治に備えて 政治の制度を変えるぞ！

内閣制度以前（太政官制）

太政大臣
左大臣　　右大臣
合議
参議　参議　参議

…合議のため，決定に時間がかかる。

内閣制度

総理大臣
大臣　大臣　大臣

…決定が早く，リーダーシップがとれる。

明治天皇

日本もこれで近代的な国家の仲間入りじゃ。

そしてついに 憲法発布へ…！

明治天皇

当時の 内閣総理大臣

憲法発布式（和田英作）　聖徳記念絵画館所蔵

これが日本初の憲法だ！

大日本帝国憲法
（だいにっぽんていこくけんぽう）

第 一 条　日本は永遠に続く同じ家系の天皇（てんのう）（えいえん）が治める。（おさ）

第 三 条　天皇は神のように尊く，侵してはならない。（とうと）（おか）

第 四 条　天皇は，国の元首であり，この憲法によって国や国民を治める。（げんしゅ）

第 五 条　天皇は議会の協力で法律をつくる。（ぎかい）（きょうりょく）（ほうりつ）

第 十 一 条　天皇は陸海軍を統率する。（りくかいぐん）（とうそつ）

第二十九条　国民は，法律の範囲の中で，言論，出版，集会，結社の自由をもつ。（ほうい）（げんろん）（しゅっぱん）（しゅうかい）（けっしゃ）

（要約，一部抜粋）（いちぶばっすい）

ポイント❶

国家の主権は天皇にある。天皇がすべてを決める権限を持っていた。（しゅけん）（てんのう）（けんげん）

ポイント❷

軍を統率するのも天皇だった。

ポイント❸

国民の自由や権利は，「法律の範囲の中」に制限されていた。（けんり）

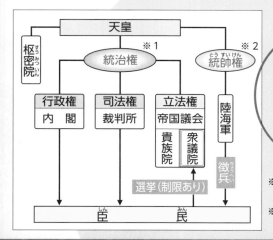

新しい国家のしくみ

※1　天皇が日本の最高権力者としてすべて決めていた。
※2　陸軍や海軍を統率する権利のこと。

農民の暮らしを守れ！
日本で初めて公害をうったえた男

田中正造 政治家

生没 1841年〜1913年
出身地 下野（現在の栃木県）
足尾銅山の鉱毒公害を解決するための運動に一生をかけて取りくんだ。

鉱毒公害で苦しむ農民

　栃木県の足尾銅山では，明治時代にたくさんの銅がほり出された。これを輸出することで明治政府はお金をかせぎ，国内の工業を発展させていた。ところがしばらくすると，銅山の周辺で異変が起こるようになる。川の魚が死んだり，稲がかれたりしだしたのだ。やがて原因は，足尾銅山から出る毒（鉱毒）とわかった。衆議院議員だった正造は，国会で何度も足尾銅山の銅のほり出しをやめるよううったえた。しかし，工業の発展を優先した政府は正造のうったえを無視する。さらに政府は，鉱毒の害のひどさをうったえる農民たちを取りしまった。

命をかけた天皇へのうったえ

　困り果てた正造は，例え死刑になっても，天皇に直接うったえようと決意する。しかし，天皇に手紙をわたす前に正造はとらえられてしまった。それでも，この事件が新聞で取り上げられると，人々が足尾銅山の鉱毒問題に目を向け始めた。政府はあわてて，池をつくりそこに鉱毒をふくんだ川の水を流す対策を行った。しかし，正造は「これでは本当の解決ではない」と言い，農民といっしょに死ぬまで反対運動を続けた。

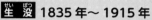

不平等条約改正のため
欧米（おうべい）のまねをする!?

井上馨（いのうえかおる） 政治家

生没（せいぼつ） 1835年〜1915年
出身地（しゅっしんち） 周防（すおう）（現在（げんざい）の山口（やまぐち）県）

明治政府の外務大臣として，鹿鳴館を建てるなど，
日本に不利な条約を改正しようと努（つと）めた。

外国の実力を思い知る

　江戸時代末期（えどじだいまっき），馨が住む長州藩（ちょうしゅうはん）（現在（げんざい）の山口（やまぐち）県）では外国人を日本から追い出そうとしていた。馨は外国のことをもっと知るべきだと考え，1863年，伊藤博文（いとうひろぶみ）らとともにイギリスに旅立つ。馨らはそこで，イギリスの産業（さんぎょう）が日本よりずっと発展（はってん）していることを知り，大きなショックを受ける。このままでは外国を追い出すことは不可能だとさとった馨らは，帰国後，外国と戦（たたか）うのをやめるよう，長州藩の人々に伝（つた）えた。その後，日本を外国に負けない強い国にするために江戸幕府（ばくふ）をたおし，新しい政府をつくる運動（うんどう）に加わった。

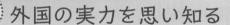

不平等条約（ふびょうどうじょうやく）の改正（かいせい）をめざして

　明治政府で，馨は外務卿（がいむきょう）（のちの外務大臣（がいむだいじん））となる。強い日本をつくろうとした馨を苦しめたものは，江戸時代に日本が外国と結んだ不平等条約であった。馨は，東京の銀座（ぎんざ）にレンガづくりの建物を建てたり，日比谷（ひびや）に鹿鳴館（ろくめいかん）を建てて外国の人々を招きパーティーを開いたりした。しかしあまり効果（こうか）はなく，国民からは「欧米（おうべい）のまねをしているだけだ」と批判（ひはん）され，馨は外務大臣を辞職（じしょく）した。結局（けっきょく），不平等条約を完全（かんぜん）になくすことができたのは，馨が外務大臣をやめた20年以上あとのことだった。

▲鹿鳴館の舞踏会（ぶとうかい）のようす

不平等条約改正で近代国家に！
国民の願いをかなえた外務大臣

陸奥宗光 （政治家）

生没 1844 年〜 1897 年
出身地 紀伊（現在の和歌山県）
明治時代の外務大臣。不平等条約を改正し，領事裁判権をなくすことに成功した。

初めて不平等条約の改正に成功！

　宗光は若いころ，坂本龍馬がつくった海援隊で活躍した。明治時代になると，明治政府のなかでどんどん出世し，ついに外務大臣となる。外務大臣の重大な仕事は，江戸時代末期に外国と結んだ，日本に不利な不平等条約の改正であった。不平等条約のひとつに領事裁判権があった。領事裁判権とは，外国人が日本で罪をおかしても外国の領事が裁判するというものだ。宗光はねばり強く交渉を続け，1894 年，ついにイギリスとのあいだで，領事裁判権をなくす条約を結ぶことに成功する。これをきっかけにほかの国とも同じ条約を結ぶことができた。

日清戦争のあとも大活躍

　1894 年，日清戦争で清（現在の中国）に勝った日本は清との講和会議を開く。ここでも宗光は活躍し，清の領土の一部をもらい，賠償金をもらうなど，日本に有利な条件で清と講和条約を結んだ。その後，ロシア・ドイツ・フランスから清の領土を返すように求められたときも，強い態度で堂々と対応した。結果的には清からもらった領土の一部を返すこととなったが，最後まで日本の利益を最大限確保するよう努めた。

ねばり強い話し合いで，
日本の権利の拡大に努めた

小村寿太郎 政治家

生没 1855年〜1911年
出身地 日向（現在の宮崎県）

明治時代の外務大臣。ロシアとポーツマス条約を結び，また，不平等条約の改正を行った。

大国ロシア相手に講和交渉

1904年，日本とロシアとの間で戦争（日露戦争）が起こった。日本は有利に戦いを進めていたが，大国・ロシアと小国・日本の戦力の差は明らかだった。外務大臣の寿太郎は，「このまま戦争を続ければ日本は不利になる。日本が勝っているうちに戦争を終わらせよう」と考えた。そこでアメリカに協力してもらい，戦争を終わらせる条約を結ぼうと，アメリカのポーツマスへ旅立った。寿太郎はねばり強く交渉し，ロシアの領土の一部をもらうことなどを約束した条約（ポーツマス条約）を結ぶ。しかし，ロシアから賠償金をもらうことはできず，このことにいかった日本国民は暴動を起こした。

関税自主権の回復に成功

ポーツマス条約でくやしい思いを味わい，国民からも非難された寿太郎だったが，めげずに外務大臣の仕事を続けた。1911年には日米通商航海条約を結び，日本の関税自主権（日本への輸入品に日本が自由に税金をかけられる権利）を取りもどした。陸奥宗光が果たせなかったもうひとつの不平等条約の改正に，寿太郎は成功したのである。

不平等条約

改正への挑戦！

不平等条約とは？

不平等①

外国人が罪を犯しても，日本の法律で裁判ができなかった。

不平等②

輸入品に自由に税をかける権利がなく，安い品物が外国から多く入ってきた。

ノルマントン号事件

救命ボートに乗るイギリス人の船員たち。

海に投げ出された日本人の乗客たち

イギリスのノルマントン号がちんぼつ事故を起こした。イギリス人の乗組員はほとんど無事だったが，日本人の乗客は全員死亡した。この事件の裁判で，イギリス人の船長は軽い罰を受けただけだった。

欧米の好きにさせるな！！

国民の怒りは頂点へ！

日本のことは日本で決める！！

不平等条約改正をめざし，熱き男たちの挑戦が始まる！

岩倉具視の挑戦

岩倉使節団の派遣
（1871年）

直接交渉しに行くのじゃ。

いざ条約改正へ！

日本が近代化をしていないといわれる。

失敗

井上馨の挑戦

鹿鳴館での舞踏会

西洋化をアピールしよう。

猿まねとよばれてばかにされる。

失敗

陸奥宗光の挑戦

領事裁判権の撤廃
（1894年）

イギリスが友好的なこの機会に！

イギリスは日本と協力し，ロシアに対抗しようと考えていた。イギリスとのあいだで，撤廃に成功。

大成功

小村寿太郎の挑戦

関税自主権の回復
（1911年）

日清戦争や日露戦争に勝利し，国際的に認められてきたぞ。

不平等条約を結んでいたアメリカ，フランスロシアなどすべての国で，回復に成功。

大成功

イエスの本当の愛を知ろう
聖書の研究に一生をささげた

内村鑑三

生没 1861 年〜 1930 年
出身地 武蔵（現在の東京都）
教会ではなく，聖書のみをよりどころにするという独自のキリスト教を考えた。

アメリカにキリスト教を学びに行くが…

鑑三は，北海道の札幌農学校（現在の北海道大学）で勉強していたときにアメリカから来たクラークの影響を受けて，キリスト教を信じるようになった。卒業後，鑑三はアメリカに行き，キリスト教を学ぼうと意気ごんでいたが，彼が出会ったのは，スリ（どろぼう）であった。「この国には本当にキリスト教を信じる人たちが住んでいるのか」と鑑三は落ちこんだ。

愛すべきキリスト教と日本

日本に帰ってきた鑑三は，学校の先生となった。しかし，当時の学校では，天皇を第一に信じて尊敬するように教えなければならず，キリスト教を信じる鑑三はそのことに納得できなかった。このことが人々に知られることとなり，批判された鑑三は先生をやめることとなった。

それでも，鑑三自身はイエスだけでなく，日本も愛していた。キリスト教を信じる自分と日本人である自分，どちらも大切に考えたのである。その後，日本がロシアと戦争（日露戦争）となったときは，「戦争は日本をだめにする」と反対した。

東郷平八郎 軍人

ロシアをたおした日本海軍のヒーロー

　平八郎は江戸時代の終わりごろ，イギリスと薩摩藩（現在の鹿児島県）の戦いに加わり，外国の強さを知った。イギリスへの留学のあと，中国との戦争で活躍し，日本海軍の司令長官となった。やがて，ロシアとの戦争（日露戦争）が始まると，すぐれた作戦を立て，徹底した訓練を行った。そしてついに，当時世界最強と言われたロシアのバルチック艦隊を破った。

　小さな国の「トーゴー」が大きく強いロシアを打ち負かしたことにおどろき，世界中の国が拍手を送った。

生没 1847年〜1934年
出身地 薩摩（現在の鹿児島県）
日露戦争で，ロシアのバルチック艦隊を打ち破った，日本の海軍の司令長官。

乃木希典 軍人

ロシアとの激戦に勝利した
日本陸軍の司令官

　明治政府の軍人として働いていた希典は，ドイツに留学して軍人としての心がまえを徹底的に学んだ。中国との戦争（日清戦争）で希典は大活躍し，明治天皇に信頼されるようになる。しかし，10年後のロシアとの戦争（日露戦争）は厳しい戦いになった。希典は，ロシアの陣地があった旅順を攻め落とせば日本が勝利すると考え，多くの犠牲者を出しながらも，ついに旅順を手に入れた。

　その後，明治天皇が亡くなると，葬式の日に天皇の後を追って自殺した。

生没 1849年〜1912年
出身地 長州（現在の山口県）
日露戦争で，旅順というロシアの陣地を攻め落とした，日本陸軍の司令官。

日清戦争 勃発

直前

しめしめ。勝った方から横取りしてやるぞ。

朝鮮を獲得して、支配したいぞ。

日本

ロシア

日本の進出は許さん！中国が朝鮮を手に入れるのだ！

清

朝鮮

軍の派遣

軍の派遣

甲午農民戦争
（1894年）

朝鮮で，外国人を追い出すことなどを求める反乱が起きた。

日本も清も
鎮圧後も軍を
引き上げず

衝突！

開戦 1894年

- 遼東半島（リアオトン）
- 大連（ターリエン）
- 旅順（リュイシュン）
- 清
- 威海衛（ウェイハイウェイ）
- 黄海
- 朝鮮
- 元山（ウォンサン）
- 平壌（ピョンヤン）
- 漢城（ソウル）（ハンソン）
- 釜山（プサン）
- 日本海
- 日本軍の進路
- 日本
- 下関

日本

日本 勝利（しょうり）

2億両（おくテール）は，日本円で約3億1千万円になるぞ。

陸奥宗光（むつむねみつ）

下関条約締結（しものせきじょうやくていけつ）

❶ 清国は，朝鮮の独立（ちょうせんのどくりつ）を認（みと）める。

❷ 遼東半島（リアオトンはんとう）・台湾（たいわん）などを日本にゆずる。

❸ 清国は日本に賠償金（ばいしょうきん）2億両（おくテール）を支払う。

遼東半島は，このあとロシア・ドイツ・フランスに要求（ようきゅう）されて清に返（かえ）すことになるのだ！

伊藤博文（いとうひろぶみ）

三国干渉（さんごくかんしょう）

激突 日露戦争
（げき とつ）（にちろせんそう）

直前（ちょくぜん）

義和団事件（ぎわだんじけん）
（1900 年）

清の民間団体（義和団）が，外国人を追い払う運動を起こし，各国が鎮圧するため清に軍を派遣した。

三国干渉（さんごくかんしょう）
（1895 年）

日本に対し，ロシア・フランス・ドイツが，遼東半島（リアオトンはんとう）を清に返すように求めた。

日英同盟の成立（にちえいどうめい）（せいりつ）(1902 年)

俺（おれ）がついているから大丈夫（だいじょうぶ）！
ロシアたおしにいけよー。

アメリカ

ロシア

日本

朝鮮（ちょうせん）

イギリス

日本がワシにかなうわけないわい。

朝鮮ほしいなあ。イギリスが味方（みかた）ならロシアに勝てるかなあ。

どれどれ，高みの見物といこうか。

開戦 1904年

清

奉天
フォンティエン
1905.3.10

日本海

大連
ターリエン
だいれん

旅順
リュイシュン
りょじゅん
1905.1.1

平壌
ピョンヤン

バルチック艦隊
かんたい

山東半島
シャントン

仁川
インチョン
じんせん

漢城
ハンソン

韓国

日本海海戦
1905.5.27～28

黄海

日本

←日本軍進路
数字は占領年月日

日本艦隊

海軍や陸軍も活躍！
かつやく

東郷平八郎
とうごうへいはちろう

乃木希典
のぎまれすけ

日本 勝利
しょうり

アメリカが仲介に入り
ちゅうかい
ました。

ポーツマス条約締結
じょうやくていけつ

❶韓国での日本の優越権を認める。
かんこく ゆうえつけん みと

❷日本に樺太（サハリン）の南半分をゆずる。
からふと

❸日本に旅順，大連の租借権をゆずる。
リュイシュン ターリエン そしゃくけん※
りょじゅん だいれん

❹日本に南満州の鉄道をゆずる。
みなみまんしゅう

小村寿太郎
こむらじゅたろう

戦力に余裕がなかった日本は，戦争を早く終わらせるた
せんりょく よゆう お
め，ロシアから賠償金を得ることをあきらめたのです…。
ばいしょうきん え

※ 租借権…その土地を借りて支配すること。
そしゃくけん

301

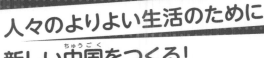

人々のよりよい生活のために
新しい中国をつくる！

孫文 政治家

生没 1866 年〜 1925 年
出身地 中国
中国で清王朝をたおし，中華民国を建国した。

遠くハワイで中国を思う

中国で生まれた孫文は，12 歳のときからハワイで暮らした。このころの中国は清という王朝が治めていたが，イギリスとのアヘン戦争に負けてしまい，イギリスの言いなりになっているような状態だった。孫文は，祖国である中国にもどって，国のために力をつくすことを決意する。

辛亥革命で清をたおす

中国に帰った孫文は，医者をしながら，清をたおして新しい国づくりをすることを計画したが，清に気づかれて失敗してしまう。孫文はこのとき，身の安全のために外国へと逃げ出した。しかし，1911 年に中国の人々が清に対する反乱を起こすと，すぐに中国にもどる。人々とともに清をたおし，新しく建国された中華民国の臨時大総統となった（辛亥革命）。その後，辛亥革命で活躍した袁世凱に大総統の地位をゆずったところ，独裁を進める袁世凱に中華民国の政府から追い出されてしまい，日本へ逃げた。その後，中国では不安定な政治が続き，孫文は改めて正しい国づくりをめざしたが，その途中で病気で亡くなってしまった。

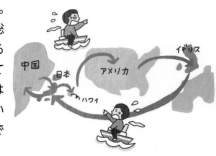

現在の看護教育の基礎を
築いた，偉大な看護師

ナイチンゲール

生没 1820 年～ 1910 年
出身地 イギリス

イギリスの看護師。クリミア戦争での看護活動で活躍し，イギリス初の看護学校をつくる。

「看護師になる」という強い思い

ナイチンゲールはイギリスの大地主の家に生まれ，何不自由なく育った。小さいころに貧しい農民の苦しい生活を見て，人々に奉仕する仕事につきたいと考えるようになった。そして，人々の健康を守り，病気やけがから回復する手助けのできる看護師をめざすようになる。しかし，当時の看護師は職業として認められていなかったため，家族の強い反対にあった。

だが彼女の決心はかたく，ヨーロッパの数々の病院で看護の勉強を始めた。

「クリミアの天使」とよばれる

1853 年，ヨーロッパでクリミア戦争が起こると，ほかの看護師たちを率いて戦場につくられた野外病院に向かう。寝る間もなく負傷兵の看護にあたったことから，「クリミアの天使」とよばれた。また，汚かった病院を，清潔で管理の行きとどいた病院に変えていくことで，負傷兵の死亡率を大きく減らすことに成功した。

その後，ナイチンゲールはイギリスで初めて，訓練された看護師を育てる学校をつくる。優れた技術をもった看護師を育て，現在の看護教育の基礎を築いた。

高村光雲 (彫刻家)

木彫に新しい技法をあみだす

1863 年から仏師（仏像の制作をする人）の高村東雲のもとで学んだ。しかし，明治時代の初めごろは仏教の排除運動が起こっており，木彫の人気がおとろえていた。このため，仏師としての仕事はあまりない状況だった。そこで光雲は西洋美術を学び，写実主義という，当時ヨーロッパで流行していた美術のスタイルを知る。このスタイルを取り入れて新しい木彫を考え，木彫の人気を復活させた。代表作に『老猿』や銅像の『西郷隆盛像』などがある。

生没 1852 年〜 1934 年
出身地 江戸（現在の東京都）
日本の伝統的な彫刻技法に西洋の特徴をとりいれて木彫の人気を復活させた人物。

滝廉太郎 (音楽家)

教科書にのるような曲を数多くつくった

父の転勤で，神奈川，富山，大分などを移り住んだ後，15 歳で東京音楽学校（現在の東京芸術大学）に入学する。その後，日本人で 2 人目の音楽の留学生として，ドイツのライプチヒ音楽院に留学する。しかし，すぐに結核という重い病にかかり，1 年後に帰国。父の実家がある大分県で病とたたかって暮らすが，1903 年に 23 歳の若さで亡くなった。生涯の作曲数は多くはないが，『荒城の月』『お正月』など有名な曲が多い。とくに『花』は，音楽の教科書に何度も収録された。

生没 1879 年〜 1903 年
出身地 東京都
『荒城の月』『花』などを作曲した，明治時代の作曲家。

黒田清輝 画家

日本に新しい油絵の技法を伝える

清輝は，法律を学ぶためにフランスに留学したが，そこで絵の才能を認められ，絵画の道に進むことを決意する。1893年に帰国すると，フランスで学んだ明るい色を取り入れた油絵を次々とえがいた。清輝の絵のかき方は，日本のほかの画家にも大きな影響をあたえた。1896年には白馬会という洋画家の団体をつくり，新しい絵の技術を広める。また，多くの才能ある画家を育てるために，東京美術学校（現在の東京芸術大学）で西洋画を教えた。

生没 1866年〜1924年
出身地 薩摩（現在の鹿児島県）
フランスから西洋画の技法を取り入れ，日本中に広めた画家。代表作は『湖畔』『読書』。

横山大観 画家

伝統の上に，新しい日本画を制作

大観は，東京美術学校（現在の東京芸術大学）に入学し，校長の岡倉天心のもとで絵画を学ぶ。天心が1898年，日本美術院という画家の団体をつくると，大観も参加した。その後，西洋画の方法を取り入れ，線よりも色のこさ・うすさで日本画をえがく技法にいどみ，新しい日本画をめざした。伝統的な日本画を守ろうとする人々と対立しながらも，巨大な水墨画や美しい色でぬった日本画など，新しい時代にふさわしい絵をつくることにいどみ続けた。

生没 1868年〜1958年
出身地 常陸（現在の茨城県）
明治〜昭和時代に活躍した日本画家。代表作は『生々流転』。

二葉亭四迷 作家

ふたばていしめい＝くたばってしまえ？

　四迷は，ふだん使っている話し言葉を使った文章で『浮雲』という小説を書いた。それまで，日本では小説には書き言葉を使うのが当たり前だったが，話し言葉で書かれた小説は新しく，そしてわかりやすいとして人々に受け入れられた。

　しかし，この大人気となった『浮雲』は，最初は師匠である坪内逍遥の名前で発行された。できの悪い作品を師匠の名前で出してしまったと思った四迷は，自分に対して「くたばってしまえ！」と思ったことから，このペンネームを使うようになったといわれる。

生没　1864 年～ 1909 年
出身地　武蔵（現在の東京都）
日本ではじめて話し言葉を使った小説を出版した。代表作は『浮雲』。

小泉八雲 作家

日本人になったギリシャ生まれの作家

　「小泉八雲」は日本に来てから付けた日本名で，本名はラフカディオ・ハーンという。

　アメリカの新聞記者だった八雲は，日本に行った別の記者から，日本がとてもすばらしい国と聞いて，自分も取材のため日本へ向かった。そして実際に自分の目で見て日本を気に入った八雲は，記者の仕事をやめ，日本の学校で英語の先生となる。先生をしながら日本のさまざまな書籍や話を英語の本として出版し，日本のことをほかの国に紹介した。

生没　1850 年～ 1904 年
出身地　ギリシャ
明治時代に来日し，日本をテーマにした作品を多く書いた。代表作は『怪談』。

人間のなやみ，苦しみをえがいた
日本の近代文学を代表する作家

夏目漱石 作家

生没 1867年〜1916年
出身地 武蔵（現在の東京都）
イギリス留学後，作家として活動。『吾輩は猫である』『坊っちゃん』など名作を書いた。

イギリスで文化のちがいにとまどう

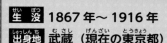

漱石は，帝国大学（現在の東京大学）を卒業後，イギリスのロンドンに留学。しかし，「どうして東洋と西洋の文化はこんなにちがうんだ」とショックを受け，部屋に閉じこもってしまう。漱石は，「日本は西洋のまねだけではだめだ。どうしたらいいのか」と何日もなやんだ。

作家たちのあこがれに

イギリスから帰国した漱石は，小説を書き始めた。自分の家に住みついた猫を見ていた漱石は，「猫は人間をどう思っているんだろう」と思い，『吾輩は猫である』という作品を書き上げる。猫の視点からユーモアたっぷりに人間の日常を書き，大評判となった。多くの作家のあこがれの存在となった漱石は，「今度は新しい日本に生きる，人間の心を書いてみよう」と決心する。『坊っちゃん』『草枕』などの名作を次々と発表した。その後，胃潰瘍という病にかかるが，それでも『彼岸過迄』や『こゝろ』といった有名作を書き続けた。

ヨーロッパの文化を学び

日本近代文学の幕を開けた

森鷗外 作家

生没 1862年〜1922年
出身地 石見（現在の島根県）
ドイツに留学後、『舞姫』などの名作を発表。
ヨーロッパ文学を日本に紹介するよう努めた。

ドイツで近代ヨーロッパにふれる

医者の家に生まれた鷗外は、大学を卒業後、陸軍の医者になった。そして、最新の医学を勉強するためにドイツに留学。そこで鷗外をとりこにしたのは、ヨーロッパの文化だった。「なんというすばらしい小説や絵だ」と鷗外は心をおどらせた。鷗外は、ヨーロッパ人の心をもっともっと知りたいと考え、たくさんの人々と交流した。

日本人を書く、名作『山椒大夫』の誕生

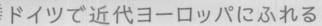

帰国後、日本人にヨーロッパの文化を知らせたいと望んでいた鷗外は、留学生活で出会ったドイツ人女性との思い出を書いた『舞姫』を発表した。

1912年、明治天皇のあとを追って自殺した乃木希典のことを知り、鷗外はショックを受ける。希典は、日本陸軍の大将だった。「なぜ日本人は、主君の後を追って自殺しようとするのだろう。もっと、日本人の心を知りたい…」。鷗外は、この後、日本の歴史や日本人のことを書こうと決心し、歴史小説を書き始める。そして『山椒大夫』『高瀬舟』といった名作が誕生した。

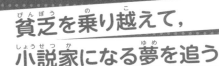

貧乏を乗り越えて，
小説家になる夢を追う

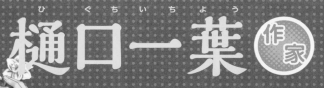

樋口一葉 作家

生没 1872 年〜 1896 年
出身地 東京都
明治時代の作家。女性に職業はいらないといわれた時代に，女流作家の道を切り開いた。

生活のために小説家を志す

　一葉は，幼いときから読書好きで，100 冊以上もある『南総里見八犬伝』を 7 歳にしてたった 3 日で読み上げた。「女性に学問はいらない」という母の反対で学校に進むことはできなかったが，父のあとおしで塾「萩の舎」に入門した。そこで和歌や書道，古典文学などを学ぶ。

　しかしその後，兄と父がたて続けに亡くなる。母と針仕事などをしたが，生活は苦しかった。そこで，一葉は小説家になってお金をかせごうと決意した。

わずか1年あまりで多くの名作を残す

　一葉は文芸雑誌に作品を発表するが，生活を支えるまでにはいかなかった。そこで，小さな雑貨と駄菓子の店を開いたが，商売は失敗に終わる。

　このときの経験をもとに，ほぼ 1 年あまりの間に『たけくらべ』や『にごりえ』などの小説を集中的に執筆する。これらの作品を発表すると，森鷗外らの目にとまり，高く評価された。しかし，一葉はそれからまもなく病気にたおれ，わずか 24 歳でこの世を去った。

▲ 5000 円札にえがかれた一葉

歌集『みだれ髪』で女性の素直な気持ちを表現した情熱歌人

与謝野晶子

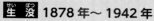

生没 1878年〜1942年
出身地 大阪府

明治・大正・昭和時代の歌人，詩人。歌集『みだれ髪』を発表し，若者たちの人気を集めた。

文学少女として育つ

大阪・堺に古くから続く和菓子屋の三女として生まれる。子供のころから本が大好きで，家の蔵にあった中国の詩や日本の古典文学を手当たりしだいに読んでいた。

やがて，短歌をつくって雑誌に送るようになった。なかでも，与謝野鉄幹が出していた雑誌『明星』に作品を次々と発表するようになり，それがきっかけで23歳のときに鉄幹と結婚した。

のびのびとした新しい短歌の世界

晶子は，女性の恋愛に対する情熱を歌い上げた歌集『みだれ髪』を出した。女性はひかえめにするのが当たり前だった時代に，素直な気持ちをのびのびと自由に表現したもので，若者たちの共感をよんだ。

また，兵士として日露戦争に行った弟に無事に帰ってきてほしいと『君死にたまふことなかれ』という詩を発表。戦争に反対する内容だったため，世間の人々からはげしく非難された。しかし晶子は，感情を率直に表現する大切さを主張し，これに反論した。

病苦に負けず，俳句や短歌の
革新運動を続けた

正岡子規 歌人

生没 1867年〜1902年
出身地 伊予（現在の愛媛県）

明治時代の俳人・歌人。俳句雑誌「ホトトギス」で活躍するなど，新しいスタイルの俳句・短歌を追求した。

文学好きから俳句の世界へ

　子規は，松山藩の下級武士の子として生まれた。幼いころから祖父の塾で漢詩などを学び，文学に親しんだ。

　「大学を出て活躍したい！」と16歳で東京に出たが，その後結核という重い病気

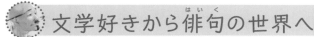

・柿くへば鐘が鳴るなり法隆寺
・いくたびも雪の深さを尋ねけり
・故郷やどちらを見ても山笑ふ

▲正岡子規がつくった有名な俳句

にかかる。このとき，「これからは私の命を，すべて文学にささげよう」と決意した。そして，新聞「日本」の記者となり，働きながら俳句や短歌をたくさん書いた。

文学を死ぬまで愛した

　日清戦争が起こったとき，戦争の取材で中国に行き，帰国途中に病気が悪化した。故郷にもどって療養していたが，その後も俳句雑誌「ホトトギス」を創刊して多くの俳句を世の中に紹介したり，弟子を指導したりした。さらに子規は，昔のスタイルにとらわれない新しい俳句や短歌を，積極的に発表した。

　34歳で短い生涯を終えるまで，子規は寝たきりになっても俳句や短歌をつくり続けた。

働いても働いても…
何で貧乏なんだろう？

石川啄木 歌人

生没	1886 年〜 1912 年
出身地	岩手県

歌集『一握の砂』などを発表し、苦しい生活の悲しさ、つらさをすなおに表わす短歌をつくった。

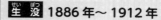

働いても，働いても

　小説家になるという夢をもった啄木は，16歳のときに盛岡から東京へ出てきた。しかし夢はかなわず，ふるさとにもどった啄木を待ち受けていたものは，貧乏だった。結婚して子供も生まれた啄木は考えた。「今は夢より仕事が大切だ」。そこで北海道にわたり，色々な仕事についた。しかし，生活は少しも楽にならない。啄木は，どうしたらいいのかと考えこむようになった。

はたらけど
はたらけどなほ
わがくらし楽に
ならざり
ぢっと
手を
みる

短歌であらわした悲しさ

　もう一度小説を書きたいという思いを消せない啄木は，友だちをたよって東京へもどる。しかし，書いても書いても小説は売れない。なぜみんなに受け入れてもらえないのだろう，と思いなやんだ啄木は，その悲しさやくやしさをそのまま短歌にあらわした。すると，その短歌はすばらしいと世間の人々に絶賛された。「これで生活が楽になるかも」と啄木は期待した。しかし，かかっていた病気がひどくなり，貧乏なままわずか26歳で亡くなった。

北里柴三郎 （医学者）
きたさとしばさぶろう

日本の細菌学の父

　東京医学校（現在の東京大学医学部）を卒業後，ドイツに留学する。そこで血清療法とよばれる，破傷風という病気の治療法を開発した。血清療法は，破傷風に感染する人を大幅に減らした。さらにほかのさまざまな感染症の治療にも，血清療法が使われるようになった。

　帰国後，伝染病研究所の所長となり，ペスト菌を発見する。1914 年，北里研究所（現在の北里大学の母体）を設立した。

生没 1852 年～ 1931 年
出身地 肥後（現在の熊本県）
ドイツに留学し，のちに破傷風の治療方法を開発した。

志賀潔 （医学者）
しがきよし

赤痢菌を発見し，世界中を救う

　帝国大学医学部（現在の東京大学医学部）を卒業し，伝染病研究所で北里柴三郎の弟子として学ぶ。1897 年，見つけることが不可能といわれていた赤痢菌を，苦労に苦労を重ねながら発見。世界の学者らはこの発見をたたえ，赤痢菌のことを「志賀」の名にちなんで「シゲラ」と名付けた。赤痢菌の発見をきっかけに治療法が開発され，赤痢に感染した人の死亡率は大きく減った。潔はその後，北里柴三郎とともに北里研究所（現在の北里大学の母体）を設立した。

生没 1870 年～ 1957 年
出身地 陸前（現在の宮城県）
北里柴三郎の弟子。危険な感染症の原因となる赤痢菌を発見した。

いくつもの困難をのりこえ
医学の研究に一生をささげた

野口英世 医学者

生没 1876年～1928年
出身地 福島県

不自由な手の手術をきっかけに医学をこころ
ざし、黄熱病などの病気の研究に取り組んだ。

くやしさをがまんした幼い日

「やーい！変な手だな！手を出してみろよ」。幼い
ころ、英世はいじめられていた。英世は福島県の貧
しい農家で生まれ、幼いころの名前は清作といった。
1歳のとき、清作はいろりに落ちて、左手に大やけ
どをする。手がグーをしたように、にぎった形のま
まになってしまったのだ。それをからかわれ、いじ
められる日々が続いた。それでも、「勉強では負けないぞ」と思った清作は、く
やしさをバネにがんばり、成績はいつもトップだった。

猛勉強、猛勉強

15歳のとき、まわりの人々の助け
で、指を切りはなす手術を受けること
ができた。医学のすばらしさに感動し
た清作は、医者になって苦しんでいる
人を助けようと決心した。東京へ出
た清作は、寝る間もおしんで勉強し、
20歳で医者の資格試験に合格する。

英世は医者の資格を手に入れたあ
と、病気を研究する仕事に興味をもち、
世界でも有名な医学者・北里柴三郎の
伝染病研究所に入る。英世は細菌学を
研究して人々を救おうと、毎日研究を
続けた。このころから清作は、英世と
名乗るようになる。

ねむらないノグチ

　もっともっと進んだ研究をしたいと望んだ英世は，アメリカにわたる。ここで英世は，人々から「ノグチはいつねているんだ」と不思議がられるほど，熱心に研究にはげんだ。

　アメリカの研究所で英世が取り組んだのは，毒ヘビの毒の研究。ヘビにかまれると命をなくす危険な研究であったが，英世は持ち前のねばり強さでやりとげた。ノグチの名前はアメリカの医学界で大評判になった。

黄熱病にたおれる

　このころ，黄熱病という病気がはやり，南アメリカやアフリカで多くの人々が死んでいた。アメリカのロックフェラー医学研究所（現在のロックフェラー大学）

にいた英世は，何としてもこの病気の病原菌を探り，治す薬をつくらなければ，と決心した。英世の動きははやく，さっそく西アフリカにわたり，研究を開始した。しかし研究を進めているとき，英世はまだ治療薬がないこの病気にかかってしまい，命を落としてしまった。

こぼれ話　英世を見守った母シカの愛

　英世の母シカは，英世を大やけどさせたことを後悔した。こんな手では農民にはなれないと考えたシカは，英世が学問の道で生きていけるよう，人の何倍も働き，英世の学費をかせいだ。英世は研究がつらいとき，母の姿を思い出して，苦しさに耐えてがんばったという。

明治時代の文化

『吾輩は猫である』
（夏目漱石）

猫の視点から世の中を皮肉った小説。

近代文学の広がり

それまでになかった，話し言葉をそのまま書き言葉で表す「言文一致体」で書かれるようになった。

『舞姫』
（森鷗外）

主人公・豊太郎が留学先で出会った美少女エリスとの恋物語。

『たけくらべ』
（樋口一葉）

ある少女と，僧侶になる少年の淡い恋物語。

女性作家も活躍！

作家	作品（種類）
坪内 逍遥	『小説神髄』（評論）
二葉亭 四迷	『浮雲』（小説）
島崎 藤村	『若菜集』（詩集） 『破戒』（小説）
与謝野 晶子	『みだれ髪』（歌集）
国木田 独歩	『武蔵野』（小説）
田山 花袋	『蒲団』（小説）
石川 啄木	『一握の砂』（歌集）

▲その他の主な文学者と作品

彫刻 **老猿**（高村光雲）

日本の伝統的な美術に，西洋の近代的な技術をとり入れた作品が人気を集めた。

絵画 **湖畔**（黒田清輝）

破傷風の**血清療法を発見**

科学 **北里柴三郎**

アフリカで**黄熱病を研究**

科学 **野口英世**

分野	科学者	研究や成果
医学	志賀 潔	**赤痢菌**を研究。
薬学	高峰譲吉	**アドレナリン**の発見。
薬学	鈴木梅太郎	**ビタミンB₁**の発見。
物理学	長岡半太郎	**原子構造**の研究。
地震学	大森 房吉	**地震計**の発明。
天文学	木村 栄	**緯度変化**の計算式の発見。

▲その他の科学者

近代科学の発展

国民に教育が広がったことをきっかけに，医学や科学で成果を出す学者が現れた。

世界と日本をつなぐ
「太平洋のかけ橋」になりたい

新渡戸稲造 教育者

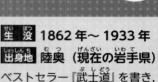

生没	1862 年〜 1933 年
出身地	陸奥（現在の岩手県）

ベストセラー『武士道』を書き，
日本人の心を外国に知らせた。

日本には武士道がある

　札幌農学校（現在の北海道大学）を卒業後，
アメリカにわたった稲造は，日本人の心を西
洋の人にわかってもらうにはどうしたらいい
か悩んでいた。「もっと日本と外国が仲良く
なれる手助けをしたい，日本を理解してもら
いたい」。そう考えた稲造が，日本人の心を
もっともよく表しているものとして思いつい
たものが，武士道という言葉である。侍の
ような日本人の生き方や考え方を英語で書い
た『武士道』という本は，アメリカだけでな
く，ヨーロッパでもたくさん売れた。

世界中に平和の橋をかける

　このころ，第一次世界大戦という戦
争が起こり，世界中のたくさんの人が
亡くなった。稲造は，こんな悲しいこ
とは二度と起こしてはならないと決
意。戦争のあとにつくられた，国際連
盟という世界の平和を守る組織ができ
あがると，稲造はその事務次長とな
る。稲造は世界中に平和が広がること
を願った。

暴力反対！インド独立運動の指導者で，「インド独立の父」

ガンディー

革命家

生没	1869年〜1948年	出身地	インド

インドの独立運動の指導者。「非暴力・不服従」を合い言葉にして，イギリスからインドを独立させることに成功した。

南アフリカで知った厳しい現実

インドの裕福な家庭に生まれたガンディーは，イギリスに留学し弁護士の資格をとって熱心に働いた。しかし，仕事で行った南アフリカで，インド人が白人からひどい人種差別を受けているのを見て激しいショックを受ける。当時，インドはイギリスに支配され，南アフリカに住むインド出身の人は，イギリス人から奴隷のようなあつかいを受けていたのだ。これをきっかけに，ガンディーはインド人の権利を守るために，死ぬまで力をつくすことを決意する。

インドの独立を勝ち取る

▲インドの糸車で糸をつむぐガンディー。インドの伝統的なせんい工業をアピールすることで，イギリスへの抵抗を表している。

ガンディーは，約20年間南アフリカに住むインド人のために活動し，45歳でインドに帰国。その後，インドでイギリスからの独立運動を始める。イギリスに何度も捕まったが，ガンディーは「イギリスには従わない，協力もしない。でも，暴力で抵抗しない」と，暴力を使わないでイギリスへの抵抗を続けた。ガンディーが77歳のとき，インドはついに独立を宣言。しかしその翌年，ガンディーは彼の独立運動をよく思わない人に殺されてしまった。

319

ロシアに立ち向かった
内閣総理大臣

桂太郎 政治家

生没 1847年〜1913年
出身地 長門（現在の山口県）
明治時代〜大正時代に，3回内閣総理大臣に就任した。

軍人から総理大臣へ

ロシア VS 日本

太郎は少年時代を江戸時代末期の長州藩（現在の山口県）で過ごしたのち，ドイツへ留学した。帰国後は明治政府の陸軍に入り，昇進を重ねていく。そして1901年に初めて総理大臣となった。このころ日本は，韓国をめぐってロシアと争っていた。太郎は「イギリスと手を組んでロシアの勢力をおさえよう」と思い，1902年にイギリスと同盟（日英同盟）を結ぶ。しかし結局，1904年にロシアとの間で戦争（日露戦争）が始まり，太郎は日本軍の指揮をとることになった。

3回総理大臣になる！

世界各国の予想を裏切り，日本はロシアとの戦争を有利に進めた。戦争を終えるとき，日本はロシアとポーツマス条約を結び，ロシアの領土の一部をもらうことなどを約束した。しかし賠償金はもらえなかったため国民は不満をもち，太郎はその責任を取って無念のうちに内閣総理大臣をやめた。その後も2度総理大臣になるが，議会の意見を無視した政治をしていると国民から反発され，政権を長続きさせることができなかった。

すべての人々が平等な社会をめざし，その主張をつらぬいた

幸徳秋水 ⓘ思想家

| 生没 | 1871 年〜 1911 年 |
| 出身地 | 高知県 |

明治時代に，多くの労働者が幸せになれる社会づくりをうったえた。

たくさんの労働者が幸せになる世の中へ

秋水は，国民が中心となる政治を唱えた中江兆民のもとで学んだ。そして，「一部の人だけが豊かになり，たくさんの労働者が貧しい生活に苦しむ世の中は，まちがっている」「人間はみな平等でなければいけない」と思うようになった。秋水は，1901 年に人間の平等をめざす人々と社会民主党という政党をつくるが，政府により 2 日後に解散させられた。「こんな政府では人々は幸せになれない」と考えた秋水は，政府に反対する人々を応援する活動をくり広げた。

無実の罪で処刑される

「こんな政府なら，なくてもいいのではないか」。やがて秋水はそう考えるようになった。そんなある日，秋水は，天皇を殺そうとしたとして政府にとらえられ，刑務所に入れられた。秋水はそんなことはしていないと政府にうったえたが，その言葉は政府に届かず，秋水は死刑になってしまった。

ヨーロッパの動き

同盟国		連合国
ドイツ	対立	イギリス
オーストリア		フランス
イタリア		ロシア

※イタリアはのちにオーストリアと対立し，三国同盟から離脱。その後，連合国側で参戦した。

植民地や領土の拡大をめぐって争っていた！

日本の動き

▼列強の中国分割（第一次世界大戦前）

多くの国が清に進出！

日本も中国にもっと進出したいなあ。

大連・旅順1905（日）
ハルビン
ウラジオストク
北京
奉天
朝鮮
漢城
釜山
清
膠州湾1898（ド）
漢口
日本
武昌
上海
南京
遼東半島
威海衛1898（イ）
広州湾1899（フ）
福州
台湾1895（日）
広州
九竜半島1898（イ）
フランス領インドシナ1887
海南島1887
香港1842（イ）
マカオ1887（ポ）

■ イギリスの勢力範囲	・外国の領土・租借地
■ ロシアの勢力範囲	
■ 日本の勢力範囲	‥‥列強が管理する鉄道
■ フランスの勢力範囲	
■ ドイツの勢力範囲	━ 清の鉄道

世界大戦

オーストリア皇太子がセルビア人の青年によって暗殺される！

1917年 アメリカが連合国側に参戦！

1914年 第一次世界大戦勃発

1918年 連合国の勝利！

ドイツの降伏

パリ講和会議 ベルサイユ条約締結

ドイツは領土が縮小され，多額の賠償金を支払うことに！

日英同盟を理由に連合国側に参戦！

1915年，欧米諸国のアジアへの関心が薄れたすきに，日本は中国に二十一か条の要求を出し，日本の権利や利権の拡大をねらった。

日本のアジア進出

いざ世界へ！

お金を燃やしてあかりにするほど！

大戦景気

武器の注文が殺到し，日本国内の景気が上昇！

323

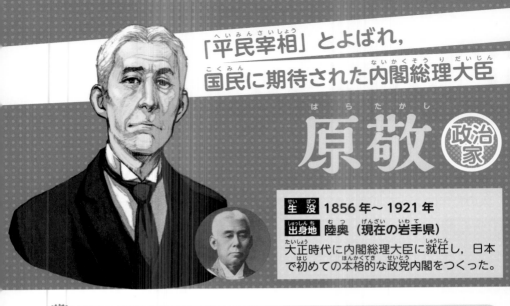

「平民宰相」とよばれ，
国民に期待された内閣総理大臣

原敬 政治家

生没	1856年〜1921年
出身地	陸奥（現在の岩手県）

大正時代に内閣総理大臣に就任し，日本で初めての本格的な政党内閣をつくった。

国民の期待にこたえる政治

敬は新聞記者として働いていたが，「一部の有力な人々が議会を無視して行う政治はだめだ」と強く考えるようになった。話し合いで進める政治を実現しようと，考え方がちがう人々にも協力をよびかけ，政治の世界に進出した。

1918年，米の値上がりに不満をもった人々が全国各地で暴動を起こした（米騒動）。そこで政府は，国民に人気の高い敬を内閣総理大臣にする。敬はそれまでの総理大臣とは異なり，平民という一般の人々と同じ身分の出身だった。そのため，多くの国民から「平民宰相（首相）」とよばれ，親しまれるようになったのだ。敬は，今やることは暴動を早く収めることだと考え，安い米をたくさん輸入し，人々の期待にこたえた。

教育・産業・交通を盛んに

敬は，これからは日本の未来を背負う若者が大切だと考え，教育を盛んにする政治を進めた。また，産業や交通の発展にも力を注ぎ，発展を望む地方に対して鉄道を開通させるなど，大がかりな地方開発を実現した。しかし1921年，敬の考え方に反発していた青年に，東京駅で暗殺された。

主婦の怒り 爆発 米騒動！

商人が米を買い占めちゃって，値上がりしたのさ。これじゃあ，家計が火の車だよ！

シベリア出兵で必要になることを見こして，
商人たちが米を買い占めた。

ウヒヒ
高く売れるぞ
ウヒヒヒ

米騒動

正米相場（1石当たり円）
（円）
40
30
値上がり
20
10
0
1905　10　15　18　20　　25年
第一次世界大戦

米の値段が急上昇！

もうちょっと
安くしなさいよ！

そーよ！
そーよ！

富山県の主婦たちが
米の安売りを要求

運動は全国に広がり，鎮圧
に軍隊が派遣されるほどに。

325

憲法にもとづく議会政治を
守り続けた「憲政の神様」

尾崎行雄 （政治家）

生没 1858年〜1954年
出身地 相模（現在の神奈川県）
明治時代から昭和時代まで、約60年間国会議員として活躍した政治家。

横暴な内閣総理大臣をやめさせろ！

　行雄は、1890年に行われた日本初の衆議院議員選挙で当選し、政治の世界へ入る。その後、議会を無視した政治を行う桂太郎内閣が誕生したため、行雄は議会で内閣をきびしく問いつめた。行雄には多くの人々が賛成し、桂太郎は2か月ほどで内閣総理大臣をやめた。また行雄は、多くの人から選ばれた議員が政治を進めなければならないと考えていた。そこで、選挙権をたくさんの人にあたえる、普通選挙運動に力を入れた。

軍の力を大きくしてはならない！

　第一次世界大戦後のヨーロッパの様子を見た行雄は、「軍の力が強くなると、国民が大きな被害を受ける。軍の力を小さくしよう！」と考えた。その後、日本が太平洋戦争を始めたときも、軍中心の政治を批判する。太平洋戦争が終わっても、行雄の努力は続いた。90歳を過ぎても国会議員を続け、政治は国民のために行われなければならないと、うったえ続けた。国会議員の選挙に連続25回当選し、約63年間国会議員を務めた。

政府に批判されても
自分の考えをつらぬいた

美濃部達吉 （学者）

生没 1873年〜 1948年
出身地 兵庫県
明治・大正・昭和時代の憲法学者。
「天皇機関説」という考えを発表した。

天皇を機関とみなす「天皇機関説」を主張

東京帝国大学（現在の東京大学）卒業後，公務員になるが，憲法研究のためヨーロッパに留学。帰国後，東京帝国大学の法学部教授となった。

39歳のとき，達吉は「天皇機関説」を発表した。これは，法律を決めたり，裁判を行ったり，法律にもとづき政治をしたりする力をもつのは国であり，

天皇は憲法に従って政治を決める，という考えである。達吉の説は，天皇が国の政治に対して絶対的な権力をもつと考える「天皇主権説」と対立するものであった。法学者たちはこれら二つの説に分かれて激しい論争をくり広げた。その結果，法学者の多くは「天皇機関説」を支持するようになった。

批判されても自分を曲げない強い意志

▶発売禁止となった『憲法撮要』

達吉の考えは，天皇主権説を支持する議会の人々には受け入れられないものだった。彼らから「天皇機関説」はまちがった考えだとして何度も批判・攻撃され，政治問題となった。自分の考えを書いた『憲法撮要』が政府によって発売禁止にされたり，知らない男におそわれたりした。それでも，達吉は自分を曲げず，自分の考えをつらぬき通した。

国民のために行う政治を、日本でもやろう！

吉野作造 （学者）

生没 1878年〜1933年
出身地 宮城県

民本主義という考え方を主張し、大正デモクラシーを盛り上げた政治学者。

民主主義の国イギリスにあこがれる

作造は大学で政治について学び、1910年にヨーロッパに留学した。イギリスと日本との政治のちがいにおどろいた作造は、イギリスには国王はいるが、政治を進めているのは、国王でなく国民が選んだ議員だということに気づいた。日本へ帰った作造は、人々によびかけた。「イギリスではだれでもが議員を選ぶことができるし、何でも自由に意見が言える。人々の意見を取り入れた政党政治が行われているのです」と。

日本にも、国民みんなで行う政治を

このころの日本の憲法では、政治を行う中心は天皇と定められていた。これに対して、作造は「民本主義」という考え方を発表する。これは、政治は国民の意見を取り入れ、国民のためになるように進めなければならないという考えだった。この考え方は、そのころの政治家たちに大きな影響をあたえる。作造の考え方にもとづいて、多くの人が「選挙で議員を選びたい」「話し合いで政治を進める政党政治を実現したい」と考えるようになった。

たくさんの人々が参加する政治を！

普通選挙法を成立させた

加藤高明 （政治家）

生没 1860 年 ～ 1926 年
出身地 尾張（現在の愛知県）
政党中心の政治をめざし，25 歳以上のすべての男性に選挙権をあたえる普通選挙法を成立させた。

政治は政党が進めるもの

大正時代，国民は政党（政治について同じ考えを持つ人々が集まる組織）がたがいに意見を戦わせて政治を進めることを求めていた。しかし当時の内閣は政党を無視した政治を行っていた。「これでは多くの人々が政治に参加できない！」。そう考えた高明は，「この内閣はたおさなければならない！私が先頭となろう！」と内閣をたおす運動を始めた。

多くの人に選挙権を！ 普通選挙法成立

選挙権だ！

運動が実って，政党中心の内閣がつくられ，高明は内閣総理大臣となった。高明は議会で，「政治でいちばん大切なことは，たくさんの人々に選挙権をあたえることだ」と演説した。これまでは税金を多く納める男性にしか選挙権がなかったが，高明が成立させた普通選挙法により，25 歳以上のすべての男性に選挙権があたえられた。「多くの人が政治に参加する」という高明たちの考えは実現した。しかし，このときはまだ女性には選挙権があたえられていなかった。女性にも選挙権があたえられ，ほんとうに多くの人が政治に参加できるようになったのは，高明が亡くなってから約 20 年後のことである。

女性は本来太陽だった！

平塚らいてう
（らいちょう）

活動家

生没 1886年〜1971年　**出身地** 東京都

日本初の女性雑誌『青鞜』を出版し，女性の社会的地位の向上を求め続けた。

女性が自由に暮らせる社会を

　らいてうが生まれたころの日本では，女性の地位は低かった。女性には選挙権がなく，男性のように自分の意見を自由に言うことが許されていなかった。らいてうは，女性がもっと自由に暮らせる社会にしたい，と考えるようになる。学校でも，女性というわくにはめようとする教師にたびたび反抗した。

　学校を卒業後，女性の地位を上げようとしたらいてうは，雑誌『青鞜』を出版。その1号に，「今の女性は，男性の光に照らされてかがやく月のようだ。女性は太陽のように，みずからかがやくようにならねばならない」と自分の考えを発表した。

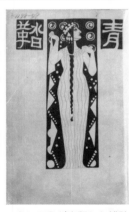

▲らいてうが出版した雑誌『青鞜』の表紙

女性たちとともに戦い続けた一生

　その後，らいてうは新婦人協会を立ち上げ，女性も政治活動ができるようにとうったえる。らいてうのもとには「いっしょに戦いましょう」と，多くの女性が集まってきた。さらに，太平洋戦争後には戦争反対運動にも参加。日本以外の国の戦争にも反対をうったえ続けた。85歳で亡くなる直前まで，戦い続けた一生であった。

日本の女性よ，政治に参加しよう！

市川房枝 （政治家）

生没 1893年〜1981年　**出身地** 愛知県

新婦人協会を結成し，女性の地位向上をめざす活動を続けた。女性参政権実現後は，国会議員としても活躍。

女性にも参政権を！

房枝の幼いころは，女性の地位が低く，女性は家庭を守るよき妻，よき母であればよいとされていた。これに疑問をもった房枝は，学校を卒業したあと，家庭に入らず，学校の先生や新聞記者として働いた。その後，女性の社会的地位を向上させたいと考えて，1920年に平塚らいてうと新婦人協会という組織を結成する。さらに，アメリカに行って女性が政治に参加する様子を調べてきた。房枝は，「男女平等で平和な社会をつくるためには，女性も政治に参加すべきだ」と考えた。そして帰国後は女性が参政権（選挙に出たり，投票したりする権利）をもてるようにうったえ続けた。

ついに国会議員に

太平洋戦争後，ついに日本で女性参政権が実現する。房枝自身も選挙に立候補して，1953年に参議院議員に当選した。その後，房枝は男女平等だけでなく，平和活動に取り組んだり，お金のかからない選挙ができるよううったえたりして，亡くなるまで25年間議員生活を送った。

331

話せばわかる！
話し合いで平和な政治を求めた

犬養毅 政治家

生没 1855 年〜 1932 年
出身地 備中（現在の岡山県）
憲法をもとに，話し合いで解決する政治を求め続けたが，五・一五事件で暗殺された。

憲法をもとにした政治

「政治は国民に選ばれた議員がつくる政党が中心になって進めるべきだ！」これが毅の考えであった。毅は1890 年に行われた第一回衆議院議員選挙で当選した。その後，桂太郎内閣が議会を無視した政治を行おうとしていたときには，「憲法にもとづく政治を行うべきだ！」と先頭に立って反対する。この動きによって，桂内閣はわずか 2 か月ほどでたおれた。その後も，議会を無視して政治を行おうとする内閣が現れると，「議会を無視することは国民を無視することだ」と毅はうったえ続けた。

「話せばわかる！」とさけんだが，暗殺される

話せばわかる！

1931 年，総理大臣となった毅は，憲法をもとに国民中心の政治ができると喜んだ。しかし，日本軍が議会を無視して自分勝手な行動をしたため，日本は中国と戦争状態になる。毅は「日本軍の勝手な行いをおさえ，中国との争いをやめさせなければ…」と考えた。しかし，1932 年 5 月 15 日，毅の考え方に反対する軍人が毅をおそった（五・一五事件）。「話せばわかる！」とさけんだ毅の思いは通じなかった。五・一五事件で毅が殺されたことで，政党中心の政治は終わった。

大正デモクラシー

旺文新聞　1925年●月▲日

速報　普通選挙法制定

国民の悲願であった、普通選挙法がついに実現した。25歳以上の男子全員に選挙権があたえられるようになった。

%は全人口にしめる有権者の割合

有権者数（万人）				
44 (1.1%)	99 (2.2%)	305 (5.5%)	1239 (19.8%)	3689 (48.7%)

法改正年	1889	1900	1919	1925	1945
実施年	1890	1902	1920	1928	1946
年齢	男25才以上	男25才以上	男25才以上	男25才以上	男女20才以上
直接国税	15円以上	10円以上	3円以上	普通選挙	

※当時の公務員の給料は月8円くらいだった。

平民宰相　原敬氏をしのぶ

1918年、日本初の本格的な政党内閣を組織した原敬氏。それまでの総理とはちがい、薩摩・長州・土佐・肥前や貴族の出身ではない原氏は、国民からおおいに期待されたが、1921年に東京駅で暗殺されてしまった。

原敬

水平社宣言発表

1922年、部落差別を受けていた人々が、全国水平社を結成し、部落解放をよびかける「水平社宣言」を出した。

本日の言葉

もとは、女性は太陽であった。しかし今では月である。

平塚らいてう（ひらつか らいちょう）

労働運動　小作争議　に　参加しよう

賃金が安い　仕事がない　そんな君！

小作料が高い

待っているぞ！

90歳で亡くなるまで，人間の理想を文学で表現し続けた

武者小路実篤 作家

生没 1885年〜1976年
出身地 東京都

人間愛をテーマに，『その妹』や『友情』など数多くの作品を書いた。

幼いときに亡くした父の言葉

上流階級である華族の家に生まれる。経済的にはめぐまれた家庭で，何の不自由もなく生活していたが，2歳のときに父が病死。父が最後に言った「この子をよく育ててくれる人があったら，世界に一人という人間になるのだが」という言葉は，その後，大人になった実篤に大きな力をあたえた。

1891年に学習院初等科という私立小学校に入学。読書は好きだったが，作文は苦手な少年だった。

「人間愛」を書き続ける

15歳のとき，近所に引っ越してきた女性に恋をするが，気持ちを打ちあけられないまま失恋する。一方，この頃から実篤はよく文章を書くようになり，のちにこの失恋話も小説『初恋』としてまとめた。17歳のころ志賀直哉と出会い，小説を書くことにのめりこんだ二人は『白樺』という雑誌を創刊した。また，キリスト教が教える人間愛，つまりすべての人を思いやる心をえがくロシアの作家・トルストイの精神に実篤は感動する。そして33歳のとき，人間愛をはぐくむことを目的に，共同生活の場「新しき村」を建設した。その後も小説『友情』など，人間愛や人生のすばらしさをえがいた作品を多く残した。

この道より我を生かす道なし
この道を歩く

実篤（八十二歳）

志賀直哉 作家

短編小説を多く書いた「小説の神様」

　東京帝国大学（現在の東京大学）に進むが，小説家を志し中退した。27歳のとき，学生時代の友人，武者小路実篤や有島武郎らと雑誌『白樺』をつくる。その後，すぐれた短編小説を発表し続けた。

　38歳のとき，直哉のただ一つの長編小説『暗夜行路』の前編を発表したが，完結したのは16年もあとのことだった。直哉の文章は，テーマを簡潔にとらえたむだのない文体が特徴で，今でも文章の手本とされる。

生没　1883年〜1971年
出身地　宮城県
大正・昭和時代の小説家。『城の崎にて』『暗夜行路』が代表作。

谷崎潤一郎 作家

美しさを追求する耽美派の代表作家

　潤一郎は，文学を志して東京帝国大学（現在の東京大学）国文科に進むが，中退した。24歳のとき，第2次『新思潮』という雑誌の創刊に加わる。その後，『刺青』『麒麟』といった小説を発表し，当時の有名作家・永井荷風に絶賛された。これにより，美を最高の価値とし，美しさのみを追い求める耽美派の代表作家となった。昭和時代に入っても，『春琴抄』や6年かけて完成させた大作『細雪』など，名作を多数書き続けた。

生没　1886年〜1965年
出身地　東京都
明治・大正・昭和時代の小説家。『刺青』『細雪』『春琴抄』などが代表作。

短編小説に優れた天才作家

芥川龍之介 作家

生没 1892年〜1927年
出身地 東京都
大正時代の小説家。『鼻』『羅生門』など，近代日本を代表する短編小説を書いた。

本を読みあさった学生時代

生後まもなく母が病気になったため，母の実家に引き取られる。家族がみな文学や芸術を好んだこともあって，龍之介は幼いころから読書好きだった。少し大きくなると図書館や貸本屋に通い，さまざまな本を読みあさった。

大学に進むと，高校時代から友だちだった菊池寛らと第3次『新思潮』という雑誌をつくった。また，のちに代表作となった『羅生門』を発表して，作家として活動するようになる。

夏目漱石に絶賛され，作家デビュー

24歳のときに発表した『鼻』が，当時人気作家だった夏目漱石に絶賛され，新人作家として華々しくデビューした。大学卒業後，海軍機関学校の英語担当教官として生活しながら，『地獄変』などの作品を次々と発表し，流行作家の仲間入りをする。その後教官をやめて東京にもどり，創作に専念するようになった。しかし心の状態が不安定になる病気にかかり，「人間はなんておろかなんだ！」と思うようになる。その後も，『河童』など，人の心をつかむ名作を書き続けた。自分の将来に対する「ぼんやりした不安」という言葉を遺書に残し，35歳の若さで自殺した。

農民を愛した作家は，
国語の教科書の定番に

宮沢賢治 作家

生没	1896 年〜 1933 年
出身地	岩手県

岩手県で農業指導の仕事をしながら，多くの童話や詩を書き残した。

大好きな農民のために

農学校の先生になった賢治は，教科書に書いてあることよりも，本当に農業に役立つことを教えよう，と思って授業をした。賢治は農民として一生けんめいに生きていこうとする少年たちが大好きだった。自分も農民として生きようと決心した賢治は，農学校の先生をやめ，自分で荒れ地を耕し野菜をつくった。「農民たちが作物をたくさんつくれるように，知識を教えよう」と，賢治は農民たちを集めて勉強会を開いた。村のあちこちにも相談所をつくって，農民の相談にのった。賢治の教え方は優しく，たくさんの農民が集まってきた。

そういうものに私はなりたい

賢治は農民のために働きながら，みんなが幸せに暮らす世の中を願って，『注文の多い料理店』や『銀河鉄道の夜』などの童話を書いたり，詩集『春と修羅』を発表したりした。しかし，体が弱かった賢治は，病気により 37 歳の若さで亡くなってしまう。賢治の死後発見された彼の手帳には，「雨ニモマケズ」で始まる詩が書かれていた。賢治はこの詩で，人々の幸せのために役立つ人になりたい，という思いを伝えたかったのかもしれない。

芥川龍之介にあこがれ続けた
昭和初期を代表する小説家

太宰治 作家

生没 1909年〜1948年
出身地 青森県

『走れメロス』『人間失格』など，現在
でも人気のある昭和を代表する作家。

あこがれの芥川賞

治は，青森県の裕福な家庭の6男として生まれる。学生時代に芥川龍之介にあこがれ，作家を志すようになった。

小説を書き続けていた治のもとに，彼の作品が第1回芥川賞の受賞作候補になったという知らせが届いた。芥川賞は，芥川龍之介の業績を記念してつくられた文学賞の一つである。芥川龍之介に対して強いあこがれをいだいていた治は，「何としても芥川賞をとりたい！」と意気ごんだ。しかし，結果は落選であった。第2回・第3回芥川賞のときには，治は選考委員に対してお願いの手紙を送るなどした。しかし結局受賞できず，治はおおいに落ちこんだ。

芥川龍之介と同じ最期

芥川賞の受賞はかなわなかったが，『走れメロス』などのすばらしい小説が評価され，治は人気作家の仲間入りを果たした。しかし38歳のとき，「小説を書くのがいやになった」と水に飛び込んで自殺をしてしまう。あこがれ続けた芥川龍之介と同様，自殺で短い生涯を終えた。

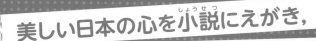

川端康成 (作家)

生没	1899 年～ 1972 年
出身地	大阪府

大正・昭和時代の小説家。『伊豆の踊子』
『雪国』『千羽鶴』『古都』などが代表作。

14 歳で孤児になるも，文学の道へ

医者の家に生まれたが，1 歳のとき父が亡くなり，その後も母や祖母，姉を相次いで亡くす。さらに 14 歳で祖父を亡くし孤児になった。寄宿舎から学校に通ったが，少ないお金をすべて本代に使うなど，本が好きな少年だった。中学 2 年生のころから作家になりたいと考えるようになり，短歌を雑誌に投稿するなどして，文学への道を歩み始める。東京帝国大学（現在の東京大学）に進むと，第 6 次『新思潮』という雑誌をつくって作品を発表した。

日本人初のノーベル文学賞

大学卒業後，雑誌『文芸時代』をつくり，作家として活動を始める。『伊豆の踊子』や『雪国』など幅広く多くの作品を書いた。詩のような深い味わいのある康成の文体は，それまでの古くさい説明的な文体を打ち破り，文学界に大きな衝撃をあたえた。

59 歳で世界中の作家が集まる国際ペンクラブの副会長となり，日本文学の海外での発展に力をつくした。69 歳のとき，日本人として初めてノーベル文学賞を受賞。日本人らしい細やかな心の動きを，世界に通じる文学として表現した点が評価された。

▲和服でノーベル賞授賞式に出席した川端康成

339

クローズアップ 文化!!

大衆文化(たいしゅう)

♪生活 ラジオ放送の開始 (1925年)

大衆文化の発展

農村から都市に移住(いじゅう)する人が増え，サラリーマンが登場(とうじょう)するようになり，現在(げんざい)とかわらない生活スタイルができてきた。

♪生活 トーキー (有声映画)(ゆうせいえいが)

それまでの無声映画から，音声も一緒(いっしょ)に楽しめるようになった。

キング (1925年創刊(そうかん))

♪生活 週刊誌(しゅうかんし)の普及(ふきゅう)

大衆の読書欲(よくみ)を満たすため，娯楽(ごらく)としての読み物や情報(じょうほう)をおもしろく伝(った)える大衆雑誌(たいしゅうざっし)が広まった。

♪生活 大衆娯楽(たいしゅうごらく)

学生野球などのスポーツが広まった。

都市の発展を背景にした，庶民の文化
▶▶▶ 大正時代（1920年代ごろ～）

文学
『伊豆の踊子』
（川端康成）

旅に出た少年が，伊豆で出会った踊り子に片思いをする恋愛小説。

文学
『蟹工船』
（小林多喜二）

蟹漁船で働く貧しい労働者を描いた小説。

プロレタリア文学
労働者や農民のようすを描いた文学作品が大流行した。

文学
『羅生門』
（芥川龍之介）

平安時代を舞台に，人間の本能を生々しく描いた小説。

平安京の正門からタイトルを取りました。

服装
セーラー服の導入

女子学生の制服は，和装の袴と洋装のセーラー服が見られるようになった。

男子は，バンカラスタイルとよばれる洋装が流行した。

好奇心とひらめきと努力で
世界の発明王に

エジソン 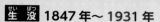発明家

生没	1847 年 ～ 1931 年
出身地	アメリカ

蓄音機（音を録音・再生する機械）や電球など，人々
の生活を便利にする発明を数多くなしとげた。

好奇心の人一倍強い少年

小さいころのエジソンは，どんなことに対しても疑問をもつ子供だった。小学校で教えられたことに対しても納得できないとすぐに「どうして？」「なぜ？」と質問を続けた。その結果，先生にきらわれて小学校をやめさせられてしまった。

小学校を退学させられたエジソンは，母と家で勉強することになる。エジソンの母は，エジソンの「どうして？」という質問にていねいに答え，理解できるように説明した。その結果，エジソンは「そういうことか！」と理解する楽しみを覚えていった。

発明のひけつはひらめきと努力

ある日エジソンは，「夜も昼間のように明るくなれば，きっと便利だ」と考え，電球をつくり始めた。しかし，明るく光る部分が長持ちせず，実験を続けたが失敗の連続だった。それでもエジソンはあきらめず，やり方を何度も変えて，明るく光る部分が長持ちする方法を発見する。ついに電球を完成させたのだ。エジソンは「天才とは１％のひらめきと99％の努力である」という言葉を残したが，彼が「発明王」とよばれるまでになったのは，だれよりも多くの努力をし続けたからだろう。

「空を飛びたい」という
夢が世界を変えた

ライト兄弟 発明家

弟

兄

生没	兄 ウィルバー・ライト 1867年〜1912年 弟 オーヴィル・ライト 1871年〜1948年
出身地	アメリカ

世界で初めてエンジンつきの飛行機で空を飛ぶことに成功した。

自転車屋から飛行機づくりへ

ライト兄弟には小さいころから，空を飛びたいという夢があった。一方で，機械をいじるのも好きだったので，大人になると2人で自転車屋を立ち上げ，最新の自転車をつくって世に売り出した。「これはいい！」と評判になり，ライト兄弟の自転車はよく売れた。

ある日，グライダーというエンジンをつけない乗り物で空を飛ぶ実験をしていたリリエンタールという人が，グライダーの墜落事故で亡くなった。このできごとを悲しんだライト兄弟は，墜落せずに飛ぶ飛行機を自分たちで飛ばそうと決心する。

エンジンつき飛行機で初飛行

「エンジンをつけた飛行機なら，きっと遠くまで飛べるはず！」ライト兄弟はそう考え，何度も飛行機をつくっては実験をくり返す。何度も失敗したが，1903年，ついに兄弟の飛行機が，12秒間，約36m空にうかんだ。空を飛ぶ夢がかなった瞬間である。さらに1908年，兄弟の飛行機は1時間以上も空を飛ぶことに成功した。ライト兄弟が空を飛んでから約100年経った今では，だれもが飛行機で安全に空を飛べる世の中になっている。

女性で初めてノーベル賞を受賞。
放射線を出すラジウムを発見した

キュリー夫人 科学者

（マリー・キュリー）

生没 1867年〜1934年
出身地 ポーランド
夫とともに放射線の研究に一生をささげ，二度のノーベル賞を受賞した女性科学者。

もっともっと勉強したい

マリーは小さいころ貧しい生活を送っていたが，勉強が大好きで，「大学に行ってもっと勉強がしたい」と思っていた。勉強に必要なお金をかせぐために，マリーは家庭教師を始める。その後，フランスの大学に進学したマリーは，物理学と数学の研究に集中した。やがて，研究仲間だったピエール・キュリーと結婚する（キュリーの妻という意味で，マリーを「キュリー夫人」とよぶ）。学校の物置小屋を借りた研究所で，キュリー夫妻の研究生活が始まった。そのころフランスの科学者が目に見えない放射線を発見したが，それが何から出ているものなのかはまだわからなかった。

青い光を出す物質に感動

キュリー夫妻は「放射線を出す物質の正体を見つけよう」とちかい合う。二人はその後，放射線を出す物質・ラジウムを発見。「なんて美しい光なの！」と，ラジウムから出る青い光を見た二人は感動した。しかし，夫のピエールは交通事故で死亡。それでもマリーはラジウムの研究を続け，二度ノーベル賞を受賞した。しかし，ラジウムから出る放射線をたくさん浴びて体をこわし，亡くなった。

$E=mc^2$

アイン シュタイン

科学者

| 生没 | 1879年〜1955年 | 出身地 | ドイツ |

相対性理論という新しい物理学の考え方を発表。
原子爆弾に反対する平和運動にも取り組んだ。

物理学を大きく変えた相対性理論

アインシュタインは，大学を卒業後，スイスの役所で働きながら物理学の研究を行うようになる。やがて，彼が発表した『一般相対性理論』は，それまで当たり前とされてきた物理学の考え方を大きく変えるものだった。アインシュタインはほかにも物理学の新しい考え方を示し，1921年にノーベル物理学賞を受賞した。

原爆のない平和な世界をめざして

その後，アインシュタインはドイツで研究を続けていた。しかしドイツでは，ヒトラーがユダヤ人を苦しめる政治をするようになった。ユダヤ人のアインシュタインは命の危険を感じ，アメリカへ移住することを決意する。ドイツが原子爆弾（原爆）をつくって使用する前に，原爆をつくるようアメリ

カ大統領にすすめた。しかし，その後アメリカが実際に原爆を使う様子を見て，アインシュタインは原爆のおそろしさに気づく。それからは「これ以上，原爆で罪のない多くの人々を死なせてはいけない」と，世界平和をよびかける運動に取り組んだ。

345

三重苦を乗りこえ，
障がい者に希望をあたえた

ヘレン・ケラー 活動家

生没 1880年〜1968年　　**出身地** アメリカ

目・耳・口が不自由になる重い障がいを乗りこえ，
障がい者のために福祉活動を進めた。

サリバン先生との出会い

　アメリカに生まれたヘレンは，1歳7か月のときに激しい熱病にかかる。一命はとりとめたものの，目が見えず，耳も聞こえず，話すこともできないという重い障がいを負った。

　しかし，7歳のとき家庭教師となったサリバン先生のとても熱心な教育によって，ヘレンは救われる。物にさわることで言葉を覚えたり，指文字を使って自分の言いたいことを人に伝えたりできるようになった。また，点字の本も読めるようになり，世界が広がった。

▲ヘレンは水にさわることで「水」という言葉を覚え，物には名前があることを理解した。

世界中の障がい者に希望をあたえる

　言葉を理解できるようになったヘレンは，一生懸命勉強にはげみ，大学を優秀な成績で卒業する。

　その後，ヘレンは自分と同じ障がいをもつ人の力になりたいと考え，福祉活動に力を注いだ。例えば，目の見えない人たちのために点字を広めたり，点字図書館をつくったりした。また，アメリカだけでなく世界各地を講演してまわり，からだの不自由な人たちに勇気と希望をあたえた。現在では，日本でも多くの人がヘレンの想いを受けつぎ，福祉活動に熱心に取り組んでいる。

世界初の労働者のための国
ソ連建国の父

レーニン 政治家

生没 1870年〜1924年
出身地 ロシア
ロシア革命を指導し，ソビエト社会主義共和国連邦（ソ連）を建国した。

苦しむ労働者を助けたい

　レーニンが幼いころのロシアでは，大金持ちによって労働者は安い給料で長時間働かされ，苦しい毎日を過ごしていた。レーニンは，こうした状況を放置する政府にいかり，やがて国をたおす革命を起こそうと決意する。

労働者の革命を指導

　第一次世界大戦が始まると，労働者たちの生活はますます苦しくなり，がまんの限界に達した人々は，1917年，ついに革命を起こす（ロシア革命）。レーニンは労働者たちを指導し，ロシアを治めていた皇帝をたおして革命を成功させる。そして1922年には，ソビエト社会主義共和国連邦（ソ連）という新しい国をつくった。

こぼれ話 ミイラとなったレーニン

　レーニンの死後，その遺体は特別な処理をして，ミイラとして保存されることになった。現在，ロシアの首都・モスクワにあるレーニン廟（お墓）に行くと，まるで生きたまま眠っているようなレーニンを見学することができる。

中国統一を毛沢東と争った

蔣介石 政治家

生没 1887年 ～ 1975年
出身地 中国

孫文の遺志をつぎ，中国統一をめざしたが，果たせないまま台湾で亡くなった。

国民党を率いて中国統一をめざす

1911年，中国で孫文が古い王朝である清をたおし（辛亥革命），1912年に中華民国という新しい国をつくった。この革命で軍人として活躍した蔣介石は，孫文の部下として信頼されるようになる。中華民国ができてからしばらくは，国内で反対勢力が反乱をくり返し，なかなか国がまとまらなかった。

蔣介石は，1925年に亡くなった孫文の遺志をつぎ，反対勢力を次々とたおしていった。やがて，中国の勢力は蔣介石が率いる中国国民党（国民党）と，毛沢東が率いる中国共産党（共産党）にしぼられる。中国統一を争い国民党は共産党と戦い始めたが，そのすきに日本が中国に攻めこんできた。そこで蔣介石はいったん共産党と手を結び，協力して日本と戦い，中国を守りぬいた。

共産党に敗れ台湾へ

第二次世界大戦が終わり，日本軍が中国からいなくなると，国民党と共産党はふたたび戦いを始める。蔣介石は中国を一つにするために，共産党と戦い続けたが，しだいに共産党に追いつめられ，台湾へ逃れた。蔣介石はいつか必ず共産党から中国を取りもどすと心にちかったが，果たせないまま台湾で亡くなった。

争いが続く中国を一つに！
現在の中国のもとを築いた

毛沢東 政治家

| 生没 | 1893 年 ～ 1976 年 |
| 出身地 | 中国 |

第二次世界大戦後に中華人民共和国を建国した。

国民党に勝利し，中国を統一

　もともと学校の先生をしていた毛沢東は，1921 年に中国国内の政党である中国共産党（共産党）に参加し，政治の世界に入った。1937 年に日本が中国に攻めてきたときは，当時の中国で大きな勢力をもっていた中国国民党（国民党）と協力し，日本の軍隊を追い出した。その後，中国の政権をめぐり国民党と争い，毛沢東は共産党を率いてこの戦いに勝利する。中国統一を果たした毛沢東は，1949 年，中華人民共和国をつくり，国民全員が平等に幸せになれる政治をめざした。

急ぎ過ぎた政治改革

　毛沢東は，中華人民共和国では，国民全員が一致団結して工業と農業をともに発展させようと考えた。しかし，成果を出すことを急ぎ過ぎたせいか，毛沢東の考えに賛成する人がしだいに減ってしまう。毛沢東は自分の考えに反対する人を中国から追い出そうと考え，文化大革命という改革を始めた。生活や産業，思想までも，共産党の考え方に合わせることを国民に求めたのだ。しかし，この革命で中国は大混乱。その中で毛沢東は亡くなった。

世界的な不景気から
アメリカを救った人気の大統領

フランクリン・ルーズベルト

政治家

| 生没 | 1882年〜1945年 | 出身地 | アメリカ |

ニューディール政策で不景気を乗りこえ，第二次世界大戦ではアメリカ軍を指揮した。

失業者に仕事をあたえる

　世界中が不景気になった1929年，アメリカ大統領であるルーズベルトの前には，仕事を失った人や貧しい人がおしかけていた。これらの人々を見て，ルーズベルトは彼らに仕事をあたえようと考え，ダムの建設を始めた。ダム工事についた人々には国から給料をはらい，彼らが生活できるようにしたのだ。ルーズベルトは他にも国内の経済活動を調整する政策（ニューディール政策）を次々と打ち出し，アメリカの景気回復に努めた。

自由と民主主義は絶対守る

　「国民の暮らしが大切だ。アメリカは戦争には参加しない」。ヨーロッパで第二次世界大戦が始まったとき，ルーズベルトはこう宣言した。しかしその後，日本がアメリカに攻めてきたことから，ルーズベルトは戦争をすることを決意する。ルーズベルトはアメリカ軍を指揮しつつも，できる限り早く戦争が終わるようほかの国の政治家と話し合いを重ねた。1945年，ようやく戦争の終わりが見えてきたところで，ルーズベルトは突然，病気でたおれて亡くなった。

内閣総理大臣として
太平洋戦争を指揮した

東条英機 政治家

生没	1884年〜1948年
出身地	東京都

昭和時代の軍人・政治家。太平洋戦争中に内閣総理大臣を務めた。

陸軍のエリートコースを歩む

　陸軍の軍人の子として生まれた英機は，若いころからまじめできちょうめん，規則を重視する性格だったという。陸軍大学校を卒業後，事務能力に優れた才能を発揮し，陸軍の重要な役職について，順調に出世する。1940年に近衛文麿内閣の陸軍大臣になり，それから1年もたたないうちに，天皇への忠誠がぬきん出ているという理由で内閣総理大臣に選ばれた。

▲東条英機内閣

太平洋戦争に敗れ，死刑となる

　英機が総理大臣になった直後，日本はアメリカをはじめとする国々（連合国）に宣戦布告し，戦争を始めることになった（太平洋戦争）。英機は，自分に権力を集めて政治を行い，すべての国民を戦争に協力させるようにした。

　しかし，日本が戦争に負けそうになると，総理大臣をやめさせられる。敗戦後，連合国によって東京裁判（極東国際軍事裁判）にかけられた。そして，戦争を指導したとして裁かれ，死刑判決を受けた。

▲東京裁判

イタリアで人気を集めた
カリスマ独裁者

ムッソリーニ 政治家

| 生没 | 1883年〜1945年 |
| 出身地 | イタリア |

第二次世界大戦時のイタリアで，ファシスト党の党首として独裁政治を行った。

 ## イタリア社会党から追放される

　ムッソリーニは若いころからイタリア社会党の一員として政治活動にはげんでいた。1914年にヨーロッパで第一次世界大戦が起こると，イタリア社会党はイタリアが戦争に参加することに反対する。しかしムッソリーニは戦争参加を主張し，イタリア社会党を追い出されてしまった。

 ## ファシスト党の党首となり，独裁政治を行う

　結局イタリアは第一次世界大戦に参戦して勝利する。しかし，大きなぎせいを出したにもかかわらず賠償金を得られず，国民の生活は苦しくなっていった。そんな中「武力で強いイタリアをつくるのだ！」と自信満々にうったえるムッソリーニの人気は高まり，1922年にイタリアの首相に就任。ついにイタリアの国会議員は全員，ムッソリーニが結成したファシスト党の党員になり，ムッソリーニの独裁政治が始まった。

　その後，ムッソリーニはドイツや日本と同盟を結んで第二次世界大戦に参戦する。しかし，戦いに負け続けたことから国民の不満が高まり，反乱を起こされてしまう。最後は反乱軍にとらえられ，殺されてしまった。

ドイツの総統(リーダー)となり

ドイツを戦争に導いた独裁者

ヒトラー 政治家

生没 1889年〜1945年

出身地 オーストリア

第二次世界大戦時のドイツで，国民社会主義ドイツ労働者党（ナチス）を率いて独裁政治を行った。

ドイツ人は優秀だ！

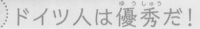

1918年に第一次世界大戦に負けたドイツは，大戦に勝った国々に多くのお金を支はらわされていた。さらに世界的な不景気で，ドイツ国民の生活は急激に苦しくなる。ドイツの街中には仕事を失った人があふれていた。

ヒトラーは落ちこんでいるドイツの国民にうったえた。「我々は，世界一優秀な民族である！ドイツ人同士で力を合わせて，強いドイツをつくるのだ！」と。ヒトラーは，当時ヨーロッパに大勢住んでいたユダヤ人を敵とみなすことで，ドイツ人を団結させようと考えたのだ。

ナチスによる独裁政治

ヒトラーはナチスという政党の指導者として，国民生活を安定させる政策を打ち出した。ナチスは宣伝を使い，不景気で不安になっている人々をたくみに動かした。ついにヒトラーは1933年にドイツの首相になる。権力をにぎったナチスは，ヨーロッパの国々と戦争を起こしたり，ユダヤ人を何百万人も殺したりした。

しかし，第二次世界大戦でドイツの敗北が確定的になると，ヒトラーは自殺し，ナチスも消滅した。

作家になりたい！
夢を「日記」に書きつづった少女

アンネ・フランク 少女

生没 1929年〜 1945年　**出身地** ドイツ

ユダヤ人の少女。ゲシュタポにとらえられて亡くなるが，書き残した日記がベストセラーになった。

かくれ家の楽しみは，日記を書くこと

　アンネはドイツに住むユダヤ人の裕福な家庭に生まれ，すくすくと成長した。しかし第二次世界大戦が起こると，ドイツの独裁者・ヒトラーはゲシュタポ（ドイツ秘密国家警察）にユダヤ人をつかまえるように命じた。「ヒトラーは，なぜユダヤ人をこんなにきらうのかしら」と，アンネは不思議に思った。ヒトラーをおそれたアンネの家族は，ドイツをはなれてオランダのかくれ家に移り住み，毎日おびえながら暮らしていた。

　食事も貧しく，外に自由に遊びに行けないアンネは，「戦争が終わったら作家になりたい」と夢見て勉強を続けた。そして，もう一つの楽しみは日記だった。アンネは毎日のできごとを日記に書き，自分の思いをぶつけていた。いつか戦争が終わって自由の身になる日を願いながら…。

お父さんが本にしたアンネの日記

　しかし，かくれ家での生活を始めて2年たったころ，とうとうかくれ家をゲシュタポに見つけられてしまう。つかまったアンネは収容所に送りこまれ，そこで病気にかかり，15歳で亡くなった。ドイツが降伏するわずか2か月前のことだった。その後，生き残ったアンネの父が，アンネの日記を発見。これを本にして出版すると，世界中の人に読まれるベストセラーとなった。

6000人ものユダヤ人の命を救った
勇気と愛にあふれる外交官

杉原千畝 外交官

生没 1900年〜1986年
出身地 岐阜県

昭和時代の外交官。日本政府が止めるのをふりきってユダヤ人にビザを発行。多くの人々を助けた。

外交官として活躍

千畝は，中国のハルビンでロシア語を学んだ後，外交官として活躍するようになる。39歳のとき，ヨーロッパのリトアニアにある日本領事館で働くことになった。ところがリトアニアに着いた直後，第二次世界大戦が始まる。千畝のいる領事館には，リトアニアのとなりにあるポーランドから，日本を通って他の国に逃げるために，多くのユダヤ人が集まってきた。

ユダヤ人に「命のビザ」を発行

当時，ユダヤ人の多くはヒトラーが率いるナチスに殺されたり，連れ去られたりしていた。領事館に集まった人たちが求めたのは，ほかの国へ脱出するため，日本への入国を認めるビザ（許可証）だった。

しかし，ドイツと同盟を結んで第二次世界大戦を戦っていた日本政府は，ドイツとの関係を悪化させたくなかったために，ビザを出すことを許さなかった。「人の命を選ぶか，国家の命令を選ぶか」。千畝はなやんだ末，政府が止めるのをふりきって，ユダヤ人たちにビザを出すことにした。この結果，6000人ともいわれるユダヤ人が，他の国に逃げて助かった。

連合国（れんごうこく）

イギリス	フランス
ソ連	アメリカ

対立

枢軸国（すうじくこく）

ドイツ	
イタリア	日本

第二次世界大戦

ドイツがポーランドへ
攻め込んで開戦（せめこんでかいせん）！

ヒトラー

- ■ 1939年末のドイツ・イタリア領
- ■ 1940年中のドイツ・イタリア側の占領地（せんりょう）
- ■ 1941年以後のドイツ・イタリア側の占領地
- ■ 1941年までにドイツ・イタリア側についた国
- ▨ 降伏後のフランスの勢力圏（こうふく・けん）
- □ 中立国（ちゅうりつこく）
- ← ドイツ・イタリア側の主な侵攻路（しんこう）
- — ドイツ・イタリア側の侵攻最前線（しんこうさいぜんせん）

強 デキル

ドイツの降伏（こうふく）

イタリアの降伏

伊

アイルランド
イギリス
ロンドン
オランダ
デンマーク
ベルギー
パリ
フランス
スイス
ポルトガル
スペイン
ローマ
イタリア
アルバニア
大西洋
ノルウェー
スウェーデン
フィンランド
バルト海
エストニア
ラトビア
リトアニア
ベルリン
ドイツ
ワルシャワ
ポーランド
スロバキア
ハンガリー
ユーゴ
スラビア
ルーマニア
ブルガリア
マルタ
レニングラード
モスクワ
ソビエト連邦（れんぽう）
スターリングラード
黒海
トルコ

太平洋戦争

太平洋戦争

ソビエト連邦

満州国

中華民国

アッツ島

日本

ビルマ

シンガポール

フィリピン

サイパン島

マーシャル諸島

ハワイ

オランダ領
インドネシア

ソロモン諸島

ガダルカナル島

日本軍の最大
進出地域

1941年12月8日,
日本軍がハワイの真珠
湾を攻撃して開戦!
同時にイギリス領のマ
レー半島にも上陸!

激しい戦いで,苦しむ国民

物資や食料は
戦争に使われ
たため不足し,
空襲のため,
多くの国民が
命を落とした。

子供たちは
田舎へ避難

原子爆弾の投下

1945年8月
6日に広島,
8月9日に長
崎に投下され,
多くの人が犠
牲となった。

ポツダム宣言受諾
(1945年8月14日)

天皇による玉音放送
(1945年8月15日)

敗戦

日本の民主化をおし進めた
アメリカの軍人

マッカーサー 軍人

生没	1880 年～ 1964 年
出身地	アメリカ

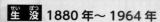

GHQ（連合国軍最高司令官総司令部）の総司令官として，第二次世界大戦に負けた日本の占領政策を進めた。

GHQの総司令官として来日

1945 年，第二次世界大戦に敗北した日本は，アメリカ軍を主力とする連合国軍に占領された。連合国軍はGHQ に日本の占領政策を進めさせることとし，マッカーサーを GHQ の総司令官に任命。日本にやってきたマッカーサーは，「日本を二度と戦争しない国にしよう」と考え，そのために日本の政治改革を実行した。

日本の民主化をめざせ！

マッカーサーは，日本が戦争しない国にするためには，日本の民主化，つまり国民ひとりひとりが政治の主役になれるようにするべきだと考えた。そこで，今まで多くの田畑をもっていた地主の土地を，田畑をもたない農民に安く売り渡すよう指示したり，多くのもうけをひとりじめしていた会

社を解散させたりして，多くの国民が経済力をもてるようにした。また，女性にも選挙権をあたえて，多くの人が政治に参加できるようにした。さらに，国民が政治の主役であることを定めた日本国憲法をつくるよう，当時の日本政府に指示した。

マッカーサーが次々と実行した政治改革は，現在の日本で行われている民主的な政治の基礎となっている。

日本を平和な国へ！
戦後日本の独立を果たした

吉田茂 政治家

生没 1878年〜1967年
出身地 東京都
第二次世界大戦後，内閣総理大臣として日本の政治改革を進めた。

GHQとともに日本を改革

1945年，第二次世界大戦に負けた日本は，アメリカ軍人のマッカーサーが率いるGHQ（連合国軍最高司令官総司令部）に占領された。その翌年に日本の内閣総理大臣に任命されたのが，外交官や外務大臣として活躍していた茂である。茂はGHQの指示に従い，様々な政治改革を進めた。

ワンマン宰相は日本のために

1951年，茂はサンフランシスコ平和条約を結び，GHQによる日本の占領を終わらせた。さらに，日本を安全な国にするには，アメリカともっと仲よくすべきだと考え，アメリカと日米安全保障条約を結ぶ。ほかにも数々の政策をおし進めたが，そのやり方が強引だったことから「ワンマン宰相」とよばれた。

▲サンフランシスコ平和条約を結ぶ吉田茂

こぼれ話 「バカヤロー」で総理をやめる

茂は暴言も多く，国会で「バカヤロー」とつぶやいたことで総理大臣をやめることになったこともある。それでも何度も選挙に勝ち続け，最終的には5回も総理大臣を務めた。

民主化をめざして！
戦後改革

ビフォー ＆ アフター

> ポツダム宣言を受諾したあと，日本は連合国軍に占領され，ＧＨＱ（連合国軍最高司令官総司令部）の指示に従って戦後改革が行われた。

言論・政治活動 言論の自由が保障されるように！

Before

社会主義運動や労働運動は取り締まりの対象だった。

After

治安維持法が廃止され、自由な発言ができるようになった。

戦災者に職（食）を

選挙権 女性も参加できるように！

普通選挙法改正により，20歳以上のすべての男女に選挙権があたえられるようになった。

Before

女性には選挙権があたえられていなかった。

After

土地の所有 <ruby>小作農<rt>こさくのう</rt></ruby>が減り，自作農が<ruby>増<rt>ふ</rt></ruby>えた！

Before

多くの農地をもつ大地主が，小作人に土地を貸し出し，もうけていた。

After

<ruby>農地<rt>のうち</rt></ruby><ruby>改革<rt>かいかく</rt></ruby>により，地主のもっていた土地を政府が買いあげ，小作人に安く売りわたした。

<ruby>経済<rt>けいざい</rt></ruby> 会社どうしが自由に<ruby>競争<rt>きょうそう</rt></ruby>するように！

<ruby>財閥解体<rt>ざいばつかいたい</rt></ruby>により，<ruby>複数<rt>ふくすう</rt></ruby>の会社に<ruby>分割<rt>ぶんかつ</rt></ruby>され，経済の<ruby>民主化<rt>みんしゅか</rt></ruby>が進んだ。

Before

国 会社 会社 会社

一部の<ruby>財閥<rt>ざいばつ</rt></ruby>が軍と結びつき，<ruby>戦争<rt>きょうりょく</rt></ruby>に<ruby>協力<rt>きょうりょく</rt></ruby>して<ruby>利益<rt>りえき</rt></ruby>を<ruby>得<rt>え</rt></ruby>ていた。

After

国 会社 会社 会社

教育 <ruby>義務<rt>ぎむ</rt></ruby>教育の年数が増えた！

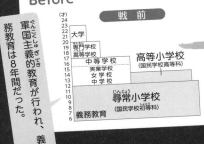

Before

<ruby>軍国主義的<rt>ぐんこくしゅぎてき</rt></ruby>な教育が行われ、義務教育は8年間だった。

戦　前

(才)		
24	大学	
23		
22		
21		
20	<ruby>専門学校<rt>せんもんがっこう</rt></ruby>	
19	<ruby>高等学校<rt>こうとうがっこう</rt></ruby>	
18		高等小学校
17	中等学校	（国民学校高等科）
16	<ruby>実業学校<rt>じつぎょうがっこう</rt></ruby>	
15	<ruby>女学校<rt>じょがっこう</rt></ruby>	
14	<ruby>中学校<rt>ちゅうがっこう</rt></ruby>	
13		
12	<ruby>尋常小学校<rt>じんじょう</rt></ruby>	
11	（国民学校初等科）	
10		
9		
8		
7		
6	義務教育	

After

<ruby>教育基本法<rt>きょういくきほんほう</rt></ruby>などが定められ、義務教育が9年間になった。

戦　後

(才)			
24			<ruby>大学院<rt>だいがくいん</rt></ruby>
23		大学	
22			
21			
20			
19			
18		高等学校	
17			
16			
15		中学校	
14	義務教育		
13			
12		小学校	
11			
10			
9			
8			
7	義務教育		
6			

新しい憲法の

日本の民主化をめざして，大日本帝国憲法を全面改正して，日本国憲法がつくられた！そのひみつを徹底解析！

日本国憲法

国民主権 ・ 基本的人権の尊重 ・ 平和主義

大日本帝国憲法		日本国憲法	ここが変わった
天皇	主権	国民 ※天皇は日本国と日本国民統合の象徴。条約の公布や国会の召集などの国事行為のみ行う	主権が天皇から国民になった！
法律の範囲内で認められる	国民の権利	すべての人が生まれながらにもつ権利として保障されている	
兵役，納税	国民の義務	子どもに普通教育を受けさせる，勤労，納税	平和主義が原則になった！
もつ	軍隊	もたない	

ひみつ

❶国民主権

主権とは，国の政治のあり方を決める権限のこと。国民主権になったことにより，人々の意思が国の政治などに反映されるようになった。

国民に主権がない場合

国民に主権がある場合

みんなで政治を考えよう！

❷基本的人権の尊重

基本的人権とは，人が人として生まれながらもっている権利のこと。新しい憲法で，一人ひとりが大切にされ，人間らしいくらしができるようになった。

基本的人権の尊重がない場合

平等権の場合

基本的人権の尊重がある場合

みんな平等！

❸平和主義

戦争を放棄すること，戦力である軍隊や兵器をもたないこと，他国と戦わないことなどを定めた。

核兵器は「もたず，つくらず，もちこませず」という内容の非核三原則の方針が掲げられている。

363

「非核三原則」を表明し，
日本人初のノーベル平和賞を受賞した

佐藤栄作 （政治家）

生　没	1901年〜1975年
出身地	山口県

昭和時代に内閣総理大臣として活躍。「非核三原則」を発表したほか，日本の念願だった沖縄返還を実現。

出世の階段をかけ上る

東京帝国大学（現在の東京大学）に通っていた栄作は，まじめでおとなしい性格だった。大学を卒業後国家公務員になり，やがて国会議員でないにもかかわらず内閣の重要な地位につくなど，エリートコースを歩む。

47歳のときに衆議院議員に当選し，吉田茂内閣の建設大臣などを務め，政治家としての実力をつけていった。そして1964年，63歳のとき，ついに内閣総理大臣に就任する。

外交で数々の成果を残す

栄作が総理大臣だったころは，アメリカとソ連を中心に世界が二つに分かれて対立し，核兵器が世界に広まっていた。これに危機感をいだいた栄作は，1967年の国会で，核兵器を「もたず，つくらず，もちこませず」という「非核三原則」の方針を発表する。この政策が評価され，栄作は日本人で初めてノーベル平和賞を受賞した。1972年には，第二次世界大戦に負けたことでアメリカに占領されていた沖縄を，日本に返還させることに成功する。その年に内閣総理大臣をやめたが，7年8か月もの長い間政権を維持した。

まるで豊臣秀吉!?
農家の子が総理まで登りつめた

田中角栄 （政治家）

生没 1918年〜1993年
出身地 新潟県

「日本列島改造論」を提案。また，中国との国交（国どうしの付き合い）を正常化した。

日本列島を改造する

角栄は新潟の貧しい農家に生まれた。総理大臣になった人物だが，大学を出ておらず，エリートとは正反対の政治家である。佐藤栄作のあとをついで1972年に内閣総理大臣に就任。都会だけでなく自分が生まれ育ったような田舎もふくめ，日本全体を豊かにしたいと願い，「日本列島改造論」を提案する。日本中に新幹線や高速道路などをつくることで，産業を発展させようという計画だった。

政治家を操る闇将軍

角栄は1972年に，当時の中国の周恩来首相と日中共同声明を発表。第二次世界大戦のあと，国同士の付き合いをしていなかった中国と，日本はふたたび付き合うことを決めた。

角栄はさまざまな意見をもつ政治家と仲良くなるのがうまく，総理大臣をやめたあとも多くの政治家を味方につけた。1976年にわいろを受け取った罪で逮捕される（ロッキード事件）が，その後も政治家として活動を続ける。その権力の強さは，角栄が支持するかどうかで次の総理大臣が決まるといわれるほどで，「闇将軍」ともよばれた。

現代の 日本 と 世界

1950年代半ば〜 1970年代
高度経済成長

電気洗濯機

電気冷蔵庫

白黒テレビ

1940年代後半〜
冷戦
（冷たい戦争）

アメリカ　　　　ソ連

1958年
東京タワー完成

1951年
サンフランシスコ平和条約

1960年代
四大公害訴訟

工場の煙がひどいよう…。

1960年
安保闘争

1964年　東京オリンピック

東海道新幹線も開通

2012 年
東京スカイツリー®
完成

2020 年　東京オリンピック

TOKYO2020

トーキョー！

2010 年
はやぶさ探査機帰還

2011 年　東日本大震災

2005 年　愛・地球博

1995 年　阪神・淡路大震災

2001 年　アメリカ同時多発テロ

1970 年
万国
博覧会

1989 年　冷戦終結

ベルリンの壁も
崩壊！

1980 年代後半〜 1990 年代初め　バブル景気

1973 年　オイルショック

高度経済成長
終結！

買い占め
なければ！

1972 年
沖縄返還

アメリカ合衆国35代大統領

ジョン・F・ケネディ 政治家

生没 1917年〜1963年　**出身地** アメリカ

1961年にアメリカ大統領に就任。キューバ危機を解決し，核戦争から世界を守った。

国のために何ができるか？

　29歳で政治家になったケネディは，43歳でアメリカ大統領選挙に挑戦。ベテラン政治家のニクソンを破り，見事当選する。ケネディは，アメリカは国民一人ひとりが支えなくてはいけない，と考えていた。そこで，国民に向かって「国がみなさんのために何がで

きるかではなく，みなさんが国のために何ができるかを考えてください」とよびかけた。大統領に就任したケネディは，アメリカでの人種差別をやめさせる政策を出したり，宇宙飛行士を月に着陸させる計画（アポロ計画）を進めたりした。

ソ連との核戦争を防ぐ

　アメリカと対立していたソ連は1962年，アメリカのすぐ近くにあるキューバという国にミサイル基地をつくり始めた。アメリカはソ連に核ミサイルの撤去を求めた。しかしソ連はこれに応じず，両国の対立は深まった（キューバ危機）。ケネディはソ連とねばり強く交渉し，キューバからミサイルを撤去させることに成功する。その後，アメリカとソ連の国のトップ同士が電話で直接話し合えるように，ホットラインとよばれる回線が設置された。ソ連との核戦争を無事防いだケネディだったが，その翌年，何者かに銃で撃たれて殺されてしまった。

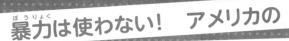

暴力は使わない！ アメリカの
黒人差別に立ち向かった

キング牧師 （活動家）

生没 1929年〜 1968年
出身地 アメリカ

アメリカでの黒人差別をなくす運動に取り組み，1964年にノーベル平和賞を受賞した。

暴力を使わず差別をなくそう

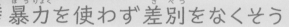

1950年代のアメリカでは，黒人に対する差別がまだ根強く残っていた。ある日，バスの中でやっと席に座ることができた黒人女性が，あとから乗ってきた白人に席を空けるように言われ，断ると警察に逮捕されてしまうという事件が起こる。この事件を知った黒人のキング牧師は，バスに乗らないという運動を広めて，白人たちに人種差別をしないようにうったえる。キング牧師の暴力を使わない運動は成功した。アメリカの裁判所が，黒人差別をなくすようにという判決をくだしたのだ。

私には夢がある

1963年，キング牧師は，たくさんの黒人の前で，演説を行った。「私には夢がある。私の子供が肌の色ではなく，人間の中身によって評価される，そんな日がいつかくるという夢だ」と。その後も，キング牧師は黒人に対する差別をなくす運動を続け，1964年にはノーベル平和賞を受賞した。しかし1968年，キング牧師の考え方に反対する白人の若者に銃で撃たれ，亡くなってしまった。

ペレストロイカ！とさけんだ
ソ連最後の指導者

ゴルバチョフ 政治家

生没	1931 年〜
出身地	ソ連

ソ連の最高指導者として，ペレストロイカとよばれる政治改革を進めた。

ペレストロイカでソ連をたてなおす！

　ゴルバチョフは 1985 年に，ソビエト社会主義共和国連邦（ソ連）の最高指導者である共産党書記長に就任。当時のソ連は国民が自由に政治に参加できず，また経済の発展がおくれるな

どの問題をかかえていた。こうした問題を解決しようと，ゴルバチョフはペレストロイカ（ロシア語で“たてなおし”の意味）とよばれる政治改革に取り組んだ。

冷戦は終わり，ソ連も終わった！

　ソ連は第二次世界大戦以降，政治のやり方のちがいをめぐってアメリカと対立していた（冷戦）。しかしゴルバチョフは，「アメリカに勝つためにお金をかけて軍事力を高め続けるのはもう無理だ！」と考えていた。そこでゴルバチョフは，

当時のアメリカ大統領だったブッシュと話し合い，長く続いていた対立を終わらせた。

　その後ソ連に味方していた国々でも次々と政治改革が起こる。ソ連の中でも，これまでのソ連の政治にがまんできなくなった人々を中心に，ソ連から独立して新しい国をつくる運動が盛り上がった。ゴルバチョフはこの流れを止めることができず，1991 年にソ連は解体した。

▲ブッシュと会談するゴルバチョフ

南アフリカの黒人解放運動の
指導者で，初の黒人大統領

ネルソン・マンデラ

政治家

| 生没 | 1918 年〜 2013 年 |
| 出身地 | 南アフリカ共和国 |

黒人を差別する政策，アパルトヘイトをやめさせ，1993年にノーベル平和賞を受賞した。

アパルトヘイト反対運動のリーダー

南アフリカ共和国で，1948 年にアパルトヘイトとよばれる制度が成立した。これは，黒人には選挙権がなく，住む場所も自由に選べず，白人専用の施設に入れば逮捕されるという人種差別制度だった。

黒人のマンデラは，アパルトヘイト反対運動のリーダーとなったが何度も逮捕され，46 歳のとき，国家反逆罪という罪で終身刑となる。27 年もの間刑務所で過ごしたが，差別をなくすという信念はずっともち続けていた。

南アフリカで初の黒人大統領に就任

▶南アフリカ共和国にあるマンデラの像

1989 年に大統領に就任した白人のデクラークは，それまでの政策を改め，黒人たちの政治への参加をめざした。この政策が成功し，1990 年にマンデラはようやく刑務所から出ることができた。

その後マンデラは，白人と黒人の和解をめざす新しい憲法をつくるよう政府に要求。アパルトヘイトの廃止に成功した。この功績により，1993年，デクラークとともにノーベル平和賞を受賞した。そして翌年，黒人も参加した選挙によって，南アフリカ共和国の大統領に選ばれた。

貧しい人，病める人のために 人生をささげた

マザー・テレサ 宗教家

生没 1910年〜1997年　**出身地** マケドニア

インドのスラム街に住む人々を貧しさや病気の苦しみなどから救う活動をした。

貧しい人々に寄りそって生きる

　幼いころに父が亡くなり，教会で生活してキリスト教の教えを学んだ。18歳のときにインドに渡り，教会の女学校の先生となる。

　テレサはインドのコルカタで，スラムとよばれる貧しい人たちが住む街を見て，その生活の苦しさに心を痛めた。ある日，「もっとも貧しい人のために働きなさい」という神の声を聞いたテレサは，貧しい人のすぐそばで働くため，みずからスラムに移り住む。1950年に「神の愛の宣教者会」をつくり，民族や宗教に関係なく，生活に苦しむ人々の世話や心のケアを始めた。

世界中の人に尊敬された"マザー"

　テレサは，重い病気の人が安らかに過ごせるよう「死を待つ人の家」を建てたり，児童養護施設などたくさんの施設をつくったりした。周囲の人は尊敬の気持ちをこめて彼女をマザー・テレサとよぶようになった。さらに，1979年にノーベル平和賞を受賞。「私は受賞するような人間ではないが，貧しい人に代わって賞をいただく」とスピーチし，賞金もすべて貧しい人々のために使った。1997年，世界中の人々がおしむなか，コルカタで亡くなった。

資料編

みんなのあこがれ！
ベストカップル特集

♥飛鳥時代♥

持統天皇のコメント

夫がつらい立場のときにも，何も文句を言わず，夫の晴れ姿を夢見て支え続けました。夫婦で天皇ってすごいでしょ。

持統天皇　天武天皇

♥鎌倉時代♥

源頼朝のコメント

俺が平氏との戦いに敗れ，伊豆に流されていたとき，そばにいてくれた。俺が死んだあとも，強気な態度で幕府を守ってくれた政子は日本一の妻だぜ！

源頼朝　北条政子

♥安土桃山時代♥

ねねのコメント

秀吉様が農民から天下人まで出世したのは，私のおかげなんですよ。夫のためにいろんな人に協力をたのみました。

ねね　豊臣秀吉

♥安土桃山時代♥

まつ　前田利家（まえだとしいえ）

利家（としいえ）のコメント
俺が信長様におこられて家来（けらい）をやめさせられたときも，健気（けなげ）に支えてくれた。俺が死んだあとも，自分が人質（ひとじち）になって前田家をしっかり守ってくれた最高の妻（つま）だぜ！

♥江戸時代（えど）♥

和宮（かずのみや）のコメント
江戸に初（はじ）めて行くときは不安でしたが，家茂（いえもち）様は優（やさ）しくむかえてくださいました。ですので，私もだんだん幕府（ばくふ）のためにつくそうという思いが強くなりました。

和宮（かずのみや）　徳川家茂（とくがわいえもち）

♥明治（めいじ）～昭和時代（しょうわ）♥

晶子（あきこ）のコメント
うちの夫（おっと）は日本一！この情熱的（じょうねつてき）な夫への愛（あい）で，たくさんの作品をつくったわ！

与謝野晶子（よさのあきこ）　与謝野鉄幹（よさのてっかん）

文豪特集

文豪とは
文学作品を書いた大作家のことです。歴史を見ると，平安時代から現代にいたるまで，さまざまな作品が文豪たちによって書かれています。作品のなかの有名な文章を紹介します。

●平安時代　女性による文学作品が多い

清少納言
随筆『枕草子』

春はあけぼの。やうやう白くなりゆく山ぎは，少しあかりて，…

紫式部
『源氏物語』

いづれの御時にか，女御，更衣あまたさぶらひたまひける中に，…

●鎌倉時代　男性が活躍！

鴨長明
随筆『方丈記』

ゆく河の流れは絶えずして，しかももとの水にあらず。…

兼好法師
随筆『徒然草』

つれづれなるままに，日暮らし硯に向かひて，心にうつりゆくよしなしごとを…

●江戸時代　町人の作家が登場！

井原西鶴
『日本永代蔵』

天道もの言はずして国土に恵み深し。人は実あつて偽り多し…

十返舎一九
『東海道中膝栗毛』

武蔵野の尾花がすゑに，かゝる白雲と詠みしは，むかしむかし浦の苫屋，鴫たつ沢の夕暮れに愛でて，…

●明治時代　文学がより発展した時代

夏目漱石
『吾輩は猫である』

吾輩は猫である。名前
はまだない。どこで生
れたか…

森鷗外
『舞姫』

石炭をば早や積み果て
つ。中等室の卓のほと
りはいと静にて，…

●大正時代以降　様々な作品が誕生

谷崎潤一郎
『細雪』

「こいさん，頼むわ。一」
鏡の中で，廊下からう
しろへ這入って来た妙
子を見ると，…

芥川龍之介
『羅生門』

ある日の暮れ方のこと
である。一人の下人が，
羅生門の下で…

宮沢賢治
『銀河鉄道の夜』

「ではみなさん
は，そういうふ
うに川だと云わ
れたり，…

太宰治
『人間失格』

私は，その男の写真を
三葉，見たことがある。
一葉は，その男の，…

番外編　三筆と三蹟

三筆とは，平安時代初期に書道家として活躍し
た，嵯峨天皇，空海，橘逸勢である。三蹟と
は，平安時代後期に書道家として活躍した藤原
佐理，藤原行成，小野道風。みんな字がキレイ
であった。

空海

日本のノーベル賞受賞者

ノーベル賞とは
ダイナマイトの発明で大きな財産を築いたアルフレッド・ノーベルの遺言でつくられた賞。日本人の受賞者を一挙紹介！

●物理学賞

（ ）は受賞した年

湯川秀樹（1949）
中間子の存在を予言した。日本人として初めての受賞者。

朝永振一郎（1965）
量子電磁力学の研究，「超多時間理論」，「くりこみ理論」を発表した。

江崎玲於奈（1973）
半導体の考えをもとにしてエサキダイオードを開発した。

小柴昌俊（2002）
世界で初めてニュートリノの観測に成功し，天文学を発展させた。

小林誠（2008）　益川敏英（2008）　南部陽一郎（2008）

小林氏と益川氏は，6種類のクォークを予言し，素粒子物理学に力をつくした。南部氏は「対称性の自発的破れ」という理論を発表した。
※南部氏は受賞時アメリカ国籍

天野浩（2014）　赤﨑勇（2014）　中村修二（2014）

少ない電力で青色に光る発光ダイオード（ＬＥＤ）を発明した。
※中村氏は受賞時アメリカ国籍

梶田隆章（2015）
素粒子ニュートリノにはわずかな質量があることを発見した。

●化学賞

福井謙一（1981）
フロンティア電子軌道理論を発表し、化学の分野に影響をあたえた。

白川英樹（2000）
電気を通すプラスチックを発明した。

野依良治（2001）
不斉合成触媒の研究が高く評価された。

田中耕一（2002）
タンパク質を分析計測する方法を発見した。

下村脩（2008）
オワンクラゲから光る緑色蛍光タンパク質を発見した。

鈴木章（2010）　根岸英一（2010）

炭素をつなぐための新たな化学反応（クロスカップリング反応）を開発し、化学の発展に貢献した。

●生理学・医学賞

利根川進（1987）
遺伝学や免疫学に力をつくした。

山中伸弥（2012）
マウスの皮膚細胞から、iPS細胞の開発に成功した。

大村智（2015）
熱帯感染症の特効薬を開発した。

●文学賞

川端康成（1968）
新感覚派の代表作家。代表作に「雪国」「伊豆の踊子」などがある。

大江健三郎（1994）
代表作に「個人的な体験」「ヒロシマ・ノート」などがある。

●平和賞

佐藤栄作（1974）
核兵器を持つことに反対して平和の安定に力をつくした。

●経済学賞

日本人の受賞者はまだいません。

（2016年3月現在）

お金の歴史

お金も時代にあわせて変化してきたよ。どのように変わったか見てみよう。

縄文時代〜飛鳥時代

物々交換だとおたがいのほしいものがないと交換できないため，貝がらや布，石などがお金のような役割をするようになった。

飛鳥時代〜奈良時代

外国でお金が使われていることを知って，日本もつくってみたが，あまり使われなかった。

▲富本銭

▲和同開珎

平安時代〜室町時代

中国との貿易で輸入したお金を，国内でも使用するようになった。

▲宋銭

▲永楽通宝

江戸時代

同じ種類のお金が全国で使用されるようになってきた。お金の価値も，金貨1枚＝銀貨4枚というように，定められた。

◀寛永通宝

◀南鐐二朱銀

▲慶長小判

明治時代

円という単位が使い始められた。また，紙のお金（紙幣）も使われ始めた。

◀一円金貨

◀五十銭銀貨

▲明治通宝札

～現在

現在も，紙幣や硬貨が使用されている。

現在の紙幣には，われわれがえがかれているぞ！

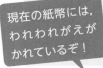 

空と陸
りく

乗り物の歴史
れきし

現在の乗り物になるまで,
げんざい
どのように発展してきたのか
はってん
みてみよう。

空を飛ぶ
と

「より速く・より高く・より遠くに!」

飛行船
ひこうせん

長距離・長時間飛行
ちょうきょり
することができるも
のもあったよ。

「空を飛んでみた
い!」人はむかし
から大空にあこが
れていたよ。

動力付飛行機
どうりょくつきひこうき

1903年,ライト兄弟が
世界初の「動力付飛行
はつ どうりょくつきひこう
機」で飛行成功!
き せいこう

地面を走る

「速く安全に人を運ぶ!」

人力車
じんりきしゃ

人の力を車輪に乗せ
しゃりん
て走るよ。

かご

中に人を乗せて,人の
力で移動していたよ。
いどう

蒸気自動車
じょうきじどうしゃ

蒸気の力で走る
車だよ。

プロペラ機（20世紀初期）
浮く力をあげるため翼を複数にしたものもあったよ。

プロペラ機（20世紀中期）
戦争が起こると，戦闘機としての開発が進んだんだ。

ジェット機
多くの人・ものを世界中に運べるように，大型化・高速化が進む！

ガソリン車
20世紀になると大量生産で自家用車が広まる。

ガソリン車
19世紀末にはガソリンで走る車が登場。

電気自動車
電気や水素の力で走る環境にやさしい車だよ。

食事の移り変わり

時代に合わせて食事も変化してきたよ。

縄文時代

木の実，貝，魚，シカ，イノシシ，ドングリ団子など。

イノシシ
アサリ
クルミ
ドングリ
クリ

弥生時代

米づくりが始まり，食生活が豊かに。

古墳時代〜奈良時代

イノシシの肉

はまぐり入りの汁

中国から，新しい食品や料理が伝えられた。

平安時代

す
酢

玄米・もち米

かぶ入りの汁

はまちの角切り

貴族は，豪華だが栄養のかたよった食事をしていた。このころは，1日2食だった。

玄米　塩　なっぱ

農民は質素な食事であった。

鎌倉～安土・桃山時代

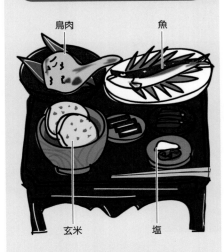

鳥肉　　魚

玄米　　塩

武士は，質素だが健康的な食事をしていた。
このころから，武士の間では1日3食の習慣が始まった。

江戸時代

だいこんの葉や麦をまぜた飯　　汁物
仏教の影響で肉ではなく魚

町人や農民の食事

農民には，厳しい規制があり，そまつな食事をしていた。
江戸の町では，そばや天ぷら，すし屋といった店や屋台が立ちならんだ。

明治時代

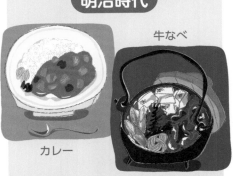

牛なべ

カレー

牛肉を食べたり，牛乳を飲む習慣が広まった。

現代

小麦（オーストラリア）　　えび（インドネシア）

だいず（中国）

外国から輸入した食材も多く使われている。

385

世界遺産の旅 〜世界編〜

バチカン市国
（バチカン）

アウシュヴィッツ・
ビルケナウナチスドイツ
の強制絶滅収容所
（ポーランド）

万里の長城
（中華人民共和国）

ヴェルサイユの宮殿と
庭園（フランス）

メンフィスとその墓地遺跡 –
ギーザからダハシュールまでの
ピラミッド地帯（エジプト）

本の中に出てくるものを中心に，代表的な世界遺産を紹介しています。

地域別の世界遺産の数　ヨーロッパ・北アメリカ 529　アジア・太平洋 268　アフリカ 96
ラテンアメリカ・カリブ海 142　アラブ諸国 86　（2019 年 11 月現在，ユネスコの発表による）

グランド・キャニオン
国立公園
（アメリカ合衆国）

自由の女神像
（アメリカ合衆国）

ブッダガヤの大菩提寺
（インド）

マチュ・ピチュの
歴史保護区
（ペルー）

ウルル -
カタ・ジュタ国立公園
（オーストラリア）

イグアス国立公園
（ブラジル・アルゼンチン）

日本の世界遺産

日本にある世界遺産をみてみよう!

（2019 年 11 月現在）

※赤字は文化遺産，緑字は自然遺産です。

琉球王国のグスク及び関連遺産群（沖縄県）

石見銀山遺跡とその文化的景観（島根県）

百舌鳥・古市古墳群（大阪府）

原爆ドーム（広島県）

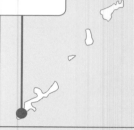

『神宿る島』宗像・沖ノ島と関連遺産群（福岡県）

厳島神社（広島県）

姫路城（兵庫県）

古都京都の文化財（京都府）

◆は，長崎と天草地方の潜伏キリシタン関連遺産（長崎県・熊本県）

紀伊山地の霊場と参詣道（和歌山県, 奈良県, 三重県）

古都奈良の文化財（奈良県）

屋久島（鹿児島県）

法隆寺地域の仏教建造物（奈良県）

388 資料編

白神山地
（青森県，秋田県）
しらかみさんち
あおもり　あきた

知床
（北海道）
しれとこ
ほっかいどう

日光の社寺
（栃木県）
にっこう　しゃじ
とちぎ

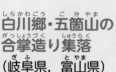

白川郷・五箇山の
合掌造り集落
（岐阜県，富山県）
しらかわごう　ごかやま
がっしょうづく　しゅうらく
ぎふ　とやま

平泉－仏国土（浄土）
を表す建築・庭園及び
考古学的遺跡群－
（岩手県）
ひらいずみ　ぶっこくど　じょうど
あらわ　けんちく　ていえんおよ
こうこがくてき　い　せきぐん
いわて

★は，明治日本の産業革命遺産
製鉄・製鋼，造船，石炭産業
（山口県，福岡県，佐賀県，長崎県，
熊本県，鹿児島県，岩手県，静岡県）
めいじ　さんぎょうかくめい　い　さん
せいてつ　せいこう　ぞうせん　せきたんさんぎょう
やまぐち　ふくおか　さが　ながさき
くまもと

富岡製糸場と
絹産業遺産群
（群馬県）
とみおかせいしじょう
きぬさんぎょう　い　さんぐん
ぐんま

ル・コルビュジエの建築作品
－近代建築運動への
顕著な貢献－（東京都）
けんちく
きんだいけんちく
けんちょ　こうけん

小笠原諸島
（東京都）
おがさわらしょとう
とうきょう

富士山－信仰の
対象と芸術の源泉
（静岡県，山梨県）
ふじさん　しんこう
たいしょう　げいじゅつ　げんせん
しずおか　やまなし

中国・朝鮮史

時代	中国国内のできごと	朝鮮	中国や朝鮮と関係ある人物
縄文	**殷**（紀元前1500年ごろ〜） ● 黄河流域におこり，青銅器や甲骨文字が使用された。	三韓	
	秦（紀元前221年〜紀元前206年） ● 始皇帝が中国を統一。万里の長城を修築した。		
弥生	**漢**（前漢：紀元前202年〜8年 後漢：25年〜220年） ● シルクロードによって西方の文化が伝来。	高句麗	
古墳	**三国時代**（魏：220年〜265年，蜀：221年〜263年，呉：222年〜280年） **南北朝時代**（439年〜589年）	新羅 百済	
飛鳥	**隋**（581年〜618年） ● 都は長安。長江と黄河を結ぶ大運河を築いた。		
奈良	**唐**（618年〜907年） ● 都は長安。律令や戸籍を整備し，大帝国となった。	新羅	
平安	▶唐の統一（8世紀ごろ）		

卑弥呼
魏に使いを送る（239年）

小野妹子
遣隋使となる
（607年）

鑑真
唐から来日

時代	中国国内のできごと	朝鮮	中国や朝鮮と関係ある人物
平安	宋（960年〜1279年）	高麗	平清盛 宋と貿易を行う
鎌倉	元（モンゴル帝国：1206年〜71年 元：1271年〜1368年） ● チンギス・ハンが建国。 ● 5代目の皇帝フビライ・ハンが都を大都（北京）に移し，国号を元と定めた。		モンゴル帝国・元をつくる チンギス・ハン フビライ・ハン
室町	明（1368年〜1644年）	朝鮮	
江戸 明治	清（1616年〜1912年） ● 1840年に起きた，アヘン戦争に敗れ，1842年，イギリスと南京条約を結んだ。 ● 辛亥革命の翌年にほろびた。	大韓帝国	足利義満 日明貿易を行う
大正	中華民国（1912年〜1949年） ● 孫文が臨時大総統となって建国された。	日本の植民地	孫文 中華民国建国
昭和	中華人民共和国（1949年〜） ● 社会主義国家。 ● 共産党の毛沢東を主席として成立。 ※対立していた国民党は台湾にのがれた。 （台湾）	大韓民国／朝鮮民主主義人民共和国	毛沢東 中華人民共和国建国

旧国名マップ

旧国名	現在の都道府県
（蝦夷）	北海道
陸奥	青森
陸中	岩手，秋田
陸前	宮城
磐城	福島
岩代	福島
羽後	秋田
羽前	山形
越後	新潟
佐渡	新潟
上野	群馬
下野	栃木
常陸	茨城
下総	千葉
上総	千葉
安房	千葉

（陸奥／出羽は東北の区分）

旧国名	現在の都道府県
武蔵	埼玉
武蔵	東京
相模	神奈川
甲斐	山梨
信濃	長野
伊豆	静岡
駿河	静岡
遠江	静岡
三河	愛知
尾張	愛知
美濃	岐阜
飛騨	岐阜
越中	富山
能登	石川
加賀	石川
越前	福井
若狭	福井

旧国名	現在の都道府県
近江	滋賀
伊勢	三重
伊賀	三重
志摩	三重
紀伊	和歌山
大和	奈良
山城	京都
丹後	京都
丹波	京都
但馬	兵庫
淡路	兵庫
播磨	兵庫
摂津	大阪
和泉	大阪
河内	大阪

旧国名	現在の都道府県
阿波	徳島
土佐	高知
伊予	愛媛
讃岐	香川
備前	岡山
美作	岡山
備中	岡山
因幡	鳥取
伯耆	鳥取
隠岐	島根
出雲	島根
石見	島根
備後	広島
安芸	広島
周防	山口
長門	山口

旧国名	現在の都道府県
筑前	福岡
筑後	福岡
豊前	大分
豊後	大分
日向	宮崎
大隅	鹿児島
薩摩	鹿児島
肥後	熊本
肥前	佐賀
壱岐	長崎
対馬	長崎
（琉球）	沖縄

※ 東北地方は，江戸時代までは陸奥と出羽の2つに分かれていました。

私たちの出身地を探してみよう！

紫式部（むらさきしきぶ）
山城出身

源 頼朝（みなもとのよりとも）
尾張出身

真田幸村（さなだゆきむら）
信濃出身

（蝦夷（えぞ））

陸奥（むつ）

羽後（うご）

陸中（りくちゅう）

陸中（りくちゅう）

羽前（うぜん）

陸前（りくぜん）

越後

岩代（いわしろ）

磐城（いわき）

下野（しもつけ）

常陸（ひたち）

下総（しもうさ）

上総（かずさ）

················· 国の境（さかい）

坂本龍馬（さかもとりょうま）
土佐出身

井上馨（いのうえかおる）
周防出身

出雲の阿国（いずものおくに）
出雲出身

（琉球（りゅうきゅう））

393

全国の祭り

日本の代表的な祭りを紹介！知っている祭りはあるかな？

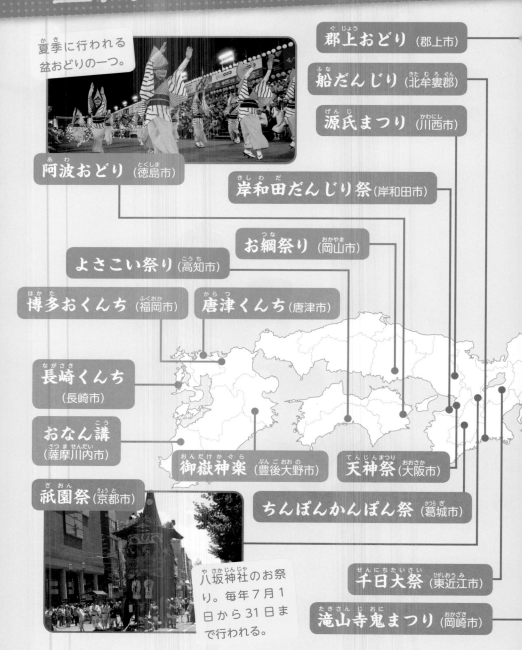

夏季に行われる盆おどりの一つ。

阿波おどり （徳島市）

郡上おどり （郡上市）

船だんじり （北牟婁郡）

源氏まつり （川西市）

岸和田だんじり祭 （岸和田市）

お綱祭り （岡山市）

よさこい祭り （高知市）

博多おくんち （福岡市）

唐津くんち （唐津市）

長崎くんち （長崎市）

おなん講 （薩摩川内市）

御嶽神楽 （豊後大野市）

天神祭 （大阪市）

祇園祭 （京都市）

ちんぽんかんぽん祭 （葛城市）

八坂神社のお祭り。毎年7月1日から31日まで行われる。

千日大祭 （東近江市）

滝山寺鬼まつり （岡崎市）

しばれフェスティバル (陸別町)

さっぽろ雪まつり (札幌市)

あばれ祭 (能登町)

なまはげ (男鹿市)

花笠まつり (山形市)

青森ねぶた祭 (青森市)

盛岡さんさ踊り (盛岡市)

仙台七夕まつり (仙台市)

会津田島祇園祭 (南会津町)

災難をはらい，無事をいのる行事。

三社祭 (台東区)

神田祭 (千代田区)

吉田の火祭り (富士吉田市)

御柱祭 (諏訪市)

エイサー (沖縄県)

395

政治のしくみ

日本の歴史上の政治のしくみがどのように変化してきたかを確認しよう。似ているしくみでも，ちがう役職名になっているよ。

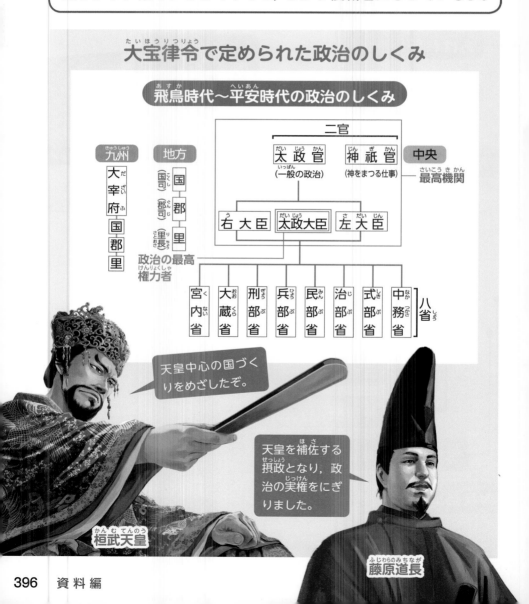

大宝律令で定められた政治のしくみ

飛鳥時代～平安時代の政治のしくみ

天皇中心の国づくりをめざしたぞ。

桓武天皇

天皇を補佐する摂政となり，政治の実権をにぎりました。

藤原道長

初めての本格的な武家政治のしくみ

新たな武家政治のしくみ

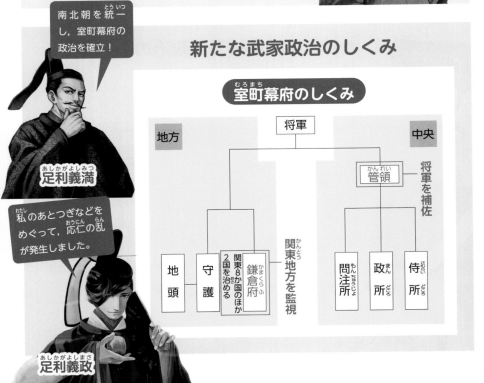

新たな武家政治のしくみ

江戸幕府のしくみ

将軍

通常の政治の最高職

大阪城代 （西国大名の取りしまり）	京都所司代 （朝廷と西国大名の監視）	寺社奉行 （寺社の取りしまり）	若年寄 （老中の補佐）	老中（政務全般） 	大老（臨時の職）

老中（政務全般）の下:

遠国奉行 （幕府の財政・幕領の監督）	勘定奉行 （重要な都市の統治）	町奉行 （江戸の町政）	大目付 （大名の取りしまり）

> 関ヶ原の戦いを経て、江戸幕府を開いたぞ。
>
> 徳川家康

> 老中として行った政治が厳しすぎて反感を買いました。
>
> 松平定信

大日本帝国憲法下の政治のしくみ

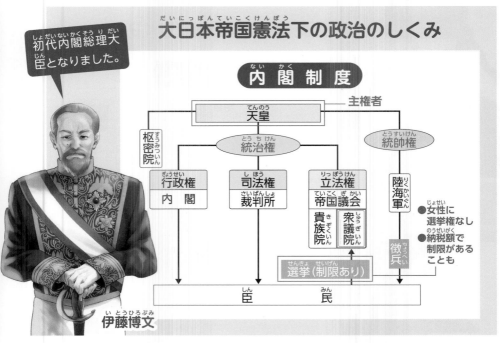

内閣制度

主権者　天皇

枢密院

統治権　統帥権

行政権 内閣	司法権 裁判所	立法権 帝国議会 貴族院　衆議院	陸海軍

徴兵

選挙（制限あり）

臣　民

- 女性に選挙権なし
- 納税額で制限があることも

> 初代内閣総理大臣となりました。
>
> 伊藤博文

三権分立のしくみ

現在の政治のしくみ

主席全権として，サンフランシスコ平和条約に調印しました。

立法権
国会

内閣不信任の決議
内閣総理大臣の指名

裁判官の弾劾裁判

選挙

衆議院の解散
国会召集の決定
国会に対する連帯責任

違憲立法の審査

国民

主権者

世論

国民審査

行政権
内閣

最高裁判所長官の指名
その他の裁判官の任命

司法権
裁判所

行政処分の
違憲・違法審査

内閣総理
大臣が長

吉田茂

非核三原則表明を評価され，ノーベル平和賞を受賞しました。

日本列島改造計画で，日本の経済発展を進めました。

佐藤栄作

田中角栄

399

飛鳥時代

十七条の憲法 （604年）

一，和というものを何よりも大切にし，さからうことがないようにこころがけなさい。

役人の心構えを示しました。

聖徳太子

鎌倉時代

御成敗式目（貞永式目）（1232年）

一，武士が20年をこえる間，その土地を支配していれば，慣例どおりその支配を認める。

裁判の基準や，御家人の権利と義務をはっきりさせました。

北条泰時

戦国時代

甲州法度之次第 （1547年）

一，けんかした者は，どんな理由があっても処罰する。

戦国大名はそれぞれの国を支配する法律をつくったぞ。

武田信玄

安土桃山時代

刀狩令（1588年）

諸国の百姓が刀や弓，やり，鉄砲などの武器を持つことは，かたく禁止する。

一揆を起こさせないように，農民たちから武器を取り上げたのじゃ。

豊臣秀吉

江戸時代

大名が強い力をもたないように，1年ごとに江戸と領地を住復させました。

徳川家光

武家諸法度（1635年のもの）

一，大名は毎年4月中に江戸に来ること。

※ 最初の武家諸法度は，1615年に制定された。

明治時代

大日本帝国憲法（1889年発布）

第一条　日本は天皇が統治する。

第三条　天皇は神聖なものなので，侵してはならない。

君主の力が強いドイツの憲法を参考にしてつくりました。

伊藤博文

昭和時代

日本国憲法（1946年公布・1947年施行）

国民主権・基本的人権の尊重・平和主義の三つが基本原理となった。

歴史年表

日本の歴史の重要な部分をまとめたぞ。
歴史の流れを確認してみよう。

時代	年代	おもなできごと
旧石器時代		● 打製石器の使用
縄文時代	約1万年前	日本列島が完成する ● 縄文土器の使用 稲作が始まる
弥生時代	前221	世界 秦の始皇帝が中国を統一する
	57	奴国の王が後漢の皇帝から金印を授かる
	239	邪馬台国の卑弥呼が魏に使いを送る
古墳時代		● 大和政権の支配が進む
	478	倭王武が中国の南朝に使いを送る
飛鳥時代	593	聖徳太子が摂政となる
	645	大化の改新が始まる
	701	大宝律令が制定される
奈良時代	710	平城京に都を移す
	743	墾田永年私財法が出される
平安時代	794	平安京に都を移す
	894	菅原道真の提案で遣唐使が停止される
	1016	藤原道長が摂政となる
	1086	白河上皇が院政を始める
	1167	平清盛が太政大臣となる
		● このころから日宋貿易が行われる
	1185	平氏がほろびる
鎌倉時代	1192	源 頼朝が征夷大将軍となる
	1206	世界 チンギス・ハンがモンゴルを統一する
	1221	後鳥羽上皇が承久の乱を起こす
	1232	北条泰時が御成敗式目（貞永式目）を制定する
	1274	文永の役
	1281	弘安の役

卑弥呼

聖徳太子

藤原道長

白河上皇

源頼朝

北条泰時

時代		年代	おもなできごと
室町時代	南北朝時代	1333	鎌倉幕府がほろびる
			後醍醐天皇が建武の新政を行う
		1338	足利尊氏が征夷大将軍となる
		1392	足利義満が南北朝を統一する
			●日明貿易（勘合貿易）が行われる（1404年〜）
	戦国時代	1467	応仁の乱が起こる
		1543	鉄砲が種子島に伝わる
		1549	ザビエルがキリスト教を日本に伝える
安土桃山時代		1573	室町幕府がほろびる
		1575	長篠の戦いで織田信長が武田氏を破る
		1582	太閤検地が始まる
		1590	豊臣秀吉が全国を統一する
		1592	朝鮮侵略が始まる
		1600	関ヶ原の戦いが起こる
江戸時代		1603	徳川家康が征夷大将軍となる
			●朱印船貿易が行われる
		1635	徳川家光が武家諸法度に参勤交代を加える
		1637	島原・天草一揆が起こる
		1639	鎖国が完成する
		1716	徳川吉宗が享保の改革を始める
		1772	●田沼意次が老中となる
		1775	世界 アメリカで独立戦争が起こる
			世界 このころイギリスで産業革命が始まる
		1787	松平定信が寛政の改革を始める
		1789	世界 フランス革命が起こる
		1825	異国船打払令が出される
		1837	大塩平八郎の乱が起こる
		1840	世界 アヘン戦争が起こる

足利尊氏

足利義満

織田信長

豊臣秀吉

徳川家康

徳川家光

徳川吉宗

松平定信

時代	年代	おもなできごと
江戸時代	1841	水野忠邦が天保の改革を始める
	1853	ペリーが浦賀に来航する
	1854	日米和親条約が結ばれる
	1858	日米修好通商条約が結ばれる
	1867	大政奉還が行われる
		王政復古の大号令が出される
明治時代	1868	五箇条の御誓文が出される
	1871	廃藩置県が行われる
	1873	地租改正が始まる
	1877	西南戦争が起こる
	1881	自由党が結成される
	1889	大日本帝国憲法が発布される
	1890	教育勅語が出される
		第一回帝国議会が開かれる
	1894	陸奥宗光が領事裁判権の撤廃に成功する
		日清戦争が起こる
	1902	日英同盟が結ばれる
	1904	日露戦争が起こる
	1910	韓国併合が行われる
	1911	小村寿太郎が関税自主権の回復に成功
大正時代	1912	第一次護憲運動が始まる
	1914	世界 第一次世界大戦が始まる
	1917	世界 ロシア革命が起こる
	1918	米騒動が起こる
		原敬内閣により初の本格的な政党内閣が成立
	1920	世界 国際連盟が発足する
	1923	関東大震災が起こる
	1925	治安維持法が制定される
		加藤高明内閣で普通選挙法が制定される

水野忠邦

ペリー

明治天皇

陸奥宗光

小村寿太郎

原敬

加藤高明

時代	年代	おもなできごと
昭和時代	1929	世界 世界恐慌が起こる
	1931	満州事変が起こる
	1932	五・一五事件が起こり，犬養毅内閣がたおれる
	1933	国際連盟脱退を通告する
	1936	二・二六事件が起こる
		世界 ドイツにナチス政権が成立
	1937	日中戦争が起こる
	1938	国家総動員法が制定される
	1939	世界 第二次世界大戦が始まる
	1940	日独伊三国同盟が結ばれる
	1941	太平洋戦争が始まる
	1945	広島・長崎に原子爆弾が投下される
		ポツダム宣言を受諾
		●GHQによる戦後改革が始まる
	1946	日本国憲法が公布される
	1947	教育基本法が制定される
		●冷戦が始まる
	1950	世界 朝鮮戦争が起こる
	1951	吉田茂首相がサンフランシスコ平和条約に調印する
		日米安全保障条約が結ばれる
	1956	日ソ共同宣言が出される
		日本が国際連合に加盟する
	1965	日韓基本条約が結ばれる
	1972	沖縄が返還される
		田中角栄内閣が日中共同声明に調印する
	1973	石油危機が起こる
平成	1991	世界 ソ連が解体する
	1995	阪神・淡路大震災が起こる
	2003	世界 イラク戦争が起こる
	2011	東日本大震災が起こる

ヒトラー

犬養毅

マッカーサー

吉田茂

田中角栄

405

人名さくいん

赤色の数字は，人物紹介（しょうかい）ページにくわしい説明（せつめい）
があるページです。